U0107393

冯尔康 著

清史史料学

下

中华书局

第八章 传记史料

本章将说明各种体裁的传记文清史资料,年谱、日记、书信也提供传记材料,故并为一章叙述。

第一节 人物传记史料的体裁及修纂

今天讲的传记,人们很自然地只是理解为关于人物历史的文字,但古人却不把它看得这么简单。古代有经传,是以事实解释儒家经典,如《春秋》就有《左氏传》《穀梁传》和《公羊传》三传。有纪传,记录以人为主体的某一类事情,如正史的《四夷传》《外国传》。这些都是记事,虽然当中叙有人物活动,但不是人物传记。就是作人物传的,很长时间,人们也没有把它理解为以人物为中心的文章,如刘知几说:"传者,列事也","列事者,录人臣之行状,犹《春秋》之传,《春秋》则传以解经;《史》《汉》则传以释纪"①。把正史上的人物列传视为注释本纪的,即本纪为纲,列传为目,以人属事。到了明清,人们才把传与记严格区别开来,如章学诚所说:"至于近代,始以录人物者,区为之传;叙事迹者,区为之记。"②传也是写事,不过它是写某一个特定的人的事。明了古人对传记认识的变化,或许可以避免对古籍的一些误解,带"传"字的书名,不一定就是人物传记的文献。我们这里所说的传记,不把经传、纪传包括在内,只是那种"录人物"的传,即今天人们所理解的人物传记。

传记文是一种文体,内部又分出很多体裁。最主要的是列传,这是官修纪传体史书所必有的一种文体。由于是官修的,列传的对象多是王侯大臣,兼及文人隐士孝子烈女,它对传主历史的叙述比较全面,而又简单扼要,以记人物的政事活动为主,基本上反映历史人物一生的概貌。附传,是一种非常简单的传记,附于一个重要人物传记的后面。其他的体裁则有:传,体例上和列传大体相同,概述人的一生历史,但由私人撰写,不是进入正史的。墓志铭,包括志、铭两种:志用散文,叙生平,铭用韵文,表示对死者的赞扬和悼念。神道碑,置于墓道的碑石,上镌墓主传记。行状,亦称行述,原为故吏撰录事主之历史,供朝廷议谥的参考,后由家属、门生故旧写作,内容包括死者的家世、籍贯、生卒年月和生平逸事,体例不严谨。事略,记叙人物事迹的大略,多由死者亲属撰写。合传,正史对几个人物各自立传,合为一卷,称作合传;这里不是指此,而是把两个或两个以上的人物写在一篇传记里,如夫妻合传、父

---

① 刘知几:《史通·列传》。
② 章学诚:《文史通义·内篇·传记》。

子合传。传后序，在某一个传记文之后，另作补充，或发表某种议论。外传，记人物的轶闻逸事。别传，对本传的补充记载。家传，家谱中的传记文。寿序，为人祝贺生日而写的文章，多是50岁以上的整寿时之作。之官序，为去某地赴任的官员而作的送行文字。赴某地序，为去某处的友人作的送行文。祭文，祭告死者的哀悼文章，用韵文或散文。哀辞，对童殇者表示哀情之文。诔文，在上者对在下者的纪念文章。画像，以图画反映人物体态特征和精神风貌。像赞，为人物画像作题词，以示称颂。年谱，采用编年体，较详细地汇集人物生平资料。日记，作者逐日记录所历所闻之事。书信，人们之间交流情况的文书。以上各体可以分为三类，一是列传、传、碑传，概述人物一生的事迹；二是年谱，是内容较丰富的传记素材；三是祭文、寿文、日记、书信，记载人物历史的片段资料。传记体，系指一、二两种，它一般要交待传主姓名、字号、籍贯、出身、生卒年月、功名、仕宦、活动、业绩、交游、著述等内容。第三类的文章，虽只叙述人物的片段历史，但也提供传记资料。由于日记、书信、表传纯系传记素材，毫未整理，不同于传文，且数量较多，我们将分别作专节的说明。

　　传记文应有两个特点，一是真实性，再一是生动性。虽然多数传记作者懂得秉笔直书、善恶并陈的道理，但是真能做到是很难的，甚或为献媚于死者和生人，犯虚美和曲隐的毛病。至于如郑天挺师所说"把这个人的个性、风采、言谈、思想、举止、神态，用文字或事迹衬托出来"[①]的生动感人的传记，前四史以后更属少见。传记文虽应有真实性特点，但我们不能认为凡传记文所提供的资料都是可信的，在具体运用的时

---

① 　郑天挺：《探微集》，第286页。

候,尚需审慎鉴别。

清人传记文的写作有官私两方面。官方的由国史馆和各地的方志局负责撰写,私家的是个人和宗族进行的。康熙二十九年(1690 年)清朝第一次开设国史馆①,编写清太祖、太宗、世祖三朝国史,写作纪、志、表、传,人物传记是它的一项基本内容。四十九年(1710 年)下令,国史馆所拟开国功臣传,其先后秩序,应依传主事迹而定,以何人为首,"请旨定夺"②。但该项写作长期没有完成,雍正帝于元年(1723 年)为此特发上谕,要求八旗"将诸王、贝勒、贝子、公以及文武大臣之册文、诰敕、碑记、功牌、家传等项,详加查核,暨有显绩可纪者,亦著详察,逐一按次,汇成文册,悉付史馆",作为素材,由史官"删去无稽浮夸之词,务采确切事实,编成列传"③。乾隆元年(1736 年),诏修太祖、太宗、世祖、圣祖、世宗五朝本纪同时,编撰列传,以便早日成文④。随着五朝实录的修改和纂辑完成,国史馆裁撤。到三十年(1765 年),乾隆帝以国史馆所撰列传"止有褒善,恶者惟贬而不录,其所以为恶,人究不知,非所以昭传信也",特重开国史馆,修改和续写臣工传记。史馆总裁等拟议,满汉大臣以官阶分立表传,旗员副都统以上,文员副都御史以上,外官督、抚、提、镇等有功绩学行的,即为分别立传。乾隆帝认为所议欠妥,以上人员若仅循分供职,或历任未久,无所表现,就是无足轻重的人,不必以爵尊秩高而立传,相反,京堂科道中有建白的,儒林中有经明学粹的,列女中有节烈卓然可称的,亦当为之立传,而不必限于官阶。自此以后,

---

① 开馆时间,参阅王钟翰:《清国史馆与〈清史列传〉》,《社会科学辑刊》1982 年第 3 期。
② 光绪《大清会典事例》卷 1049《翰林院·纂修书史》。
③ 《上谕内阁》,雍正元年九月三十日谕。
④ 光绪《大清会典事例》卷 1049《翰林院·纂修书史》。

国史馆成为常设机构,陆续写作人物传记,稿成,进呈,乾隆多加审阅,如见《洪承畴传》,内中讲到南明唐王,冠以"伪"字,乾隆说唐王为明朝正式封号,与草贼自立不同,而且时间已过很久,不必再以伪政权目之。又如见《明珠传》,对其不详载郭琇的参劾奏疏表示不满,指示不要因郭琇后来也出了问题,就掩盖了明珠的过愆①。国史馆的传记稿,一部分经核准定稿,还有许多半成品。据检阅过这些作品的李鹏年的报告,国史馆编纂了《大臣列传》和《大臣列传稿本》,包括大臣三千三百多人②。清朝规定、文武官员不拘品级,凡是有功的阵亡者,都可以经过申请为作传记,列入《忠义传》内。国史馆搜集了许多资料,按人分包保存,并撰写了若干人的传稿,这就是《忠义传》。国史馆还编写了《儒林传》稿本、《文苑传》稿本、《循吏传》稿本,编写了明臣降清和降而复叛的贰臣、逆臣中的一些人的传记③。此外,国史馆纂拟的《钦定宗室王公功绩表传》《钦定蒙古王公功绩表传》以及《大清一统志》,也都有一些人物传记。

为私家写传的作者,人数众多,队伍庞杂。世间人物纷繁,引起作者写作兴趣的就多,请人撰述的也多。所以上自王公卿相,下至贩夫走卒,三教九流,有一事可述、一事可奇,就会有人予以记录,成为传记文,或传记片段。这样,传记文的作者就非常多了。他们应人请求著文,邀请者固有贵胄大僚的后人,然而社会中下层人士更多。爵禄高的通常由有名的文人来写,中下层人物的传记,亦有的出自名家,但大多数成

---

① 光绪《大清会典事例》卷 1050《翰林院·纂修书史》。
② 王钟翰《清国史馆与〈清史列传〉》谓为 3129 人。
③ 李鹏年:《国史馆及其档案》,《故宫博物院院刊》1981 年第 3 期。

于一般士人之手，如家谱中的传记作者，无名氏较多。

官私传记文的写作，其资料来源，由传主家属提供的，是重要方面。前述雍正帝命八旗整理王公大臣传记资料，就是命大臣家属提交他的传记和政府颁发给他的文诰的录文。私人的则自家写行状，交给倩请的作者，或由家属向作者口述其先人事迹，以作编写墓志铭的素材。另外，官私作者还要搜集材料，国史馆官员从上谕、实录、起居注、奏折等官方文书中摘录有关传主的资料，传主生前所属衙门要报告他的履历。私家的作者往往与传主有一定关系，或系师生、朋友、同僚、亲戚，平素有交往，可资回忆，即使传闻，亦可资参考。来自私家的资料，可靠性往往令人怀疑，据之为文，容易犯虚美的毛病，当然亦并非全不可信。

第二节　《清史列传》等重要传记图籍及其史料价值

一个人物的传记，可以反映传主生活时代的某些方面或某一侧面的历史。一个掌握朝纲的宰辅，他的传记包含有朝中政事的内容。一个督抚的传记，会叙及其辖区的治理状况。一个文士的传记，会透露当时文人的活动及追求。一个科学家的传记，会反映当时的科技成就及其从业人员的社会处境。一个孝子的传记，会叙及宗法思想和制度。一个列女的传记，会表现"三从四德"的道德规范。每一个类型的人物传记，都会或多或少地反映其人所处的社会领域的某些情形。这就是说，一个人物的传记，不仅在于表现传主个人，更重要的是通过他的活动资料，可以反映那个时代的社会历史，所以，传记资料是史料的一个重要组成部分,是历史研究所不可缺少的。

为便于说明清人传记文的史料价值,需要把有关史籍作一分类,然后按类绍述。《四库全书总目》把传记文分为五类:圣贤类,为儒家鼻祖孔孟的传记;名人类,王公大臣与有名人物的传记;总录类,某一种类型人物的传记汇集,如刘向的《列女传》、皇甫谧的《高士传》;杂录类,叙述人物杂事、片段历史的,如康熙朝少詹事高士奇的《扈从西巡日录》;别录类,辑录叛逆人物的传记文。《清史稿》的《艺文志》把传记类的史书分为总录和名人两类,而在《列传》部分,将清人区分为后妃、诸王、循吏、儒林、文苑、忠义、孝义、遗逸、艺术、畴人、列女等类,以及没有标目,而实为贰臣、叛臣类。笔者的意见可以分为四类,即:总录,汇集全国各地区的各种类型的人物传记的专著;地方性总录,汇编地方上各类人物传记的专书;专录,汇编一种类型人物传记的专著;年谱。四类之中,专录类著作多,又可分成名臣、贵胄、忠义、科甲、儒林、孝义、艺术、妇女、释道等项。

一、总录图籍

《清史列传》,80卷。卷目是《宗室王公传》(3卷)、《大臣画一传档正编》(22卷)、《大臣传次编》(10卷)、《大臣传续编》(9卷)、《大臣画一传档后编》(12卷)、《新办大臣传》(5卷)、《已纂未进大臣传》(3卷)、《忠义传》(1卷)、《儒林传》(4卷)、《文苑传》(4卷)、《循吏传》(4卷)、《贰臣传》(2卷)、《逆臣传》(1卷)。共有正传人物3129人,另有附传多人。所写人物,起自清朝开国宗室代善,功臣费英东、额亦都等,止于清末王懿荣、李鸿章等。传文一律依正史列传体例书写,叙述传主的主要事迹、言论、重要奏议以及关于他的上谕。该书不著编撰人,过往人们以为它是由清国史馆《大臣列传稿本》选录而成,后经王钟翰考核,得知其传稿有三个来源:一为清国史馆的《大臣列传稿本》,有六百多人,另有 1190 个不知来源,也可能出自清国史馆的列传稿本;二为《满汉名臣传》,有 426 个;三是《国朝耆献类征初编》,为 1278 个,还有它与《满汉名臣传》同传的,如果《清史列传》也是抄录于它,则有 1649 个,占全部传记的一半以上。第一、二种都是清国史馆的第一手资料,从《国朝耆献类征》选录的,其实也是来自清国史馆,不过作了辗转抄录,文字就有了出入。但总的来说,它保存的是原始的或较原始的资料,同时它叙事较为详明,年月首尾具备,资料丰富,便于检索,且可依之为线索,对该人物及其时代作深入的探讨。王钟翰说:"囊括有清一代三百年间的人物传记,自然要首推《清史列传》和《清史稿》中的列传部分了。"①《清史列传》确是一部内容丰富、史料价值较高的清代人物传记资料。它有中华书局 1928 年印本,1987 年王钟翰点校本,后一版分装 20 册,附有人名索引,并有王氏点校序言。至于《清史稿》的列传,第二章已有所说明,这里不赘。

《满汉名臣传》,乾隆末嘉庆初出版,80 卷,通行本中的满洲大臣传 48 卷,正传 639 人,附传 139 人;汉大臣传 32 卷,正传 279 人,附传 28 人,共 1085 人传记。笔者所见为南开大学图书馆所藏抄本,原为宁波徐时栋于同治五年(1866 年)收贮,120 卷,其中满传 71 卷,汉传 49 卷。笔者未克获睹 80 卷本,不能核对两本的异同。《满汉名臣传》是所谓"依国史抄录",即据清国史馆《大臣列传稿本》排印,剞劂早,讹误少,史

---

① 王钟翰:《清国史馆与〈清史列传〉》,《社会科学辑刊》1982 年第 3 期。

料价值高。笔者以 120 卷本与《清史列传》加以核对，发现前者准确，而后者转录有误，如《佟养甲传》，前书谓其"先世为满洲"，后书则云"先是为满洲"，显然"是"字不对；有些人物的传记，如康熙朝大臣查弼纳，只在《满汉名臣传》中有，而《清史列传》以及即将介绍的《国史列传》则不载。总之，《满汉名臣传》汇集了清朝前期的重要人物传记，史料价值也正在这里。

《国史列传》，又名《满汉大臣列传》，80 卷，罗振玉东方学会梓行，也是依据清国史馆列传稿本椠刻。所收人物多为乾嘉时期（不包括乾隆初年）的大臣，它为研究乾嘉政治和人物提供史料。它另有台北文海出版社《近代中国史料丛刊续编》第 7 辑版。

《国史逆臣传》，4 卷，乾隆敕纂，有吴三桂、马宝、马逢知等 24 人传记及一些附传。

《国史贰臣传》，7 卷，乾隆敕纂，为明臣而降清的洪承畴等人作传。

《满汉名臣传》，初有北京琉璃厂刻本，《国史列传》始有东方学会印本，二书均被台北文海出版社收入《近代中国史料丛刊续编》第 7 辑，黑龙江人民出版社于 1991 年以《满汉名臣传》为名重梓，并收有《贰臣传》。

《国朝耆献类征初编》，李桓辑，720 卷，附《国史贤媛类征初编》12卷。李桓，湖南湘阴人，官至布政使，同光间编辑、刻印此书，历时近 20年。该书内含叙说编辑旨趣的"述意"，还有便于读者查阅的"通检""满汉同姓名录"。该书汇集清开国至道光间满汉官僚及文人学士的各种体裁的传记文，有的采自清国史馆的列传，有的是私家撰拟的碑传文，但一般不收传主后人的文字，以免失实。它依传主的职业、特点分卷，

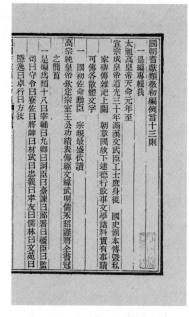

《国朝耆献类征》例言

卷首为宗室王公类；正编19类，为宰辅、卿贰、词臣、谏臣、郎署、疆臣、监司、守令、僚佐、将帅、材武、忠义、孝友、儒行、经学、文艺、卓行、隐逸、方技。每类人物传记，按传主科分、出仕年代和卒年先后顺序排列，比较好查。对一个传主，可能收有数种传记体裁的文字。全部传主达万人以上，所以说它数量浩繁，内容丰富，提供鸦片战争前清代人物传记的基本史料。该书有光绪十年（1884年）湘阴李氏刊本，1990年广陵古籍刻印社影印本，北京里仁计算机公司2007年版，分装20册。

清代学者把当代人物的碑传文汇编在一起，是前人没有做过的事情。这类书籍有《碑传集》，160卷，卷首、卷末各2卷，钱仪吉用近30年的功力于道光六年（1826年）辑成，收集清开国至嘉庆间的王公大臣、文人学士、孝子顺孙、贞烈女子二千余人的碑传文，依传主职官及生平特点分类编排，计分宗室、功臣、宰辅、部院大臣、内阁九卿、翰詹、科道、曹司、督抚、河臣、监司、守令、校官、佐贰杂职、武臣、忠节、逸民、理学、经学、文学、孝友、蕃臣、列女等类，并有"作者纪略""引用书目"。该书与《国朝耆献类征初编》同是汇编清朝前期、中期传记文，不同的是它只选收碑传文，而不像《耆献类征》兼蓄列传体文章。有光绪十九年（1893年）江苏书局校刻本。因其所收人物仅至嘉庆间，故宣统二年

序

於戲盛哉自天命以
來王侯将相卿尹百
執事碩儒才彦之名
跡炳著於金鐶石室
國史矣而

之藏外人弗得見曩
展今乃采集諸先正
承乏會典之後幸獲
觀亦不敢私有寫
錄版狀記之文兩及
碑版狀記之文兩及
地志雜傳得若干篇

《碑传集》序

(1910 年)缪荃孙编成《续碑传集》,86 卷,专收传主是道光至光绪间人
的碑文,分类同于钱编,唯添《客将》《列女·辨通》二目,删掉此时所没
有的《沈阳功臣》《开国宰辅》等目。它有江楚编译书局刊本。1923 年
闵尔昌又辑成《碑传集补》60 卷,《集外文》1 卷,收录清代(主要是后期)
人物的碑传文,有 1931 年燕京大学国学研究所印本。1988 年上海古
籍出版社将上述之书,加上汪兆镛的《碑传集三编》,汇辑为《清代碑传
合集》,影印出版,并作有《清代碑传全集人名字号索引》。共计收有五
千五百余人的传文,依人物生存时间先后编排。全书 600 万字,比《清
史列传》的 461 万字多出约三分之一,确如编者所说,可称清代人物传记
总汇。台湾文海出版社将《碑传集》《续碑传集》《碑传集补》《碑传集三
编》合编成《中国名人传记丛编》,1980 年影印出版,计 44 册。其人名索

引甚为有用,如将康熙朝两个于成龙区分清晰,对八大山人叙述简明。

《国朝先正事略》,李元度撰著,作者虽参与曾国藩对太平军战争,然有暇则披览清人文集。他认为清代"名卿巨儒、鸿达魁垒之士"甚多,国史馆虽为作传,但草野之人无由窥视,而他们的遗闻佚事、嘉言懿行散见于诸家文集,因每见则手录之,遂于同治五年(1866年)撰成《事略》一书。从该书形成过程可知,不同于上述诸书的编辑,而是一部个人著作。所谓"先正",就是实践君主社会伦理的模范人物,作者立意讴歌他们。是书60卷,分名臣、名儒、经学、文苑、遗逸、循良、孝义七门,一人一传,计正传500人,附传608人,总共1108人。其名臣传分量大,经学以下人物传文字少,但亦有内容。它以一部书介绍咸丰以前清代1000多人的传记,颇有史料价值。该书有中华书局《四部备要》本及文海出版社《近代中国史料丛刊》本。

《国朝名臣言行录》,董寿纂辑,成于光绪二十九年(1903年),30卷。作者以全史太繁,而其他言行录又过于简陋,乃编写此书。董寿以钱仪吉的《碑传集》和《满汉名臣传》为主要资料,参以其他专集,形成他的著述。所撰人物自开国功臣额亦都、费英东起,止于光绪间的薛福成、刘坤一,计232人。作者选择他认为重要的言行写成人物小传,可以反映他的史学观点,至于该书资料,由于是第二、三手的,并不重要。有上海顺成书局石印本。

《初月楼闻见录》10卷,《续录》10卷,吴德旋撰。作者为乾嘉间宜兴未仕的士人,居乡里,喜谈故事,有闻则录。其以草野之人,立意"阐扬幽隐",故其书多记社会下层人物,而不及"显达之士"①。其所记,人

---

① 吴德旋:《初月楼闻见录·序》,上海文明书局本。

各一传，传各有侧重方面，而不是一个人的全面历史。因乡居见闻有限，所写多吴越江淮间明末至道光初年人。这是难得的专门叙述各种社会下层人物的传记专书，有特殊的资料价值。该书有道光四年(1824年)刊本、上海文明书局印本。

《清代征献类编》，卷首4卷，正编30卷，附录5卷，严懋功撰，成于宣统三年(1911年)，有晓霞书屋丛著本，1931年无锡民生公司印刷。它包含6种文献，有《宰辅年表》《八卿年表》《侍(郎)副(都御史)年表》《总督年表》《巡抚年表》5种，每表附载人物的谥号、入贤良祠名单、八旗

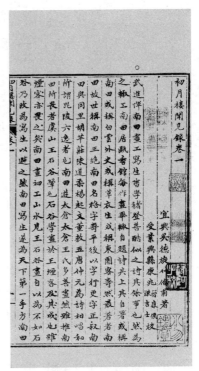

《初月楼闻见录》抄本卷1

籍名单、分省汉臣名单、鼎甲官员名单；另一种为《馆选分韵汇编》，为出仕翰林院者作小传。它以传、表保存清代职官传记资料，是又一种类型的人物传记图籍。与其相类的史书有《钦定宗室王公功绩表传》，12卷，乾隆四十六年(1781年)敕撰，为开国以来有功勋的宗室王公作传，从实录及国史馆档案内辑录材料，人各一传，明其立功原委，血系支派。《钦定蒙古王公功绩表传》，亦12卷，乾隆四十四年(1779年)敕撰，提供蒙古王公传记资料。

《清代名人传略》，美国人慕恒义主编，房兆楹等五十多位学者参加

写作,是一部分量较大的辞书,为八百余人作了小传。1943—1944 年
出版。中国人民大学清史研究所译成中文,青海人民出版社 1990 年
印行。

《清代人物传稿》,因在拙作《清代人物传记史料研究》有说明,这里
不重复,唯需指出该书对社会下层技艺人士多加关注,如武师甘凤池、
医家喻昌。

类似《清代名人传略》《清代人物传稿》的近人著述的清朝人物传记
颇有一些,如《清代名人传》《近世名人小传》《戊戌变法人物传稿》等等。

二、地方人物总录图籍

《大清畿辅先哲传》,40 卷,附《列女传》,徐世昌撰,1917 年成,天津
徐氏刊刻。专集清代直隶籍贯的人物传记文,分名臣、名将、师儒、文
学、高士、贤能、忠义、孝义八类。名臣系侍郎、巡抚以上官员,名将则为
副将以上官员。其人物排列以科分先后为序,非科目人以入官年代为
次第。

《锦里新编》,16 卷,张邦伸撰于嘉庆五年(1800 年),专写蜀中人
物,分名宦、文秩、武功、儒林、忠义、孝友、节烈、流寓、异人、方技、高僧、
贼裩、边防、异闻诸目。边防、异闻,非人物传记;贼裩目名甚恶,然记张
献忠诸人事,有其资料价值。

《巴陵人物志》,15 卷,杜贵墀撰,光绪二十八年(1902 年)刻于长
沙。为岳阳地区官员、文士、乡贤、妇女作传,提供当地社会、人物资料。

《滇南碑传集》,32 卷,方树梅纂辑,1928 年成,开明书店印行,专录
云南明清两代人的碑传。其中属于清人者 20 卷,分部院大臣、内阁九

卿、科道曹司、巡抚、司道、守令、醮尹、校官、佐杂、武臣、忠义、孝友、儒林、文苑、卓行、列女、方外诸目。附录 1 卷，为作者撰写的传记十数篇。此书记一地区历代人物，包括清朝的，这类图籍是在寻求清人传记时应特别注意的。

台湾学界为台湾史上的人物编辑、撰写传记的书籍，出版了数种，有《台湾史上的人物》《台湾名人传》《台湾人物志》《台湾人物群像》等。

三、专门类型人物图籍

清代科目人的传记集有数种，李集、李富孙、李遇孙合编的《鹤征录》，8 卷，嘉庆二年（1797 年）成，为康熙十八年（1679 年）博学鸿词科的征士 186 人作传，按录取等第及未中试分卷，人各一传。李富孙又辑《鹤征后录》，12 卷，嘉庆十二年（1807 年）成，专记乾隆初年博学鸿词科征召的 267 人生平。两书合刊，有漾葭老屋印本。它们提供了清代两次博学鸿词科及其征士的资料。此外，有杭世骏的《词科掌录》17 卷，《余话》8 卷，有原刻本；秦瀛的《康熙己未词科录》12 卷，有嘉庆十二年世恩堂本。

清代文人、思想家传记集有多种，较有名的有江藩著《国朝汉学师承记》，8 卷，有成书时的嘉庆二十三年（1818 年）刊本、中华书局《四部备要》本。江藩是经学大家惠栋再传弟子，参与《皇清经解》《广东通志》编纂。书中有阎若璩、惠士奇、王鸣盛、钱大昕、洪亮吉、江永、戴震、卢文弨、纪昀、邵晋涵、汪中、黄宗羲、顾炎武等考据学家和思想家的传记。唐鉴撰的《国朝学案小识》，14 卷，末 1 卷，成于道光二十五年（1845 年），有中华书局《四部备要》本、山东友谊书社 1990 年影印本。唐鉴历任布政使、太常寺卿，该书将清代思想家分为五类，即传道、翼道、守道、经学、心学。传道者为陆陇其、张履祥、陆世仪、张伯行 4 人，汤斌、顾炎武等人在翼道中，于成龙（北溟）、魏裔介等为守道者，黄宗羲、梅文鼎列入经学。作者崇奉程朱理学，为之作宣扬。这两部著作提供思想家的学术活动和学术思想的资料。钱林编撰《文献征存录》，10 卷，为嘉道以前清代的著名文士及以文出名的官员传记集，有咸丰八年（1858 年）嘉树轩本。

《清代学者生卒及著述表》，萧一山编著，1931 年出版，系作者在北平文史政治学院讲稿。

清代诗人、书画家的传记专集，《三十三种清代传记综合引得》征用的有：

书名	卷数	作者	版本
清画家诗史	20	李浚之	1930 年刊本
国朝名家诗钞小传	2	郑方坤	杞菊轩刊本
国朝诗人征略初编、二编	60、64	张维屏	道光二十二年刻本
飞鸿堂印人传		汪启淑	《翠琅玕馆丛书》本
国朝书画家笔录		窦镇	宣统三年文学山房印
国朝画识	17	冯金伯	云间文萃堂刊本
墨香居画识	10	冯金伯	南汇冯氏家刻本
国朝书人辑略	12	震钧	光绪三十四年金陵刊本

此外还有张庚《国朝画征录》、叶铭《国朝画家书小传》、陈文述《画林新咏》、黄钺《画友录》、洪业《清画传辑佚三种》、舒位《乾嘉诗坛点将录》等，皆可检索诗人、艺术家的小传。

清代历算学家的传记集,有阮元撰的《畴人传》46 卷,罗士琳撰的《续畴人传》76 卷,诸可宝撰的《畴人传三编》7 卷。畴人指历算学家,《畴人传》则是给他们作的传记了。阮传成于嘉庆四年(1799 年),为上古至清代的畴人 243 人作传,另为西洋人 37 人写传,共 280 人,属于清人者 9 卷。续编成于道光二十年(1840 年),有 43 人的传文,大多数是清人的。三编修成于光绪十二年(1886 年),128 篇传记,西洋人外,全为清人的。三书传主,共 451 人。商务印书馆于 1935 年将之合刻,题名《畴人传》,并附光绪间华世芳撰的《近代畴人著述记》。1955 年重印。《清代畴人传》,周骏富从阮元、罗士琳、诸可宝、黄钟骏等人著作中选出清代科学家 379 人的传记,汇辑成册,台北明文书局于 1986 年印行,为《清代传记丛刊·学林类》之一种。《畴人传》反映我国古代,尤其是清代天文、历法、数学家的研究成就,是我国第一部纯粹的科学史著作,且有西洋传教士传入天文历算学的内容,为研究古代和清代科技史提供较丰富的资料。在古代一贯不重视科学技术的情况下,有此三书问世,实堪宝贵。另外,钱茂撰《历代都江堰功小传》,2 卷,为有功于都江堰工程的 100 名古人写史,其卷下全为清人传记。

清代皇室成员的传记资料,有张尔田撰的《清列朝后妃传稿》,2卷,1927 年成书,两年后梓行,参考图籍九十余种,采纲目式写法,正文不多,而详于作注,摘引实录及他书之文,以叙事实,各书的不同记载,亦于注中说明,如孝庄文皇后下嫁多尔衮疑案,即抄录张煌言的诗句。吴昌绶著《清帝系皇妃皇子皇女四考》,吴氏为《清史稿》协修,摘录玉牒、实录、《清会典》、《清通考》、御制文集诸书资料,成帝系、后妃、皇子、皇女各 1 卷,附年表 1 卷,共 5 卷,1917 年成书。帝系,起于肇祖,止于宣统,备书庙号、谥号、名讳、年号、在位年数和陵号。后妃,书写某帝之后妃、谥号、姓氏、陵名、皇子、皇女。皇子,书行次、名讳、爵秩、生母。皇女,载行次、爵秩、生母、夫婿。唐邦治撰《清皇室四谱》。唐氏亦为《清史稿》协修,利用实录、本纪、列传、会典事例、宫史、御制文集、玉牒、档案及私家文集的有关资料,于 1922 年写就,次年由上海聚珍仿宋印书局排印,分列帝、后妃、皇子、皇女 4 卷,所有的皇帝、后妃、皇子、皇女以及收养宫中封为公主的宗室女子,人各一个履历,价值出吴昌绶《四考》之上。

僧尼的传记专著,有民国时期喻谦的《新续高僧传四集》、震华的《续比丘尼传》。喻谦著有北京《法源寺志》,研究佛学史有素,所撰《新续高僧传四集》,叙述宋代至清代的僧侣历史,内含清代僧衲正传 307人,附见 231 人,计 538 人。先有 1932 年北洋印刷局排印本,后被收入上海古籍出版社《高僧传合集》(1991 年版)。震华的写作比丘尼传记,从南朝萧梁时代写起,止于民国,为清代比丘尼作的传记是正传 86 人,附传 19 人,总共 105 人。《续比丘尼传》有 1942 年印本,亦被收入《高僧传合集》。

天主教徒的传记,华人著作的有方豪于 20 世纪六七十年代撰写的《天主教人物传》3 册,第 2、3 册为清代人物,周骏富于 1985 年将 2、3册合编,题名《中国天主教史人物传清代篇》,收入《清代传记丛刊》,公布于世。不过方豪所写的人物,多系西方传教士,只有少数的华人信徒。

清代妇女的传记集,《三十三种清代传记综合引得》和《清史稿艺文志及补编》提供的有:

书名	卷数	作者	版本
清代闺阁诗人征略、补遗	10、1	施淑仪	1922 年崇明女子师范讲习所刊
国朝贤媛类征初编	12	李桓	湘阴李氏版
越女表征录	6	汪辉祖	
新安女史征	不分卷	汪洪度	
安徽节孝待旌录、补正	60、1	庄孙敏等	
丹徒节孝列女传略	4	冯锡宸	
玉台画史		汤漱玉	《说库》本

各种类型人物的传记书，大体讲到了，这里再涉猎两种反映官员片段历史的传记文献。一是官员题名录，如不同时期编修的《御史题名录》，著录御史任职及其履历，再如《春曹题名录》，是记录任职礼部的司官历史。二是随时编辑出版的《大清搢绅全书》登载中央地方现职官员基本情况。

四、年谱图籍

清人年谱，有一千余种，有自订的，有门人家属编写的，也有清代及后世人撰著的。某一个年谱资料的多寡，在于作者之搜集和编纂下的功夫大小，更在于谱主有无事迹可述。兹举数例：

张集馨撰《道咸宦海见闻录》，乍看不像年谱，倒似笔记，原来它是作者的自叙年谱，生前没有取名，后人为之命名《张集馨自订年谱》《椒云年谱》，1981 年中华书局出版了杜春和等的整理本，根据该书的内容，为它取了这个名字。张集馨，生于嘉庆五年(1800 年)，卒于光绪四年(1878 年)，进士出身，历任晋、陕、甘、豫、川、闽、冀、赣等省知府、道员、按察使、布政使、署理巡抚,于同治四年(1865 年)被劾革职。他经历丰富,仕途坎坷,胸怀愤懑,又善于观察,于是在年谱中把所见所闻所历的官场腐败情形一一记叙下来,诸如陋规成习,贪婪受贿,草菅人命,巧立名目,横征暴敛,军纪败坏,均是实人实事,生动地反映了道咸时期的官僚政治,所以有人说它"对官场鬼蜮情形,刻画入微,不亚于清末之《官场现形记》《二十年目睹之怪现状》"①。但它不是小说,书中材料,史料价值甚高。中华书局出版时,附录了作者外甥詹嗣贤为他编写的《时晴斋主人年谱》。

张廷玉撰《澄怀园主人自订年谱》,自序于乾隆十三年(1748 年)十二月,云其 50 岁以前有记录,遭火灾而毁失,追忆得十之五六,此后每年冬月总记,至是编成,时年 77 岁。谱凡 6 卷,编年系月,起于康熙十一年(1672 年),以乾隆十四年(1749 年)正月致仕,故止于此。张廷玉为历事康、雍、乾三朝的大臣,可以说是幕僚长的典型,其自订年谱,反映了他在朝中的一些行政,如在康熙帝丧中掌管文翰,领衔纂修《康熙实录》和《明史》,西北两路用兵时勤劬值班,在乾隆即位中的作用,都具有一定史料价值。但有许多事该写而没有写,如对军机处的规划则无记叙。盖作者之意,借作谱记荣宠,故于受职、受赐,不论是本身的,父兄子侄的,都叙述不厌其详,以明其"无时不惕惕于持盈履满之防,而有欠于进忠补过之义"②。该书有光绪六年(1880 年)印本及中华书局刻本。《襄勤伯鄂文端公年谱》,谱主鄂尔泰诸子鄂容安、鄂实等撰。鄂尔泰是清代名臣,以在西南推行改土归流政策而著称。年谱对他一生政

① 张集馨:《道咸宦海见闻录》,丁名楠《叙》。
② 张廷玉:《澄怀园主人自订年谱·序》。

绩多有记叙，具有他书所不见的资料。该书原为抄本，1981 年由中国社会科学院历史研究所清史研究室主办的《清史资料》第 2 辑披露。

董秉纯编辑《全谢山先生年谱》，1 卷。传主全祖望为学人，他的学生董秉纯依其本事，约略写其生平，侧重于他的著述，兼及科举、交游，基本上反映了一个文士的经历和遭遇。附刻于传主《鲒埼亭集》。

《王夫之年谱》，原名《船山公年谱》，谱主族裔王之春编撰于光绪十八年（1892 年），分前后编，并有家谱世系表，附录王夫之的各种传记文和邓显鹤编的《船山著述目录》。1989 年中华书局以其为年谱丛书的一种，出版汪茂和的标点本。清代后期，王夫之声誉大著，至今为学术界所推崇，年谱提供关于他生平的重要资料。

康熙朝大学士李光地的《文贞公年谱》，多有重大事件的记录，如康熙五十一年（1712 年）八月，也即康熙帝再废太子允礽前的两个月，康熙帝就再废黜太子事咨询李光地，其《年谱》记云："八月，独对西苑铁门。是时复行册废，上诣铁门，召公独对。公叩首请全父子之恩，上曰：'将如朕何？'公曰：'上既削其名号，芟其羽翼，以上神武威明，又何虑焉。'从之。"

《魏源年谱》，黄丽镛编著，1985 年湖南人民出版社剞劂。全书分三部分：一是年谱，述谱主生活的时代背景、生活、行迹、交游及著作；二是著述，含魏氏著作目录，已刊著作版本及各家评述，有关丛刊、汇编所收魏氏诗文目录；三是研究资料，为关于魏氏的论著索引、论文索引。由这三部分内容可知，该书是研究魏氏难得的资料和工具书。

近人给清人撰著的年谱，具有研究性，在谱主年谱之外，还有其他内容，可供读者利用，这样的年谱实堪注意。下述《唐廷枢研究·年谱》

即为类似的一部。唐廷枢是洋务派中的重要人物，是近代史上企业家的代表，汪敬虞作《唐廷枢研究》，分析评价唐氏经济、政治活动，并作《唐廷枢年谱》，收入书中。这年谱既为作者自身研究之用，又便利读者。该书1983年由中国社会科学出版社刊行。

《镜湖自撰年谱》，段光清撰，中华书局1960年出版。段氏于道咸间在浙江任县令、知府、按察使，时值宁波民众运动、太平军进攻杭州，他的年谱记录了这些事件。同时谱主留心吏治，了解民情，年谱对浙江赋役状况、民间赌博及宗族活动、地方司法行政多所记叙，反映19世纪中叶浙江地方史。

《徐愚斋自叙年谱》，徐润是与唐廷枢齐名的近代企业家，其自叙年谱，记叙他家业的兴衰和上海近代企业的建设。该书有1927年版，1977年台北食货出版社影印本，并被收入中国近代史料丛刊《洋务运动》资料集中。

丁文江、赵丰田编《梁启超年谱长编》，上海人民出版社1983年梓刻，是巨型年谱，长达81万字。谱主梁氏刚逝世，其家属、友人即征集有关他的材料，得到有关人士的支持，收集到大量资料。编者又用半个世纪的时间把书编成，故而资料特别丰富。

《李定国纪年》，郭影秋编著，中华书局1960年出版。这是与年谱既相同，又有区别的编年体人物传记资料长编，内含《李定国纪年》，分年叙述李定国及其所属的大西军的反明朝、奉南明和抗清活动，附录关于李定国的清代人写的传记、评论文和诗歌。

笔者撰《幕宾许思湄年谱》。许思湄（约1769—1856年），浙江绍兴人，终身作幕宾，大部分时间在直隶，晚年在浙江，其间写出许多信件，道光十一年(1831 年)在友人资助下出版《秋水轩尺牍》，汇集二百三十余通函件。该书问世后颇受读者青睐，于是多家梓刻，笔者所藏为华岳文艺出版社 1988 年版，一次即印 8000 册，次年加印 1 万册。如此受欢迎的作品，但对其作者所知甚少，简介多有错误，是以笔者依据《秋水轩尺牍》，撰写《幕宾许思湄年谱》，撰述方法遵循年谱固有体例，即年经事纬，并在每年之始以总括语述谱主在何地、做何事。在幕宾活动之外，年谱还注重他的家庭家族生活与社交活动。本年谱始刊于韩国《东洋学研究》1998 年，后收入《冯尔康文集·史料学研究》，天津人民出版社 2019 年版。

第三节　传记史料的利用

很好地利用传记资料，需要借助它的工具书和有关它的研究成果，也需要发现新的传记文书。

清人传记资料的工具书，当首推《三十三种清代传记综合引得》，房兆楹、杜联喆编，燕京大学哈佛燕京学社引得编纂处出版，1959 年中华书局再版。它从 33 种清代传记书籍中辑出人名索引，按姓氏笔画排列，提供清人传记文的出处和有无传记文的资讯。所选择的 33 种书，有《清史稿》《清史列传》《国史列传》《国朝先正事略》《国朝耆献类征初编》《碑传集》等清代传记中的主要作品，从而方便读者查找清代重要人物传记资料的出处。该书不能令人满足的是著录的书籍太少，致使清代很多人的传记在这里查不到，或虽有而不完全。这一缺陷使它远远不能满足阅读者的要求，亟需给以大的补充，作出具有上百种书的传记综合索引。该书所标出的《清史稿》的传记卷数,是 536 卷本的,与现在通行的中华书局 529 卷本不同,即所标注的某人传记在《清史稿》某卷,用中华书局本查不到,因之颇不便于利用。2004 年,笔者应某修书机构之约,编写新的清代传记人物索引,草拟了编著原则与方法,开列了二百四十余种书目,然而世事无常,对方似乎另有安排,笔者遂行搁置。八年过来了,并无新的清代传记索引面世,兹将当年拟写的文稿附载于此,也是期盼有同好去制作,以便利读者。

关于编辑《二百四十种清代传记索引》的设计

(一)编辑原则

1.选编书目标准:

已入选各种传记丛书者,如《清代传记丛刊》;

已编的专著,如《清代人物传稿》《捻军人物传》;

档案已编成专著,如《清代官员履历档案全编》;

金石汇编,如《明清进士题名碑录索引》;

地方史志汇编,如《北京天津地方志人物传记索引》;

传记通史中的清人传记,可以独立成篇的,如《中国历史大辞典·清史卷》。

2.图书版本的选择

不论有多少版本,只取一种,它种不再介绍,所选原则:

整理最好的,如王钟翰点校本《清史列传》;

版本最新的;

最常见的;

已入选传记丛书的,如《清代传记丛刊》。

3.图书编列顺序及方法

将二百余种图书编排有序,各予序数号,用作该书之符号。

顺序排列的原则是:依图书文种排序,即传记专著、纪传体、方志、文集、笔记、传记通史选辑;在各类中大体上视该书传记重要性作出先后排序;在同类性质中按重要性排列。

制作"序号书名版本表"(含序号、书名、作者、版本)。

4.立目原则

凡有本传、合传、附传者皆为立目;

附见而有事实者立目,仅见名而无事迹者不立目。

5.传目排序

以姓名拼音字母排序,姓同音,次则以名之第一字拼音为序,类推第二字、第三字。

以姓氏拼音字母排序,制成"传目目录"。

附繁体字姓氏笔画检字索引。

附繁体字姓氏四角号码检字索引。

6.一律采用繁体字。

7.索引注释皆系自作,他人的传记索引仅作参考。

(二)编辑凡例

1.一人一目,传主不论有多少传记,皆在一目中注出。

2.表达方式:人名、书名(以序数号表示)、卷数、页码,如……

3.传主书姓名:

以字、号、别号行世者,书字、号、别号;

有异姓名者,书通行姓名;

同姓名者,加注籍贯,籍贯亦同者别加年代、官爵、功名;

满、蒙人士同名者,以姓氏区别,同姓氏则以旗籍、部落、官爵、年代区分,或加父名;

凡有异名、以通行字号行世者,别立互见条;是否作注释,待定。

4. 卷、页书写:

书名下书卷,若原书之卷以上、中、下或甲、乙区分者,照录原书,作"卷上""卷甲"云云;

卷下书页码,若系线装书,加注 a 面 b 面;若系影印分栏本,页下加注上、中、下字样;有重复页码者,加书"又"字。

若系"补录"卷页,加书"补录"。

5. 僧道传主:

立目以法名为主,注出俗家姓名;依传主身份加注"释""道""尼""道姑"。

6. 女性传主:

有姓名则书之;

只有姓氏,书某氏,加注父、兄、夫、子姓名(选其中知名度高者),如"李氏,尹会一母";

后妃书本姓氏,或帝号,或其徽号、谥号。

7. 一人有多种传记,在主要传记后加注 ＊ 号。

(三)传记索引书目

《清史列传》,王钟翰点校,中华书局 1987 年版。

《清史稿·列传》,赵尔巽等撰,中华书局 1977 年版。

《清国史·列传》,清朝国史馆撰,中华书局 1993 年版。

《清史列传》,台北"国防研究院"1961 年版。

书单长,下从略(2004 年 5—7 月拟)。

《清代碑传文通检》,陈乃乾编,中华书局 1959 年出版。编者从1025 部文集中辑出碑传文的索引,按碑传主的姓氏笔画排列,每个传主名下,书其字号、籍贯、生卒年代和碑传文的作者、所载书名、卷数。它所收的人物,包括生于明朝而死于清代和生于清代的人。附录《异名表》,记录一人二名,或变更姓名的情况;《生卒考异》,对一人数传而所载生卒互异的作出考证;《清人文集经眼目录》,胪陈所作索引的文集书目。

吴孝铭编《枢垣题名》,道光七年(1827 年)成书,备载军机处设立以来的官员,分满洲军机大臣、汉军机大臣、满洲军机章京、汉军机章京四类题名,共四百余人,每人下注爵里及入军机处时间。有道光三十年(1850 年)刊本。光绪八年(1882 年)有人为之续作,将题名延至光绪间。它既可以作为研究军机处及其官员历史的资料,也可用作备查检的工具书。

《明清进士题名碑录索引》,朱保炯等编,上海古籍出版社 1980 年絜刻,全 3 册,180 万字。明清制度,每一次会试,立一碑石于国子监,将进士题名于上。此书据题名碑碑文制成进士人名索引,包括两项内容:一是以人为条目,注明其籍贯、科年、甲第、名次;二是历科进士题名录,以科年、甲第次序排列。它是研究科举制度和科甲人的历史资料,亦是研究人物传记的工具书。但编者没有充分利用《进士登科录》等书资料进行校勘,未能纠正《明清进士题名碑录》的误失,故有的资料不准确。另外还有一种贡举年表,登录乡会试中式人的履历,多有以省、府为范围的,如《陕甘拔贡会考题名录·同治癸酉科》《国朝湖州府科第表》等。

《清代朱卷集成》徐世昌履历　　　　　　徐世昌会试卷

《清代朱卷集成》。张元济等人创办合众图书馆，搜集朱卷，接受捐赠，这批文书，最后归上海图书馆。该书由顾廷龙主编，台北成文出版社1992年初版，2012年新版，420册。所谓朱卷，是文武乡试、会试中试者的考试卷，并加印刷。卷内含有与试人的答题文章、个人履历、阅卷官员的评语。具体说分为三部分：（甲）履历、撰述、行谊、族谱，凡有科名、官阶、封典、著作，皆注入名下，并及师承；（二）科分、科分、中式名次、主考官姓名、官阶与批语；（三）汇集科举试卷，系骈文、散文。汇编在"集成"中的朱卷，起于康熙朝，讫于光绪朝，计有八千余件，其中会试1639人，乡试5220人，五贡1576人，涉及人物一万二千多人。朱卷的学术价值，提供众多文武百官的传记资料、文学欣赏的美文，是研究历史、文学史宝贵史料。如徐世昌履历，除自身经历外，还有家世谱系、作文、考试官评语。

《清代文献传包传稿人名索引》，台北"故宫博物院"图书文献处文献科编，1983 年该院出版。该院藏清史馆传包、传稿、传档，包含一万五千余人传记，把它编成人名索引。在这一万五千余传主中，有五千余人的传记，不见于其他传记索引，所以这部索引对于清代人物史的研究颇有提供利用之便。

还有中国古代人物传记的工具书，非为清人而作，然将清人包含在内，这里附列一表，以备需要者检索。

书名	作者	版本
室名别号索引	陈乃乾	中华书局 1982 年版
室名别号索引补编	丁宁等	与上书同为一编出版
古今人物别名索引	陈德芸	《岭南大学图书馆丛书》1937 年版
历代名人年里碑传总表	姜亮夫	商务印书馆 1937 年版
历代人物年里碑传综表（上书易名）	姜亮夫	中华书局 1959 年版
古今同姓名大辞典	彭作桢	好望书店 1936 年版

《中国历史大辞典·清史卷》（上下），上海辞书出版社 1992 年出版，包含了众多的清代人物简单传记。

《明清江苏文人年表》，张慧剑编著，上海古籍出版社 1986 年刊行。记录 1368—1840 年江苏文人的生卒、著述、活动，依年系事。附录引用书目及人名索引。

《清季中外使领年表》，秦国经等编，中华书局 1985 年出版。外国驻华领事始于 1843 年，公使始于 1860 年，中国派出驻外使臣起于 1875 年，领事产生于 1877 年，该书分别这四种职务，于其起始年起至

1911年止作出年表,并附总理各国事务衙门大臣年表,使读者能对中外使领官员一目了然。

《清人室名别称字号索引》,杨廷福、杨同甫编,上海古籍出版社1988年梓刻。

关于人物传记的一部既是目录学专著,又是工具书的著作,是来新夏著的《近三百年人物年谱知见录》,1983年上海人民出版社出版,增订本12卷,2010年中华书局印行。作者经眼清人年谱一千余种,每读一谱作一提要,书写谱名及其异名,撰者,刊本,其他书籍对该谱的著录,谱主事略,年谱史料价值,编谱情况,收藏情况,不同说法的考订。作者依照谱主的生存年代,归类分卷说明,每类按时代顺序排列。作者又作附录一卷,为《知而未见录》,即知有其年谱,而尚未经见的;另有谱主、谱名、编者、谱主别号四种索引。来氏并撰《清人年谱的初步研究》一文,作为初版代序言,除讲了年谱在史籍中的地位外,还对清人年谱总状况作了分析,说明其史料价值。

清代传记文数量大,爱好者多,而每一篇分量小,不便印刷,因而稿本多,抄本多,有一些不易为人所知,这就说明有发掘的必要和发现的可能。李映发在四川大学图书馆中发现抄本《府君杨遇春家祭行述》,杨遇春以镇压川楚陕白莲教起家,以平定张格尔之乱著称。《行述》对杨遇春的身世和军政活动记录较详,可靠性较大,有一定的史材价值[①]。笔者在南开大学图书馆中见到《清人传记志铭杂文钞》,系抄本,23册,除一册外,每册末均有题记,曰"道光庚子九月沈炳垣校读"等字样,可能就是校读者抄录的,书题则是南开大学图书馆所加。笔者在该

---

① 李映发:《关于杨遇春的传记材料》,《清史研究通讯》1983年第3期。

馆还见到《康熙时名臣列传》一书，亦系抄本，一册，不著撰人，封面无题名，书题也是南开图书馆所拟。这两种抄本，包含了几十个人的传记，笔者未下功夫寻求它们的来源，未便说明它们的史料价值，但其中有的传记，如徐枋作的《葛瑞五传》、郭翼撰的《郭琇行述》（郭琇是康熙朝弹劾大学士明珠的御史），是不多见的。笔者的意见，留心于传记资料的发现，是清史和清代人物研究所不当忽视的。

第四节　日记史料

日记在古代目录学分类中，属子部杂家类。有其特定的体裁：按日书写，内容包括日期、天气、当日行事与见闻。日记还被当做省身方法，所以有的有自我检查的内容。日记系当日写出，亦有数日后补记的。日记因书写状况和记载内容的不同，分为若干种类：一是长年累月不间断地写出的；一是作者一段时期写作的；一是为从事某项事务而作记录的。第三类又可分数种情形，或为出使日记，作者记其为使臣出国期间的经历；或为遣戍日记，为获罪发遣边疆时所写；或为学术日记，是作者进行某一种学问研究时的专门记录；或为游历日记，是旅游者、官员赴任、试子赴考过程的日记；或随从皇帝巡幸、迎驾时的日记；或为办理临时差遣的事务日记。

日记记录当时事情，作者的职业、经历、道德修养诸方面的不同，就使日记含有各种各样的内容，反映当时社会各方面的历史。它可能记有朝内外的大事，朝野的动态，官僚学人的行为和评论，人情世故，修身方法，道德面貌，学术研究，边疆地理物产和少数民族状况，中外关系，名胜古迹。日记的价值,由作者的职业、经历和写作态度来决定,位尊而经历丰富者的日记,本可以提供当时政治内幕和对交往要人的评价,但他若采取回避甚或篡改历史的态度,就会内容贫乏,以至歪曲事实,其价值就大为缩减。清人写作日记的很多,鸦片战争以后记的更多,公布的也多。其史料意义,从下述数部,可见一二。

高士奇撰《松亭行纪》《扈从东巡日录》《扈从西巡日录》《塞北小钞》《扈从纪程》,记其因入直南书房,于康熙二十年(1681 年),随从康熙帝谒遵化东陵和古北口行猎;次年扈从康熙帝东巡盛京,二十二年(1683 年)随从康熙帝朝五台山和热河行围,三十六年(1691 年)跟随康熙帝第三次亲征噶尔丹。这些日记除反映康熙帝东巡、西巡、秋狝和对噶尔丹用兵事件外,还能提供以下几方面资料:康熙帝与孝庄文皇后的关系,康熙帝在外出中,亲自给他祖母捕鱼进膳,是研究后者的传记资料。皇太子允礽历史,如记东巡中,9 岁的皇太子引弓跃马,驰骋山谷,一矢射杀一虎。又记行围时,只有皇太子与皇帝可以发矢,亲王大臣非得旨不敢射,可见太子的地位之高。康熙朝有废太子事件,这些关于太子历史的记录,不可多得。民间贸易、娱乐的记载,如记任丘鄚州(今任丘市鄚州镇)药王庙,"专祀扁鹊,香火甚盛。每年四月,河淮以北,秦晋以东,各方商贾,辇运珍异菽粟之属,入城为市,妙妓杂乐,无不毕陈,云贺药王生日。幕帘遍野,声乐震天,每日搭盖篷厂,尺寸地非数千钱不能得,贸易游览,阅两旬方散"。"海户"的历史,北京南郊的南海子,为皇家苑囿,内设海户 1800 人服役,"人给地 24 亩,自食其力"。北征途中军食情景,如军士饮酒:"营中有卖酒者,千钱一盅,杂以白水,盖饮者不能一醉。"此类日记,本以写恩宠为荣,高士奇不惮其烦地记其所受康熙帝的宠赐,如秋狝途中得病先期回京,人刚到家,就有宫中总管太监传来皇帝从塞外发来的问病谕旨①。

《三鱼堂日记》,收在《陆子全书》中的为 10 卷,汇入《指海》《丛书集成》的皆为 2 卷,作者陆陇其,清初人,官嘉定、灵寿知县,理学家,是清代最早被奉入孔庙从祀的人,他的日记主要记载本身及友人对当时学者的评论、读书心得、学术观点、对事物的观察。如康熙十六年(1677年)十一月初四日,记嘉定陆元辅对作者称赞潘耒"博洽",陆氏说在徐乾学处见过他,元辅言之不误。次年(1678 年)十月二十八日记会见李因笃,称之为"朴实君子",赞赏他"留心程朱"。同年闰三月初一日记,以"理学入程朱之室,文章登韩柳之堂"自勉。同年十月初十日记叶方霭推崇王阳明心学,陆陇其不以为然,"欲正之,因初交未敢深言,尚有待也"。论学而外的记载,亦有有意思的,如十七年(1678 年)八月初二日记听陆元辅讲顾炎武事,谓顾氏于明清易代之际,因仆人握有他的把柄,乃派人杀之,因而在乡里存身不住,遂周游燕齐秦晋。日记还反映作者的观察力,同年四月十八日写作者自嘉定赴京途中,见病骡被车夫毫不怜惜地使役致死,因之想到"民力且竭而上不知,何以异此"。要之,这部日记颇具清初思想史资料。

林则徐撰《乙巳日记》。这里的乙巳,系道光二十五年(1845 年),时作者正遣戍新疆。日记记录他巡行南疆,勘察各城新垦地亩的情形,反映当地自然环境、生产和社会生活,表述了作者身处逆境尚忧国忧民的精神面貌,颇有史料价值。这部日记原包括在中华书局 1962 年出版的《林则徐集·日记》中,《中山大学学报》据林纪熹藏本,于 1984 年第

① 以上诸书见《小方壶斋舆地丛钞》第 1 辑。

1 期重为披露，以纠正全集中的错漏之处。

　　曾国藩的《曾文正公手书日记》，于宣统元年（1909 年）由曾氏后人整理出版，王闿运作序，云其追随曾国藩十九年，常同他"论人事，臧否决断"，但这些曾国藩都没有写于日记中，而见其京师日记，"多自刻责，词甚严者"。所说符合于该日记的情况。如道光二十一年（1841 年）曾国藩任翰林院检讨，在十一月初一日记到田敬堂家拜寿情景："在彼应酬一日。楼上堂客，注视数次，大无礼。与人语多不诚，日日如此，明知故犯。"越日记其母寿辰，"不能预备寿面，意在省费也。而晡时内人言欲添衣，已心诺焉。何不知轻重耶！颠倒悖谬，谨记大过"。反映当时一部分官员、读书人是如何讲究修身的。咸丰九年（1859 年）正月初八日写道："日内因久住建昌，无所作为，欲拔赴湖口，又恐闽贼来窜抚、建，进退两难，寸心终日纷扰。屡次占卦，亦智略不足，故不能审定全局确有定计。"自谴之外，涉及对太平军战事，他搞占卜，令人不要忽视迷信对古人行事乃至历史事件的影响。十一年（1861 年）正月十四日是道光忌辰，曾国藩参加过他的丧礼，时值英法联军进北京之后，因发感慨，写道："淀园（指圆明园）被焚，圣驾（指咸丰）出狩滦阳，现闻有西迁之议，沧桑之大憾，臣子之至痛。"这里清廷有西迁之议的记载，是论其时政治的重要资料。政府要人的日记，总是可以提供某些政局变幻的线索。

　　《郭嵩焘日记》的作者，是洋务派人物，历任编修，入直上书房，署广东巡抚，驻英兼驻法大使，退职后，在对俄、法、朝鲜关系问题上均发表意见。他的日记，起自咸丰五年（1855 年），终于光绪十七年（1891 年），计 228 万字，是日记中的巨著，湖南人民出版社点校印行问世。该书对

19世纪后半叶的清朝内政外交,英国及其他国家的政治经济,国内外的文化风俗,均有反映,并表达了作者的观点。如赴英途中,阅读美国林乐知著的《中西关系论略》,因议中国对教民的政策:"无论所习何教,但涉官事,即与平民一体处断。"①

赵烈文著《能静居日记》。赵氏入曾国藩幕,并为门生,当曾国荃攻陷天京(今南京)时正在军中,于日记中记录了湘军在南京的暴行。该书收入《太平天国史料丛编简辑》第3册,中华书局1962年出版②。

以有长篇日记自诩的李慈铭,在其《孟学斋日记甲集》序言中说他开始写的日记,"世之治乱,家之亨困,学问文章之进退工拙,亦略可见",后来变计,发誓在日记中"不标榜,不诙嘲,不议论国事,不月旦人论,有犯一者,即削其牍",于是把过去写的,从中"取其考据、议论、诗文、踪迹稍可录者",分类编排③,后经由云龙摘录出来,形成《越缦堂读书记》雏形,商务印书馆又把它按照新的分类法,分为哲学思想、政治、社会经济、历史、地理、科学技术、军事、语言文字、文学、艺术、宗教、综合参考和札记等12类,辑成《越缦堂读书记》,于1959年椠刻,1963年中华书局重印,全二册,2006年再次印刷。李慈铭所记大多为清人著作,因是札记,对所读的每一部书,有什么感受就写什么,没有一定规格,但多少可使读者对该书有所了解,也可以把它当做清代目录学的书籍使用。李慈铭所说的前后思想变化,均有代表性,按照这样或那样的主导思想所写作的日记,能够提供朝野政事、人物传记和学术研究的一

---

① 《郭嵩焘日记》第3册,湖南人民出版社1981年版,第120页。
② 中华书局于2020年重新整理出版,命名为《赵烈文日记》。
③ 李慈铭:《越缦堂日记》第1册,商务印书馆1937年版。

些资料。李慈铭不满意的先时日记,笔录当日所见邸抄,叙述政事及感想,如咸丰十一年(1861年)八月二十三日记英法侵略军火烧圆明园事,廿五日记北京情景。吴语亭把李氏这部分日记编为《越缦堂国事日记》,金梁编《越缦堂日记索引》,台北文海出版社将这两部书收入《近代中国史料丛刊续编》,1978年刊行。刘禺生在《载世堂杂忆》评论《越缦堂日记》,认为它的内容反映李慈铭与张之洞的斗争,也即南北之争。

清朝后期使臣出使日记有多种,如前述著作《王夫之年谱》的王之春即有《使俄草》,薛福成《出使四国日记》、崔国因《出使美日秘日记》、载振《英轺日记》等皆为出使日记。这些多为对西方国家的。对周围邻国也有,如花沙纳的《东使纪程》,记其1845年为正使至朝鲜册封王妃事。许寅辉作《客韩笔记》,叙述他于甲午战争期间在汉城任英国驻朝鲜使臣秘书时营救中国难民事。这两部书收在1988年四川人民出版社印刷的《近代稗海》第10辑中。马先登的《护送越南贡使日记》,有同治间关中马氏敦伦堂刻本。

第五节　书信史料

向家人、友人通告自己的情况,官员向皇帝、上司打报告,向下级发指示,皇帝所发的诏谕,这类文字,从性质上讲都是互通消息和表示作者的意见(包括政见、政治措施、条令),但从文体上说则不相同,谕旨、奏疏、檄教、详文、家书格式不一。这里所说的书信,就是古人讲的尺牍,是私人间的通信。古人需要写信的,大体上是官员、文人、商人和士兵四种人,后两种人数虽多,但就某一个人来讲,除极个别大商人外,写信很少，遗存也绝少，官员、文人需要交友，互通声气，尺牍较多，保存也好。书信可从它的接受者来区分：给家属的家信，给友人（包括师生）的书信，给同僚、部属的公牍。书信有一定的呈式：首先是受书人，如何称呼，要依据作者与受书人身份来定；其次是内容，若前此有通信或其他联系，未了之事，先要说明，次及本次写信所要交谈的事情；最后具名，亦视双方身份来定。双方称谓上的习惯，一定要遵守，如康熙间即墨县杨玠在所作《家法》中强调："致书于尊长，皆称'尊前'，自书'叩'，兄未满五服者皆然，伯叔以上，无问远近。"[①]书信原非公开的，次后人们从作文技巧和书法艺术考虑，选择一些人的书信，作成汇编，或公布某一个人的尺牍真迹。这样从出版上分，书信有了三类，一是汇集众人的，一是个人的，一是手迹。清人对椠刻书信颇有兴趣，晚清尤盛，于是有一批书信问世。今就南开大学图书馆的部分收藏，列表于下：

书名	卷册数	作者	版本
尺牍新钞	12	周亮工	《海山仙馆丛书》本
颜氏家藏尺牍	4	颜光敏	《海山仙馆丛书》本
倦圃尺牍	2	曹溶	含晖阁刻本
冬暄草堂师友笺存	6册	陈豪	中华书局1937年版
清代名人手札甲集	6	吴长瑛	上海华南印书社1926年版
清二十家手札		吴经祥等	
钱塘吴氏旧藏名人书简		吴锡麒等	1925年影印本
谢氏家藏同光诸老尺牍	6	谢景惠	1927年影印本
曾文正公手札	8册	曾国藩	1933年拓印本

———————

① 《即墨杨氏家乘》。

续表

书名	卷册数	作者	版本
胡文忠公手札	4 册	胡林翼	1933 年拓印本
瑶华集		张迈	光绪二十八年刻本
翁松禅相国尺牍真迹	12 册	翁同龢	
绣虎轩尺牍	24	曹煜	康熙传万堂刻本
秋声阁尺牍	2	奚学孔	康熙间刻本
沧溟先生尺牍	3	李攀龙	江都嵩山房雍正八年刊本
于文襄手札		于敏中	北平图书馆 1933 年影印本
音注袁太史尺牍	8	袁枚	扫叶山房 1926 年印本
陈文恭公手札节要		陈宏谋	楚北崇文书局同治七年刊本
质园尺牍	2	商盘	道光壬寅刻本
惜抱先生尺牍	8	姚鼐	道光三年刻本
林文忠公尺牍		林则徐	北京懿文斋 1919 年影印本
有正味斋尺牍	2	吴锡麒	申报馆铅印本
李文忠公尺牍	32 册	李鸿章	商务印书馆 1916 年影印本
秋水轩尺牍	2	许思湄	杭城有容斋重刊本
周文忠公尺牍	2	周天爵	同治七年苏松太道署刊本
先资政公家书	10 册	不详	抄本
弢园尺牍	12	王韬	光绪十九年铅印本
明清名人尺牍墨宝	18	文明书局辑	文明书局 1922 年影印本
清代名人书札		周骏良	北京师范大学出版社 1987 年版

　　书信保存了能够说明某些历史问题的资料。如《明史》的编纂，康熙中刑部尚书徐乾学兼总裁官，曹溶两次给他写信，讲到修书事，一次说众人盼着《明史》早日成书，得知徐氏"手定大纲"，将可"刻期告竣"；

一次是说自身撰辑了《续征献录》，但其中明朝末年诸臣传，"间与本朝相涉，或有阑入世家者，恐干忌讳，正在删修，成后再缮写进呈，以备参考"①。可见当时官私作者唯恐触犯清廷禁忌，不敢如实书写，以及宕延时日的状况，真实地反映了《明史》撰修之难。又如康熙七年（1668年）有《忠节录》一案，被牵涉进去的顾炎武在给当政者信中，对此案作了较详细的说明。这个案件被株连的达 300 人，其中有五十余人是所谓"讥伤本朝之人"，信中反映了清初满汉矛盾和清朝政府的高压政策②。

书信反映文人治学与著述的颇多。陈其年撰辑《妇人集》，写信告诉王十禛，收件人回信云其兄王士禄编辑《燃脂集》，亦是汇录"古今闺秀文章"，希望两家交换，"各以见闻，佐其未逮"③。

书信资料比较真实，官员对家属、友人通信，可以说一些体己话，所以它的真实性大于奏疏等公文。如胜保在咸丰九年（1859 年）初被陈玉成打得大败，却奏报获捷，胡林翼于同年四月十四日给其部属的信中讲到此事："胜帅本是大败，乃转以捷闻。方告急求援于朝，狗（指陈玉成）即夜驰往江浦矣，又以捷闻，均见章奏。"④这些实话，拆穿了胜保的谎言。因此，政治上的事，若书信有反映的，当可珍视。当然书信在公布时，又被做了手脚的，则当别论。

家书讲人伦、讲修养，常为后人关注，曾国藩的家书，被唐明浩选择四百余通，加以评注。成《唐明浩评点曾国藩家书》，香港天地图书公司

---

①　曹溶：《倦圃尺牍》卷上《与徐健庵》，含晖阁刻本。
②　颜光敏辑：《颜氏家藏尺牍》卷1，《海山仙馆丛书》本。
③　周亮工辑：《尺牍新钞》卷1《答陈其年》，《海山仙馆丛书》本。
④　胡林翼：《胡文忠公遗集》卷 64《致牙厘文案粮台诸君》，同治六年刻本。

2004 年发行。

后人编辑清人的函件,从书法艺术着眼亦为应有之意。其时读书人都讲求写字,书信中更能表现出来。

信札未刊的很多,据说苏州文管会就收藏清人的万件左右,一些地方的博物馆亦有不等量的收藏。这些书信若能有选择地加以公布,当是学术界的幸事。在刊印之前,研究者亦不必丧失获睹其真迹的信心,不妨努力寻找一番。

第九章　笔记资料

第一节　笔记体图籍及其成为史料学研究对象

什么是笔记体,古往今来人们的看法并不一致。《四库全书总目》把与笔记有关的图籍分为"史部·杂史""子部·杂家""子部·小说家"三类。所谓杂史,是叙"事系庙堂,语关军国",但所述只是"一事之始末","一时之见闻"①,不得为正史。杂家又分为六类,即学术观点庞杂,不宗一家的"杂学",如《颜氏家训》;辨证事实的"杂考",如《日知录》;既有资料又发表议论的"杂说",如孙承泽《春明梦余录》、王士禛的

---

① 《四库全书总目》卷51,第460页。

《居易录》；推究事物原理，而所记纤细的"杂品"，如刘体仁的《七颂堂识小录》；分类编辑旧闻的"杂纂"，如《说郛》；会刻诸书，算不上哪一种文体的"杂编"，如冯班的《钝吟杂录》①。小说家又分为杂事、异闻、琐语三派②。因杂史类与小说家杂事类，都纪录杂事，不易区分，遂规定"述朝政军国者入杂史，其参以里巷闲谈词章细故者"，则入杂事③。这就是文体相同，而以内容有朝野之异，强为区别，并不完全合理。杂家类区为六目，"杂学"以学术观点立目，与杂考、杂说等五目以体例的庞杂立目，原则不一，置于一类并不相宜。张之洞在《书目答问》中，对此颇有变异。他认为的杂史，是记载"有关政制、风俗、轶事"的，内分事实、掌故、琐记三目，把《春明梦余录》置于琐记目中，而不像《四库全书总目》归入杂家类。《书目答问》中的杂家类，专以学术观点划分的，所谓"学术不纯宗一家者入此，其杂记事实者入杂史，杂考经史者入儒家"。这一划分界限清楚，使得从文体上讲，杂家与笔记体没有关系了。它说的小说家图书，是记事之作中"多参议论，罕关政事"的，如《居易录》。它以记载政事之多寡，划分杂史与小说，与《四库全书总目》基本相同。20 世纪出版的《笔记小说大观》，把顾禄的《清嘉录》、诸联的《明斋小识》、畹香留梦室主黄协埙的《淞南梦影录》刊入其中，显然，它的"笔记小说"一词概念也很不清楚。谢国桢是研究笔记的专家，在《明清笔记谈丛·重版说明》中，把"野史稗乘""笔记""小说笔记""野史笔记"当做同一概念来运用，尤喜用"野史笔记"一词。他把《农政全书》《兰苕馆外

---

① 《四库全书总目》卷 123，第 1064 页。
② 《四库全书总目》卷 140—142。
③ 《四库全书总目》卷 141，第 1204 页。

史》《破邪详辨》《蛮司合志》《蒙古游牧记》《天下郡国利病书》《徐霞客游记》《耆献类征》《畴人传》等书，都列为野史笔记的范围。他把杂史、杂学、小说家以及史部地理、史抄、传记类图书中的一部分都归纳进来，无疑使笔记概念复杂化了。

　　20 世纪 50 年代起，中华书局出版《元明史料笔记丛刊》《清代史料笔记丛刊》《近代史料笔记丛刊》，将记载当时见闻而有较高史料价值的笔记称为"史料笔记"。1980 年中华书局出版刘叶秋的《历代笔记概述》一书，对笔记的含义和类型、渊源与名称发表了见解。他说："魏晋南北朝以来'残丛小语'式的故事集为'笔记小说'，而把其他一切用散文所写零星琐碎的随笔、杂录统名之为'笔记'。"①他认为笔记大致可分为三类：小说故事类，即志怪、轶事小说；历史琐闻类，记野史，即谈掌故，辑文献的杂录、丛谈；考据、辨证类，即读书随笔、札记。第一类是笔记小说，二、三类就不能作这种称呼了。他看到这三大类的分法还欠周密，如《池北偶谈》记掌故、文献，归入第二类，而该书还有《谈异》一门，此则属第一类了，所以他说"本书此处归纳古代笔记为三大类也无非粗举大凡而已"②。他认为笔记的特点，以"内容论，主要在于'杂'：不拘类别，有闻即录；以形式论，主要在于'散'：长长短短，记叙随宜"③。他在笔记的分类和特点的概括上，比前人大大前进一步，摆脱了四部分类法，把古代笔记体图籍真正归为一门，并给以较合理的分类。

　　笔者根据前人的研究，同意这样的说法：古代笔记是随笔记录当时

①　刘叶秋：《历代笔记概述》，中华书局 1980 年版，第 1 页。

②　刘叶秋：《历代笔记概述》，第 4 页。

③　刘叶秋：《历代笔记概述》，第 5 页。

见闻,阅读古今图书、文物心得,随笔撰写带有虚构性的人物故事。它具有内容广泛的特性。作者所记的见闻,可以是朝廷的,达官贵人的,里巷细民的,所阅读鉴赏的文献、文物,可以是古今各种各类的,所以它的内容,涉及当时和历史上的社会生活各个方面,诸如典章制度、政治斗争、天文地理、金石书画、诗词歌赋、人物轶事、少数民族、社会异闻、风俗民情、异国知识等。它还有不拘形式的特点,信笔所记,杂乱无章。它的作者用之记一些素材,备遗忘,可以进一步综合成专著,有的因条件不成熟而没有实现目的,有的因它本身就是一种体裁,也就乐而为之定稿了。它有许多异名,如丛谈、丛话、笔谈、随笔、随录、随抄、杂录、杂识、杂志、杂记、杂笔、杂著、杂忆、札记、丛录、琐言、琐谈、见闻录、纪闻、旧闻、新语、客话等。知道这些名称,有利于识别它们。

包含神仙鬼怪故事的笔记文献,和历史学有什么关系,能不能当做史料著作来对待?《四库全书总目》认为杂史叙遗闻旧事,"足以存掌故,资考证,备读史者之参稽"①。又讲小说家的作品,"寓劝戒,广见闻,资考证者亦错出其中"②。肯定笔记对于读史有参考的价值。陈恭禄在《中国近代史资料概述》中明确指出:"笔记是记载的另一种形式,也是史料的一种。"又分析说,笔记种类多,数量大,可信价值高下悬殊,大抵记载亲身经历的,是比较可信的参考资料,记所闻的次之,记传闻的又次之③。肯定笔记史料价值的同时,还指出了它的价值与作者所得材料来源的方式有关。民国初年周椒青为裘毓麐的《清代轶闻》作

---

① 《四库全书总目》卷 51,第 460 页。
② 《四库全书总目》卷 140,第 1182 页。
③ 陈恭禄:《中国近代史资料概述》,第 215 页。

序,把正史与笔记史料对于读者的意义作了一个对比,他说:"凡古人言行,其载之正史者,皆山中之恒溪也。及睹其轶事于他说,则其人之性情毕露,而读者之耳目为之一新,此则天外之飞瀑也。"①正史与笔记皆给人以史实,而后者往往予人以印象更深刻的东西,说得非常生动。看来笔记是史料的一种。

钱泳说:"昔人以笔札为文章之唾余,余谓小说家亦文章之唾余也。"②笔记为人所贱视,其中更有神鬼故事,怎能当做史料? 笔记所载之传闻和前人轶事,往往是谈天中所得,文人爱以文会友,以闲谈为乐趣,以善谈为有才华,闲话哪有那么正经,无稽而又无聊的内容必定不少,录之于书,价值要受影响。笔记的作者还有在无聊时为解闷而写作的,就有欠严肃了,也会降低他的著述的质量。但是,所有这些不能否定笔记的史料价值,这是因为:(1)记录见闻,反映当时的社会历史,也表现作者对时事的态度;(2)写阅读文献、鉴赏文物心得,表现作者的学术观点和研究成果;(3)笔记小说中,也夹杂有考辨成分,其资料亦堪参考利用。笔记有其史料价值,史料学要把它作为研究对象之一,说明它的创作、资料意义和利用情况。

第二节　清人笔记及其史料价值

清人写作笔记的状况,刘叶秋作了述评:"清代是笔记集大成的时代,各种笔记都在前人述作的基础上进一步发展;其中历史琐闻类笔记

---

① 裘毓麐:《清代轶闻》,中华书局、上海书店合刊 1989 年版,周椒青序。
② 钱泳:《履园丛话·序目》。

的内容,尤为充实而多样化,较明人叙述的范围更广"。①"考据辨证类的笔记无论数量质量,均超过明代。"②这就是说清人笔记在体裁上有发展,内容上也广泛充实。刘叶秋还认为清朝前期的笔记,"只是记记掌故、风俗,谈谈文艺与士大夫言行之类","讳言明末清初的史事,不敢讥评朝政或流露讽刺、不满的意思"③。谢国桢综述明清两代笔记发展情况,认为明代正德、嘉靖以来是极盛期,清代乾嘉以前是衰落期,毫无生气,关于史事的记述,略具旧闻而已,至近代为复盛期④。清人笔记确有一个缺点,即受清朝专制主义文化政策和文字狱的影响,记录明清之际的事情太少,但是不等于没有时事的笔记,乾嘉道时期出现的昭梿《啸亭杂录》、姚元之《竹叶亭杂记》等是以记时事为特点的,它们对清史研究的史料价值是相当高的,不让于别的朝代的同类著作。当然,在政治思想倾向上,这些著作均持颂圣观点,很少敢批评时政,不过到清季就改变了这种风气,这也是研究清人笔记所应注意到的。

清人笔记的数量,《清史稿艺文志及补编》所著录的,不过数十种,很不完全。法式善作《槐厅载笔》,记科场故实,列有引用书目 400 种,除政书、方志外,清人笔记尤多,不下一百数十种。他是乾隆时人,此后笔记频出,所以虽不知它的总数,但数量颇丰,却是可以肯定的,然而也远不会有方志、文集、家谱那么多。

清人笔记作者中,有以精力不济而作此小品,如俞樾在《右台仙馆

① 刘叶秋:《历代笔记概述》,第 167 页。
② 刘叶秋:《历代笔记概述》,第 168 页。
③ 刘叶秋:《历代笔记概述》,第 167 页。
④ 谢国桢:《明清笔记谈丛·重版说明》,上海古籍出版社 1981 年版。

笔记》自序中讲,他以前居苏州作《曲园集》,在湖州著《俞楼集》,而居钱塘,年近六旬,精力不胜,乃不能似前有著作,但又不甘心于无著述,于是整理以往的笔记,成这部作品。此外,有的为消遣而作,有的从事文字游戏,但严肃的作者亦不乏其人。钱泳作《履园丛话》,自谓是抑郁无聊,遣愁索笑之笔。《天真阁集》作者孙原湘见之,说他这是欺人之谈,是有为而作,钱泳即引为知己,请其作序①。履园是钱泳书斋名,履是实践,而实践要按礼而行,钱泳的意思是以儒家伦理为准则,鉴古今,以明白做人行事的道理。他不是为解闷,是有目的的创作。青浦人诸联作《明斋小识》,主要记其家乡事,自谓"见者记,闻者记,邑中之事居多,或劝或惩,或为谈助……而穿凿附会之谈不记"②,追求载笔的真实性。《乡言解颐》的作者李光庭认为农谚、童谣、村歌、舆诵等不为人所重视的文学,可方之于文实兼备的不朽之作,所以精心搜集,详为解说③。以是能为后人提供有关社会风俗的宝贵资料,这是他见识有过人之处的结果。江苏巡抚梁章钜致仕后,著《归田琐记》,又漫游江浙,"逐日有作","纪时事,述旧闻"④,遂有《浪迹丛谈》《续谈》《三谈》数十万言之作,是不以年老而怠于写作的人。只是因为有这样一些有作为的、有见识的、辛勤耕耘的作者,清代的笔记才大有发展,并有一批嘉禾——名作问世。下面让我们了解几部作品,然后概述清代笔记的史料价值。

　　王士禛著《居易录》。作者是清朝前期诗坛首领,康熙二十八年(1689年)再次入京,历官经筵讲官、刑部尚书、左都御史。平日见闻辄

---

①　钱泳:《履园丛话》,孙序。
②　诸联:《明斋小识》卷1《杂记》,江苏广陵古籍刻印社1983年版。
③　李光庭撰:《乡言解颐·序》,中华书局1982年版,第1页。
④　梁章钜撰:《浪迹丛谈》卷1《浪迹》,中华书局1981年版,第1页。

形于笔端,读书、鉴赏文物有得则录,岁月既久,得数百条,整理为 34 卷。其记经历,依时间为顺序,起自二十九年(1690 年)二月,止于三十九年(1700 年)五月。其论诗词文物虽有成功之处,而笔者以为记朝政部分更吸引人。如卷 3 记康熙帝教育皇太子胤礽及叙东宫诸讲官。卷 17 述元旦、冬至、千秋节朝贺太子的礼仪。三十二年(1693 年),康熙命皇三子胤祉往阙里祭孔庙,皇四子胤禛从行,《居易录》作了如实记载,可纠正官书强调胤禛而贬低胤祉作用的误失。其书名,因顾况有"长安米贵,居大不易"之说,反其意为《居易录》。该书收在《王渔洋遗书》中,另有四库全书本。

屈大均撰《广东新语》,28 卷,以所记叙的事物性质分类,为天语,地语,山语,水语,石语,神语,人语,女语,事语,学语,文语,诗语,艺语,食语,货语,器语,宫语,舟语,坟语,禽语,兽语,鳞语,介语,虫语,木语,香语,草语,怪语。笔记图籍中有严格分类的并不多,它以人、生物、自然现象、器具区别门类,甚为清晰,记事也丰富。对广东的各种田地,沙田的形成、生产与占有状况,清初的迁海,西方殖民主义者的入侵及与广东内奸的勾结,蛋户的情形,广东的铁冶业的记载,都是有价值的史料。他虽然记的只是广东一地之事,作者之意是以小见大,以一方而见全国。潘耒为之作序,云读该书,"游览者可以观风土,仕宦者可以知民隐,作史者可以征故实,漓词者可以资华闻"。道出它拥有清初广东地理、物产、人文、风俗资料的事实。该书有康熙三十九年(1700 年)木天阁刊本、中华书局 1985 年本。

钮琇作《觚剩》。作者是苏州吴江人,在河南项城、陕西白水、广东高明等地任县令,于高明官舍成书,康熙三十九年(1700 年)作序,但记事有至四十八年（1709年）的。"舥"意简策，"剩"乃赘言，作者谦称他的书为多余的话。全书正编8卷，分为吴舥、燕舥、豫舥、秦舥、粤舥，皆作者亲历之地的见闻。《续舥》4卷，分别为言、人、事、物之舥。记事多有所本，如录人物的诗词，或有名物可资考证，荒诞离奇的事亦有所叙，但不令人厌烦。他不是夸耀博闻，而是反映清初吴、燕、豫、秦、粤诸省的社会人情。他相信天命、轮回之说，为多数笔记作者的通识。该书收在《笔记小说大观》《清代笔记丛刊》等丛书中。

　　汪景祺著《读书堂西征随笔》。作者是浙江绍兴钱塘人，康熙五十二年（1713年）举人，雍正二年（1724年）初由直隶邢州出发，道经山西，入关中，沿途写作，至五月成书，时年53岁，自谓以前很傲气，现虽改行，但作品"意见颇偏，则性之所近而然也，议论孛戾，则心之所激而成也"，可谓自知所著有背世道。书本2卷，今所存1卷，多记时事，偶及历史。《遇红石村三女记》《记蒲州常生语》等篇，反映素称富饶的山西运城地区，由于30年来"有司朘民，以奉上官，取之间左者十倍正供"，以至百姓卖妻鬻子，激起反对，出现了以女子为首领的"胭脂贼"。《上年羹尧书》《西兵之捷》《功臣不可为论》诸篇，歌颂年羹尧平定青海之功及论功臣如何处世。《延安三厅》论述榆林卫改为县治的必然形势。《钱通政条奏》，指斥右通政使钱以垲籍没贪官家产以赔补亏空的条

《读书西征堂随笔》题记

陈。《缪礼科条奏》，说礼科给事中缪沅揭露科场丑行的奏疏是过河拆桥。《闻李侍郎绂擢粤西巡抚》，谓其人忘恩狂骄。《熊文端明史》，云致仕大学士熊赐履在南京监修《明史》，无卓见而收受贿赂。《高文恪遗事》，说高士奇奸险，先事大学士索额图，后联合大学士明珠倒索。《遂宁人品》，讲大学士张鹏翮贪婪，惧内，恋位不丁忧。《程如丝贪纵》，记川东道程如丝贪财杀害人命。汪景祺在书中反映了康熙后期、雍正初年官吏为人、吏治及民间情况，揭露官场的污浊和官员的庸劣，表现出对重用那些官员的皇帝有所不满的态度。该书大胆地涉及和议论时政，在清人笔记中实属凤毛麟角。由于作者受义愤感情的支配，个别事情没有搞确实，如对张鹏翮的批评不完全符合实际。据说该书中还有讽刺康熙帝书法的"皇帝挥毫不值钱"，议论康熙帝谥号、雍正年号的内容。汪氏之书在年羹尧案件中被发现，雍正帝以其大逆不道论斩。书藏宫中，仅存上卷，故宫博物院出版的《掌故丛编》于第1—6辑予以披露，1928年出单行本。雍正帝在该书稿本首页，亲书"悖谬狂乱，至于此极。惜见此之晚，留以待他日，弗使此种得漏网也"。这类文字狱，就使得清代议论时政的笔记大为减少和逊色。

　　阮葵生著《茶余客话》。作者历官内阁中书，军机处票签，充方略馆、通鉴辑览馆纂修官，刑部侍郎，得览内阁和军机处档案。为人勤奋，当在军机处值夜班时，"竟夕披览不倦"，别人不愿意值夜班，他则乐于往代，这样搜集了大量资料，于乾隆三十六年（1771年）以前成书。该书22卷，包括政治、史地、学术思想、科技工艺、文学艺术、花木鸟兽、饮食起居诸方面内容。由于作者熟于典章制度，对清代职官、科举、典礼、婚姻、赋役、法律制度多所记载。如卷5《礼制》，叙述了嫁娶年龄、婚礼、老年续娶、再婚、同姓不婚、婚礼作乐、彩礼燕席等习俗。他主张婚制适于时情，不可墨守古法："古礼不必尽可遵"，同情寡妇再婚。同卷讲了丧礼，有本生之丧、临丧之礼、丧家十二禁、论丧葬宜从俭、焚衣、在任守制、民公溘逝之礼、侯伯溘逝之礼、品官丧仪等目。书中还流露了作者不满于八股恶习的思想感情。从而使他的书成为具有一定见解和清代掌故资料的有价值的著作。该书有 1959 年中华书局上海编辑所印本。

赵翼作《檐曝杂记》。赵翼是清代史学名家，以作《廿二史札记》著称。他的《陔余丛考》也是治史专著，不过是研究明朝以前历史的，不在我们的考察范围之内。《檐曝杂记》6 卷，《续》1 卷，基本上依作者的经历分卷，而没有考虑所叙事情的性质。作者先在京中任内阁中书、军机章京、方略馆纂修官，故卷 1、2 记京中及塞北见闻，其记军机处的设立、军机大臣的进见、草拟诏旨、廷寄制度以及军机直舍、军机大臣不与外臣交接，是研究军机处的重要史料。作者后赴外任，历广西镇安知府、广州知府、贵州贵西兵备道等职，因此在卷 3、4 中记载了两广、云贵的物产和民间风俗，特别是叙述了少数民族的生活习惯及改土归流后土司余威不倒的状态。然书中每有作者自诩之成分，令人不快。它的版本甚多，除收入湛怡堂《瓯北全集》，嘉

《檐曝杂记》卷 1《军机处》

庆、道光、光绪间均有印刷，1982 年中华书局出版点校本。

昭梿（汲修主人）撰《啸亭杂录》。作者袭爵礼亲王，是嗜学之人，有条件结交社会上层，见闻较丰富。其作《杂录》10 卷，《续录》5 卷，卷 1 写嘉庆以前诸帝事，卷 5 叙乾隆对缅战争，《续录》卷 2、3 主要记人物，其他诸卷述各类事。全书内容广泛：清代诸帝用人、行政和性格，八旗制度和满洲风习，内外大臣佚事，一些政治事件（如民众运动），中央和地方行政制度、吏治，如记湖

九恩堂本《啸亭杂录》叙

广总督毕沅庸劣而好文，湖北民谣"毕不管，福死要，陈倒包"反映的湖广大吏的贪赃枉法。所有这些都是研究鸦片战争前清代历史的参考资料。其中的典章制度部分价值尤高，如叙王公降袭次第，王府官员制度，宗室婚嫁，宗室任职官、内官之制，提供了八旗、宗室和内监制度资料。对满汉矛盾也有所揭露，如讲抚远大将军岳钟琪受满人副参领查廪和署理川陕总督查郎阿的陷害而失宠，这是没有昭梿爵位的人所不敢记载的。此书抄本、刻本很多，光绪六年（1880 年）德钟等为厘定，出版九恩堂本，1980 年中华书局印行点校本。诸本《续录》卷数不一，有二卷者、三卷者。

钱泳的《履园丛话》。钱泳书成，道光三年（1823 年）开雕，十八年

(1838 年)始刻就，可见穷书生刻书之不易。1979 年中华书局为出点校本。全书 24 卷，《旧闻》卷记清初轶事，《水学》卷论三吴水利，《景贤》《耆旧》两卷讲士大夫之贤明者如何做人，《臆论》卷发表对功名利禄的看法，《谭诗》《碑帖》《收藏》《书学》《画学》诸卷讲作诗、习画及书法艺术，对文物的鉴定和收藏，《艺能》卷讲衣食住及娱乐的方法。《笑柄》卷讽刺某些人情世故。《祥异》《鬼怪》《精灵》《报应》等卷多为天理轮回之说。《古迹》《陵墓》《园林》等卷介绍名胜古迹。《杂记》卷寓哲理于事，然多不经之谈。作者长期为幕宾、塾师，需要也具有各方面的知识，并把它汇总于书中，从而提供了清代社会经济、吏治、人物传记、思想、艺术、风俗习惯的资料。

吴振棫著《养吉斋丛录》26 卷，《余录》10 卷。作者历官编修、布政使、总督，从政数十年，博于见闻，于公事余暇，勾稽奏议，条列清代同治以前的典章制度，尤详于官制和礼制，除叙述制度本身，还讲其实施情况和变化。每卷虽不立目，但有侧重内容。卷 1 有内阁、大学士、八旗制度梗概，卷 2 叙翰詹及进士，卷 3 为宗学、督抚、武职，卷 4 述军机处制度，卷 5 记经筵、祭祀、耤田，卷 6 讲刑政、藩属、时宪书，卷 7 书堂子、郊祀、祭孔礼，卷 8 述明陵等祭祀及清朝配享，卷 9 讲科举，卷 10 关于博学鸿词、庶吉士和学政事，卷 11 写圣诞礼，卷 12 书庙号、谥号，卷 13 述元旦、灯节礼仪，卷 14 写食酢，卷 15 记大宴，卷 16 述巡幸与秋狝，卷 17 记内廷诸殿，卷 18 写西苑宫殿、避暑山庄，卷 19 写宫中门联事，卷 20 述御纂书、《明史》，卷 21 关于满文、货币铭文、印鉴，卷 22 记满人服制，卷 23 述奏折，卷 24 载御膳、进贡事，卷 25 叙官俸、丧葬、太监、团练，卷 26 写玉玺、文物、菜蔬。《余录》记清代政治、经济、文化等方面事,诸如投充、圈地弊政、科举丑闻、白莲教起事等。该书有光绪二十二年(1896 年)印本、北京古籍出版社 1983 年标点本。中华书局于 2005 年将该书收入《清代笔记丛刊》。

陈康祺著《郎潜纪闻初笔》《二笔》《三笔》《四笔》。《初笔》成于光绪六年(1880 年),刻于常州;《二笔》又曰《燕下乡脞录》,1881 年梓行;《三笔》原题名《壬癸藏札记》,1883 年在苏州印刷。此三笔,中华书局于 1984 年合刊。《四笔》初名《判牍余沈》,1886 年出版,中华书局于 1990 年以《郎潜纪闻四笔》梓行。陈氏写作态度严肃,一面勤于读书摘记,一面访问耆老,把所得的知识写出来,这就是他在《初笔》序言里所说的:"多采陈编,或询耆耇,非有援据,不敢率登。"该书内容广泛,记载几乎涉及有清一代政坛、文坛、民族、外事和社会生活的各个方面,对典制和官场、文士的逸闻趣事尤加留意,有较高史料价值,如《初笔》卷 5 记图理琛出使在欧洲的土尔扈特,参与中俄《恰克图条约》的签订。

《问俗录》,6 卷,陈盛韶著。作者于道光间任福建知县、同知,关心民情、财政,每至一地,记载当地政情和风俗,如卷 1 茶山、茶讼、茶赌、茶贼、茶盗等条,叙述与茶有关的生产、买卖和社会治安。书中对福建民间财产继承的习惯记叙清晰,说明了择立、序立的立继嗣方法。对民间流行的田骨、田皮制及因之而产生的大租、小租的记载,反映福建土地制度的特点。因其叙事具体生动,颇受史学家和经济史学家的重视。1983 年书目文献出版社把它作为《文津书海》丛书的一种予以印行;该书还有小岛晋治等翻译的日文本,东京平凡社 1988 年出版。

纪昀著《阅微草堂笔记》,24 卷,内含《滦阳消夏录》《如是我闻》《槐西杂志》《姑妄听之》《滦阳续录》等部分,计千二百篇,包括寓言、故事、掌故,因述异成分多,纯系笔记小说,以此区别于上述诸书。纪昀学问渊博,交游复广,为人又以诙谐著称,故能于乾隆末嘉庆初写出较高质量的笔记。他述异,是有所寓而发:借以揭露官场的腐败和道学家的虚伪。卷6借地狱冥吏之口讲吏、役、官之亲属和仆隶四种人,"无官之责,有官之权","怙势作威,足使人敲髓洒膏,吞声泣血。"卷1借狐言指斥良吏"爱民乃图好名,不取钱乃畏后患耳",暴露某些清官的隐微心理。卷5写两个道学先生,对十余徒众辩论性天,剖析理欲,俨然正人君子,恰于斯时,二人合谋霸占寡妇田产的信札从天飘落下来,因之阴谋破产,作者遂议论说:"然操此术者众矣,固未尝一一败也。"鲁迅说:纪昀"测鬼神之情状,发人间之幽微,托狐鬼以抒己见"①,指明了其书的特点。纪书还有可资考证的资料,如卷12叙述他4次到避暑山庄,泛舟湖上,见山庄内之景色。卷8记在乌鲁木齐见该地水土花草的情形。卷12论古北口内的杨令公祠当是辽人纪念杨业所建。此书写就,即有作者门人盛时彦于嘉庆五年(1800年)的刻本,后枣梨甚多,1980年上海古籍出版社发行点校本。像《阅微草堂笔记》之类的清人笔记小说,对治史者有两个用途:一是它的纪实和考辨的内容,可以直接用为史料;二是它的故事情节,凡是作者有寓意的,必能反映当时社会生活的某些现实,可用以分析社会情况。因之,也可以把它当做有参考价值的资料来阅读。

　　清人笔记名著中还有薛福成的《庸盦笔记》,江苏古籍出版社2000年重刊。许承尧的《歙事闲谭》,李明回等校点,黄山书社2001年重印,为《安徽古籍丛书》之一种。作为饮食文化名著的袁枚《随园食单》,笔

---

① 鲁迅:《中国小说史略》,人民文学出版社1973年版,第184页。

者在这里也将之算作笔记,该书版本多,王英志校点本,江苏古籍出版社 2000 年印行,三秦出版社归入《中国饮食文化丛书》于 2005 年推出,同时发行的还有王士雄的《随息居饮食谱》。

笔记所提供的历史资料,从上举诸书及其他种类来看,可概括为五个方面:

1. 社会生产与经济资料。《广东新语》《履园丛话》于此记叙较多不说外,叶梦珠的《阅世编》(10 卷)至为丰富,它有《田产》《食货》《种植》《钱法》诸目,介绍了稻米、青靛、烟草、蔗糖、长生果、橘柚、佛手柑、西瓜、灯草、当归、桔梗、生地等食物和药材的生产,清初土地、米、棉布、茧绸、柴薪、盐、茶、糖、肉、烟、纸、檀香、燕窝、药材、干鲜果品、瓷器、眼镜、顾绣等物品的价格及其变动情况①。《乡言解颐》写北京及京东一些地方的社会经济情形,卷 4《造室十事》,把建房中打夯、测平、煮灰、码磉、上梁、垒墙、盛泥、飞瓦、安门、打炕的方法都说到了。《市肆十事》则讲了招牌、栏柜、天平秤、钱票、钱板、水牌、银剪坳、门上小户(备夜间售货)、算盘等商家所必备之物。卷 2《水》讲宝坻林亭口因河道所经,“百货丛集”,成为小码头。《灰》,说明其造屋及供医药、染房之用。《市集》记宝坻城里及四乡集市。卷 3《圃》,记录种菜经验的谚语:“头伏萝蔔末伏菜,尖头蔓菁大头芥。菜三菜三,三日露尖。水菜水菜,一冻便坏。”②郑光祖撰的《醒世一斑录·杂述》卷 6,记黄金价格,银钱比价,云南铸钱,洋钱价格,米、棉、麦价③。戴璐著的《藤阴杂记》,叙述了嘉庆

---

①　叶梦珠:《阅世编》,上海古籍出版社 1981 年版。

②　李光庭:《乡言解颐》,第 39 页。

③　郑光祖:《醒世一斑录·杂述》,咸丰三年(1853 年)增刻本。

以前北京酒园、戏楼和庙会集市贸易的情况①。李斗的《扬州画舫录》记乾隆以前扬州商业和工艺生产的历史，官绅盐商的生活情趣②。王沄作的《漫游纪略》，对福建的物产、国内及海外贸易均有记录③。

2. 典章制度的资料。《养吉斋丛录》《茶余客话》《啸亭杂录》而外，记载这方面资料较多的有姚元之的《竹叶亭杂记》，如记嘉庆十七年（1812 年）大阅的仪注，皇室丧仪，朱批御旨收交，军机章京的挑取与大臣子弟的回避，吉林的例贡，对满人的跳神仪式叙述得尤详细生动④。福格作的《听雨丛谈》，关于八旗制度和礼制的记录尤多，涉及了八旗源起，八旗方位，满蒙汉旗分，八旗姓氏，满洲祭祀割牲，花翎，满官名，内旗旗鼓与汉军不同，黄马褂，满汉互用，笔帖式，八分公，侍卫，佐领，内大臣，满洲大臣亦可借补汉缺，满汉官员准用家人数目，八旗族长，满洲祀先不用炷香，八旗科目，巴克什，满洲字等问题，反映了清代因满人当权而特有的制度⑤。刘献庭著的《广阳杂记》，成于康熙中，叙八旗官员及职务、俸饷，较为准确⑥。刘氏冲破道学家的束缚，对被社会蔑视的戏曲小说予以高度评价，认为它是明王转移世界之大枢机，强调它的教育民众、移易风俗的功能。张舜徽因此在《清人笔记条辨》一书中称赞他有远识，并说及清初学者，谓"清初诸儒，气象博大，降至乾嘉，门庭渐褊"。梁章钜的《浪迹丛谈》，卷 4 讲清代翰林院、大学士、学士缘起，谥

①　戴璐：《藤阴杂记》，上海古籍出版社 1984 年版。
②　李斗：《扬州画舫录》，中华书局 1960 年版。
③　王沄：《漫游纪略》，《笔记小说大观》本。
④　姚元之：《竹叶亭杂记》，中华书局 1982 年版。
⑤　福格：《听雨丛谈》，中华书局 1959 年版。
⑥　刘献庭：《广阳杂记》，中华书局 1957 年版。

法及其实行,武阶、世职、伞盖等制度①。笔记中涉及科举制度的甚多,而专著则有法式善的《清秘述闻》和《槐厅载笔》,二书汇集了科举规制、掌故、科场实况,以及有关科举的佚事、歌咏资料②。军机处的设立,有一些不清楚的问题。叶凤毛著的《内阁小志》中说,西北两路用兵,始在户部立军需房,渐易名为军机房,再改称军机处③,为它的成立提供了一种说法。

3. 政事及吏治资料。《读书堂西征随笔》《檐曝杂记》《啸亭杂录》不谈外,笔记诸书中亦有所道及,如《笔记小说大观》第 2 辑王士禛《香祖笔记》提要中说,"或议论史事得失,或阐发名物源流,或抗谈时事,或旁及轶闻"。论历史,谈时事,都是这方面内容。关于年羹尧专横的"年选"事,出在朱克敬作的《瞑庵杂识》中④。薛福成的《庸盦笔记》卷 1、2《史料》,记与太平天国运动有关的人和事,卷 3 录查抄和珅家产清单,虽不准确,亦资考证。前述王沄《漫游纪略》,所记录的清初迁海事件,是很少见的宝贵资料。叶廷琯的《鸥陂渔话》,记康熙时画家常熟人吴圣历加入耶稣会事,反映了天主教在中国传播的一个侧面。《浪迹丛谈》卷 5 有《天主教》专条,录吴德芝《天主教书事》一文,并表示了对于天主教势力在华发展的担忧。《广阳杂记》多有关于三藩叛乱事的记载,如卷 1 记吴三桂在衡州称帝情节;又有南明福王事,如卷 2 云"宏光帝至南京,即位于内官监,盖大内诸宫殿虽存,而颓败不可居,即位后始

---

① 梁章钜:《浪迹丛谈》卷 4。
② 法式善:《清秘述闻》,中华书局 1982 年版;《槐厅载笔》,乾隆五十三年刊本。
③ 叶凤毛:《内阁小志》,《玉简斋丛书》本。
④ 朱克敬:《瞑庵杂识》,光绪七年长沙刻本、岳麓书社 1983 年版。

建武英殿，上所居曰兴宁宫，太后所居曰慈熙宫"。似以明臣叙其事，而不像清人口吻，亦反映作者的政治态度。卷2写建义侯林兴珠在雅克萨之战中的重要作用，为他书所缺，可补史书之不足。乾隆时苏州人龚炜著的《巢林笔谈》卷2记雍乾两朝蠲免钱粮事，此事亦见载于官书，但当时当地人的记录可资参考①。

4. 人物传记资料。各种类型的人物，特别是官僚文人的轶事，为多数笔记所必有，不过大多不是完整的传记，而是人物生平、行事的片段。《啸亭杂录》写了五个被杀的官僚：福建总督伍拉纳、巡抚浦霖"贪酷用事，至倒悬县令以求索"，虽有和珅救援，终至伏法；两淮盐政高恒亦以贪婪处死；侍郎广兴被杀，则因傲气伤人，被谗而不知，还误犯了乾隆帝逆鳞；两广总督觉罗吉庆为官清廉，优容"暴戾争柄"之广东巡抚某，卒中其伤，乾隆帝将其交某审讯，不甘受辱而自刎。五人属两个类型，一是因贪伏法，一是被谗受害。由此可见官僚之贪婪枉法，也可见皇帝专断下必有误枉。朱彭寿的《旧典备征》，将清代重要职官、封爵、祠祀及有谥法的人员一一罗列，并书其得官爵的年代。看其子目，则见其内容的丰富：亲郡王封号考，三公三孤，状元宰相，汉大学士人数，大将军，经略，提督加将军封号，提镇改授督抚，封爵考，冠服异数，配享太庙，入祀贤良祠，从祀文庙，古今得谥文正诸人，以忠武为谥，谥法不拘定例，浙省人得谥者，一家人中得谥者，世家，科名盛事，各省状元人数，重宴恩荣，汉大臣不由正途出身者，八旗大臣起家科甲者，大臣罹罪，大年。它提供大官僚的某一方面情况，兼可作工具书查检②。《听雨丛谈》卷3

---

①　龚炜：《巢林笔谈》，中华书局1981年版。
②　朱彭寿：《旧典备征》，中华书局1982年版。

《八旗直省督抚大臣考》《八旗直省巡抚考》《直省满缺巡抚考》，罗列满州各职官的任职人员、年代、旗分。卷4《己未宏词科征士题名》《丙辰宏词科征士录》，备书康熙、乾隆两次博学宏词科征士的名单，以及其人的籍贯、功名、录取与否及任职。既可供考察满人任疆吏和两次鸿博的历史，同时提供人物传记资料。《暝庵杂识》成于光绪初，作者自叙"闲居无事，采近代文人碎事，合为一编"，不用说，是记叙近代史上人物琐事的。沈起凤的《谐铎》卷3《烧录成名》，叙述石韫玉焚毁记有朱熹阴事的书籍，因是得中状元①。这种积德有报的迷信说法不对，但石之焚书实有其事，他的文集《独学庐初稿》亦有交待。陈康祺《郎潜纪闻》对清朝许多大臣作了记叙，并发表评论，如卷2记彭春的雅克萨之战，讲康熙允许俄人回国，以为盛德。作者处于清季国弱之时，希望"他日出使虏廷者，称述旧典，或犹足壮我威棱，感动异类也"②。显见作者不识时务，然而忧国之心见于纸上。《不下带编》的作者金埴（1663—1740年），诗人，与王士禛有交往，同洪昇友善，和曹寅论剧作。他在书中记同时代的文人趣事，兼有诗话性质。清初张潮编辑《虞初新志》，选录他人传记文而后予以评论，其选文有吴伟业的《柳敬亭传》，方亨咸的《记老神仙事》，侯方域的《李姬传》（李香君）、《马伶传》，张明弼的《冒姬董小宛传》，徐芳的《柳夫人小传》（柳如是），陆次云的《圆圆传》（陈圆圆），毛奇龄的《陈老莲别传》（陈洪绶），周亮工的《书戚三郎事》（江阴抗清事）③，均是明末清初社会新闻人物，所叙事情尽管有虚构成分，然亦资

---

① 沈起凤：《谐铎》，《笔记小说大观》本。
② 陈康祺：《郎潜纪闻》卷2，第39页。
③ 均见《清代笔记小说大观》本。

参考。

5. 物质、文化生活与社会风气资料。这方面的资料，笔记提供的丰富、具体而且生动。《清嘉录》的作者顾禄，苏州人，25 岁后在乡采风问俗，兼读数百种书，据而写成 12 卷书，专记其家乡"岁时节物之所陈，市风好尚之所趋，街谈巷议，农谚山谣"。即按节气，每月一卷，叙述该月当地的生产、生活和人们的社交，反映苏州人的生活和习惯①。畹香留梦室主于光绪间编成《淞南梦影录》，4 卷，主要讲上海梨园、茶馆、妓馆及风俗，兼有西洋人在沪情况②。反映北方人生活的笔记，《乡言解颐》不失为重要的一种。卷 2《寺观》和卷 3《优伶》，叙述宝坻庙会期间的各种艺术表演，北京戏馆的演出。卷 3《婚姻》讲婚礼仪式和各种人婚姻的名称，对争聘礼、嫁奁现象的不满。《丧祭》讲乡俗厚葬，备酒奏乐以答谢吊唁者，而北京不备办酒席，合乎情理。《农》讲宝坻地洼，难得丰收，佃农与地主六四分成。《衣工》记京中童衣三次、五次镶边，奢华太甚。《食工》及卷 4 的《庖厨十事》《食物十事》，讲炊具，主副食品和菜肴的做法；《消寒十二事》备述御寒之物；《新年十事》讲过年所用之物和食品。卷 5《药物三事》记何首乌等药品的性能。《竹叶亭杂记》卷 8 叙及种花草、养鱼鸟的方法，一些动植物的属性，卷 4 记古籍文物，反映一部分文人对书琴诗画的情趣。《阅世编》卷 4《士风》，对清初松江地区缙绅、士人和官场的风气作了说明。卷 8、9 记述了该地衣着装束的详细情况，人们交往礼节和习惯，宴会的食物和艺人的演奏。于鬯著的《花烛闲谈》主张血缘远婚，他说："予闻诸西人，谓彼国虽中表亦不婚，中表

---

① 顾禄：《清嘉录》，《笔记小说大观》本；上海古籍出版社 1986 年版。
② 黄协埙：《淞南梦影录》，《笔记小说大观》本；上海古籍出版社 1986 年版。

而婚,生子厥性不慧,察之人家,颇或有验,果如此,即用夷变夏可也。"①《浪迹三谈》卷5讲各种酒类、鱼类、火腿、黄羊、燕窝、鱼翅、海参的吃法,反映当时社会上层对食物的追求。《石渠随笔》作者阮元,于乾隆末年以少詹事入值上书房,与修《石渠宝笈》,因得观懋勤殿所藏的古书画,将其见识作为《随笔》一书,8卷,留下鉴赏书画的资料②。

第三节　笔记的出版、研究与利用

笔记诸书出版后,往往为人所喜,被选入丛书,再次获得出版机会。清人汇编了一些笔记丛书,民国以来,尤其是近年,越出越多。所以欲寻览笔记,除其原版、单行本,可往丛书中问津。

《说铃》,清人吴震方编辑,分前、后、续三集,先后刊于康熙四十一年(1702年)、五十一年(1712年),收有清初笔记62种,包括王士禛的《分甘余话》、宋荦的《筠廊偶笔》、高士奇的《金鳌退食笔记》,董含的《莼乡赘笔》,以及编者自著的《岭南杂记》等书,可分为地方游记、少数民族、外国、各种问题杂记四个方面的内容。这里要注意的是清初汪琬撰有《说铃》一书,也是笔记体。两者不可混淆。

《说库》,王文濡辑,1915年上海文明书局石印,汇编汉代以来笔记类书籍,其中清代的43种,有瀛若氏的《三风十愆记》、周亮工的《闽小记》、王崇简的《谈助》、高士奇的《天禄识余》以及《啸亭杂录》《藤阴杂记》等。

---

① 于邺:《花烛闲谈》,《说库》本。
② 阮元:《石渠随笔》,《文选楼丛书》本。

《笔记小说大观》，进步书局辑，民国间上海进步书局石印。1983年扬州广陵古籍刻印社用排印与影印结合的办法重印出版，分装35册。汇集晋至清人笔记二百二十余部，其中清人的占一半，而且篇幅大，有21册之多。这中间有长白浩歌子（尹似村）的《萤窗异草》，袁枚的《子不语》，褚人获的《坚瓠集》，俞樾的《春在堂随笔》，张焘的《津门杂记》，梁章钜的《退庵随笔》，厉鹗的《东城杂记》，徐锡麟、钱泳的《熙朝新语》，梁恭辰的《北东园笔录》，印光任、张汝霖的《澳门记略》，恽敬的《大云山房杂记》，陈鼎的《滇黔土司婚礼记》，王韬的《松滨琐话》等。

《清代笔记丛刊》，民国间上海文明书局编辑并印行，汇刻清人笔记42种，其中有乐钧的《耳食录》，梁章钜的《归田琐记》，陈其元的《庸闲斋笔记》等。

《古今说部丛书》，上海国学扶轮社编辑，自宣统二年（1910年）起排印，至1913年刻就，汇集古代说部书，多为小部头著述，分为10辑，属于清人的作品有：朱焘的《北窗呓语》、王士禛的《陇蜀余闻》、王昶的《蜀徼纪闻》和《台怀随笔》、洪亮吉的《外家纪闻》和《天山客话》、陆次云的《湖壖杂记》、陈锡路的《黄奶余话》等。

《笔记小说二十种》，1922年上海文明书局出版，收有光绪间百一居士著的《壶天录》、宣鼎的《夜雨秋灯录·续集·三集》、毛祥麟的《墨余录》、梁绍壬的《两般秋雨庵随笔》、朱翊清的《埋忧集·续集》、兰苕馆主许奉恩的《里乘》等，其中梁绍壬之作，颇受学者关注。

《明清笔记丛刊》，中华书局上海编辑所辑，1958年至1959年排印。只出数种，清人的有阮葵生的《茶余客话》、平步青的《霞外捃屑》

两种。

《清代史料笔记丛刊》，中华书局编辑，1950 年代起陆续出版。它选刊的原则是：选录清代人记载鸦片战争以前见闻，确有较高史料价值的笔记；学术考据、读书札记和述异志怪的笔记摒而不录；凡是参考价值较高且比较罕见的书，先为梓行。每种笔记，原则上印为一册，篇幅过少的，则就内容相近的两种或数种合为一册。其在五六十年代出版的，每种有《前言》，七八十年代问世的则有《点校说明》，介绍该书的作者、内容、价值、缺失、版本和点校所依据的本子，对读者了解该书甚为有益。该丛刊已出了一批清人笔记中的名篇，以及不甚为人所知，但确有资料价值的，诸如《听雨丛谈》、《永宪录》（本书第二章作了说明）、法式善的《陶庐杂录》、《扬州画舫录》、《啸亭杂录》、《檐曝杂记》及《竹叶亭杂记》、《浪迹丛谈·续谈·三谈》、《清秘述闻》、《乡言解颐》和《吴下谚联》、王应奎的《柳南随笔·续笔》等。笔记的价值高低，人们的认识自然难于准确和划一，依编辑方针，质高者先出，有的则未能做到，有的则没有被选入目。选目是编辑丛刊的第一步工作，选得好坏，完善与否，关系丛刊的质量甚大。中华书局原出《近代史料笔记丛刊》，选刻记叙近代史事的笔记，但近代与清代很难划分，如《庸盦笔记》虽述鸦片战争以降史事较多，但亦有前述的战前的事情。再如 1960 年作为《近代史料笔记丛刊》出版的刘禺生著的《世载堂杂忆》，多记近代史上的事，然亦有《清代之科举》《清代之教学》《清代乐部大臣》《谈前清刑部则例》《顺治丁酉江南科场案》《雍正朝之两名人》《徐乾学祖孙父子》《乾隆禅位后仍亲政》《和珅当国时之戆翰林》等子目，述及鸦片战争前的人事。这样清代和近代的分别出丛刊就无多大必要。近年出版的《旧典备征》

和《安乐康平室随笔》,虽不乏近代史资料,但以《清代史料笔记丛刊》出版,即处理得很好。

《明清笔记史料丛书》,上海古籍出版社编辑并枣梨,已出的有《阅世编》《香祖笔记》《阅微草堂笔记》等。

《瓜蒂庵藏明清掌故丛刊》,谢国桢收藏并选编,上海古籍出版社出版,共 10 种,分 4 辑,后 3 辑为清人著作,已出的有清人高凤翰撰的《南阜山人敩文存稿》,徐炯的《使滇日记》《使滇杂记》,英和的《恩福堂笔记》,潘耒的《救狂砭语》,余宾硕的《金陵览古》,陈孚益的《余生纪略》,沈涛《交翠轩笔记》等。每种书后,附有谢国桢的跋记,评述该书价值及其收藏经过。

《清代历史资料丛刊》,上海古籍书店出版,内有笔记图书,已椠刻的有李伯元的《南亭笔记》、陈夔龙的《梦蕉亭杂记》、何刚德的《春明梦录》和《客座偶谈》等。

《清人考订笔记七种》,包括汪中撰的《旧学蓄疑》、沈寿的《瑟榭丛谈》,1965 年中华书局影印问世。

《近代湘人笔记丛刊》,岳麓书社出版,行世的有朱克敬的《暝庵杂识·二识》《儒林琐记·雨窗消意录》,王之春的《椒生随笔》,李肖聃的《星庐笔记》等。

《北京古籍丛书》,北京古籍出版社梓行,其中属于清人笔记已剞劂的有:戴璐的《藤阴杂记》、高士奇的《金鳌退食笔记》、崇彝的《道咸以来朝野杂记》。

《近代稗海》,荣孟源、章伯锋主编,四川人民出版社于 1985—1988 年已印行 14 辑。所收著述以属于稗史者为主,尤侧重于稿本、抄本、孤本、罕见的印本。对所选的著作,编者加简注,或有删节。此选之作,不尽为反映鸦片战争以后清代史的,对兼有清朝前期及民国史内容的著述,亦在选择之内。所选的有高树的《金銮琐记》、岑春煊的《乐斋漫笔》、聂士诚的《东游纪程》、陈夔龙的《梦蕉亭杂记》、徐一士的《一士类稿》等。

此外,福建人民出版社在《八闽文献丛刊》中,枣梨《浪迹丛谈》等书;浙江人民出版社《浙江地方史料丛书》,收有梅堂老人徐承烈的《越中杂识》等书。

台湾新兴书局发行《笔记小说大观丛刊》,笔者所见,已出 36 辑,1978 年至 1984 年间印行,每辑 10 册,总数已达 360 册,前 32 辑包括 1862 部著作,209860 页。收历代笔记,然以清人的为多,笔者统计前 5 辑,收有清人著作 339 种,其中有《庸盦笔记》、《庸闲斋笔记》、闵叙的《粤述》、张芳的《黛史》、袁枚的《缠足谈》、吴允嘉的《浮梁陶政志》、戴名世的《乙酉扬州城守纪略》等。新兴书局还出版《笔记小说大观丛刊索引》一册,备检索前 32 辑书目之用,分作总目录、书名笔画索引、著者人名笔画索引,为了解笔记和该丛刊提供方便。

《晚清海外笔记选》,福建师范大学华侨史资料选辑组选辑,海洋出版社 1983 年梓刻,收录 19 世纪后期出使海外的官员、幕客的游记、笔记,分区域编排。全书分量不大,但对华侨史的初涉猎者有参考作用。

20 世纪 50 年代以来所出版的清人笔记,除影印本之外,多作了标点,甚便于读者。

阅读笔记书籍,离不开前人的研究成果,其中有影响的,是前述的刘叶秋《历代笔记概述》和谢国桢《明清笔记谈丛》。《历代笔记概述》,

研究了笔记的定义和类型,根据它的分类,介绍了魏晋至明清的重要笔记著作,评论了各个时期的特点,综述了笔记的作用和特点,可资为阅读笔记的入门书。谢国桢在《明清笔记谈丛》介绍了很多笔记,其中有名著,也有不为人所知的,它的绍述有益于对具体笔记书籍的认识,更重要的是启发大家重视和利用笔记。它问世于 1960 年,1962 年第 2次印刷,增添新内容,1981 年又出新一版,作者撰《重版说明》概述对笔记的见解,表明谢氏不断地进行研究,有新知传递给读者。《清人笔记条辨》,中华书局 1986 年梓刻,作者张舜徽阅览清人笔记之百余种,根据笔记内容,区分出笔记体的类型,即专载朝章礼制、记掌故旧闻、讲求身心修养、阐扬男女德行、谈说狐怪、称述因果、奇闻异事、纪诗歌唱和、载国恩家庆、记读书日程、叙友朋酬酢、经学考证、子史校勘等类。张氏选择涉及学术的百部笔记,作出说明,介绍作者小传、书籍内容和思想特点。

　　阅读和利用笔记,需要考察其资料的真实性。笔记资料的来源多是作者的亲闻亲见,或亲自参与的事情,所记本应属实,但亦因种种情形发生误记:如系事后追记,因年久而回忆不确;作者写此事可能含有某种目的,因而会隐讳、歪曲一些事实;作者在事件中的所处地位决定,对事情不一定有全貌的了解,所记就会是片面的;作者为抒发某种观点,只取片段事实。至于传闻,不实更多,社会上流传的东西,往往每经一次传播,就有一次加工,传的愈频繁,走样就愈甚。还有一个因素要考虑的,作者的学识同记录的真实性关系甚巨,作者才疏学浅,容易相信讹传,考证的事情也易失真。李伯元以作《官场现形记》而出名,其撰《南亭笔记》,带有作小说的态度写作,失实太多,陈恭禄指出他"历史知识极端贫乏"，并剔出他书中的误失①。1983 年它又被当做《清代历史资料丛刊》之一而印刷，因之有必要对它作为史料失真的笔记的典型予以评论。卷 1 第二条，说康熙帝在木兰秋狝，闻听吴三桂反叛奏报云云。其实，吴三桂叛乱发生于康熙十二年（1673 年）十一月，十二月消息传到北京，二十年（1681 年）被平定，康熙于三藩叛乱平息后才开始秋狝塞北，说他在秋狝时接到作乱报告，怎么能符合实际呢！第三条说康熙晚年钓鱼取乐，皇后无心说了不好听的话，妃子因之取笑康熙。此亦应属子虚乌有之事，盖康熙孝诚仁皇后死于康熙十三年（1674 年），孝昭仁皇后逝于十七年（1678 年），孝懿仁皇后亡于二十八年（1689 年），此后三十多年中再没有立皇后②，哪有在暮年与皇后钓鱼并谈笑的事！卷 3 讲甘凤池暗中保护乾隆帝南巡，七十余岁吃羊肉撑死。其实甘凤池是康熙后期一念和尚案中人，获释后仍秘密进行反清活动，徒众甚多，雍正七八年间他及其同伙相继被捕，遭到清政府的残酷迫害，他怎能以镖师的身份暗保乾隆帝？从李伯元之书不难明了，对笔记资料作出鉴别，是十分必要的。

第四节　综论笔记、文集、方志对清史专题研究的价值

——以清初吉林满族史为例

　　吉林是清朝皇室发祥地，被作为保护区，禁止其他各族民人擅自进

---

①　陈恭禄：《中国近代史资料概述》，252 页。
②　康熙帝的孝恭仁皇后，在康熙朝只是德妃，雍正继位始尊为皇太后。

入,清朝政府希望这里的满族土著居民保持"国语骑射"的本色,成为统治全国可靠的大后方;吉林土著居民满族及其自肃慎以来的先民在历史上经历了几个发展阶段,清代是一个重要的新时期,而17世纪中叶至18世纪上半叶的清朝前期,是吉林大发展时代的起点;吉林在清初地域辽阔,是全国第一个大面积的省区级行政单位。基于上述三点,清初吉林满族史值得很好地研究利用。因此,关于它的历史文献就需要认真搜集、整理、保存和评介,以便研究。笔者接触到一些有关清初吉林满族史的文献,主要是汉文笔记、文集、方志体裁的,兹作一介绍。

一、主要文献及其类型

单纯记录清初吉林满族历史的文献很难找到,但有接近专著的书籍和记叙内容广泛的史籍涉及清初吉林满族的历史。现依文书种类,略作说明。

(一)流人笔记体专著

清初把政治犯和文人流放到吉林,他们及其家属多采用笔记体记载亲身经历,同时反映当代满族社会和自身的生活,现依其写作年代绍述于次[1]:

方拱乾(1596—1667年)撰《绝域纪略》(《宁古塔志》),1661年成书。方氏为安徽桐城人,受江南科场案牵连于顺治十六年(1659年)发配宁古塔,十八年(1661年)赦归故里。全书不足五千言,含"流传""天时""土地""宫室""树畜""风俗""饮食"诸目。有《说铃》《小方壶斋舆地

---

[1] 参阅拙作《清初吉林满族社会与移民》,《清史论丛》编委会编:《清史论丛》,辽宁古籍出版社1995年版。

丛钞》等版本,1985 年黑龙江人民出版社梓行《黑龙江述略》,将其附刻。

杨宾(1650—1720 年)著《柳边纪略》,约于康熙四十六年(1707 年)成书。杨氏系浙江绍兴人,其父杨越因浙江通海案被流放宁古塔,他两次至宁古塔探望乃父,回内地后追忆耳闻目睹之事,参考一些图籍,成书 5 卷,记叙吉林职官建置、民族、物产、风俗,第 5 卷专收歌咏边外之诗赋。该书有康熙间刊本、《昭代丛书》本等,黑龙江人民出版社将它与《龙沙纪略》《宁古塔纪略》合刻为《龙江三纪》,有周诚望的标注,1985 年问世。

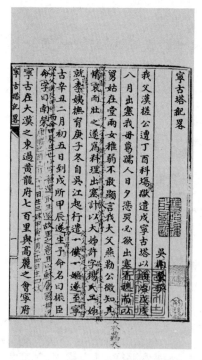

《宁古塔纪略》抄本

吴桭臣(1664—?)作《宁古塔纪略》,康熙六十年(1721 年)成书。桭臣之父兆骞亦为江南科场案的遣戍人,桭臣生于宁古塔,康熙二十年(1681 年)与其父一同被赦免回籍。该书不分卷,近万言,除叙述作者家庭播迁外,记宁古塔事甚多,如张尚瑗在序言中说:"所叙己身居三之一,大半乃多述土风。"吴氏对"草木、鸟兽、被服、饮食、制作、生殖"的载笔,与《绝域纪略》不谋而合。该书始初附刻于吴兆骞的《秋笳集》,其后刻本甚多,好找者为《丛书集成初编》本及《龙江三纪》本。

　　上述三书成于清初,记叙被流放者的生活及满族社会状态。流放人的生活,反映了满汉关系,亦为满族史研究的一项内容。所以这三部书可以视为清初吉林满族史的专门文献。

　　(二)流人诗文集

　　流人多属文士,在关内即好舞文弄墨,到了荒凉之区,生活操劳之外,乃为撰文,其关乎吉林满人史事之文集有:

　　张缙彦(约 1600—约 1672 年)撰著《域外集》。作者仕清为工部侍郎,顺治十七年(1660 年)以煽惑罪发遣宁古塔,转戍吉林乌拉。与吴兆骞、钱威等七人研讨诗文,有"七子会"之名,是吉林文化史上的雅事。全书有 22 篇散文,其中《宁古塔风俗论》《宁古塔物产论》《苍头街移镇记》等篇,尤具满族史史料价值。是书有康熙间松石斋刻本,1984 年李兴盛为作标点,黑龙江人民出版社将它与《宁古塔山水记》合刊。

　　吴兆骞(1631—1684 年)著作《秋笳集》。吴氏为江南复社领袖,以科场案遣戍宁古塔,受将军巴海之聘,为记室兼教席。本有文名,以作《长白山赋》为康熙帝所知。是书 8 卷附补遗,第 2、3、4、7 诸卷为赴吉林途中及在吉林之作。该书有 1911 年国光社印本。

　　《何陋居集》。前述《绝域纪略》作者方拱乾在戍所作诗千余首,多收入此集,依写作年代编排,其中以《宁古塔杂诗》为题即达百首。

　　流放吉林的钱威、杨越、方孝标、祁班孙、张贲、陈志纪等人皆有关于戍地的诗作,张玉兴选注《清代东北流人诗选注》[①],选辑了一些,并作出注释,给搜检阅览提供了方便。

　　诗歌可以证史,可以释史,《秋笳集》《何陋居集》不是史诗,然有注

---

①　张玉兴选注:《清代东北流人诗选注》,辽沈书社 1998 年版。

史的作用。

(三)方志著作

方志在吉林历史上出现得比较晚,它的雏形是《吉林志书》。嘉庆间国史馆命各地方政府汇报当地行政、人文情形,吉林将军衙门按该馆要求,逐项回答,汇编成《吉林志书》,不分卷,其内容涉及学校、职官、兵备、驿站、名宦、文苑、儒林、孝友、列女、移民、参票等。它主要记录乾嘉时期吉林历史,但对吉林、宁古塔等几个大城镇的建置、祠宇寺观的设立、陆路驿站、水道粮船等方面的说明,都保留有反映清初吉林的历史资料。它有李树田等点校本,收入《长白丛书》第2集,1988年吉林文史出版社出版。(笔者原不知有这部书,承蒙薛虹教授告知,特在此表示谢忱。)

严格地说,《吉林志书》不成为方志,它只是方志的素材,而《吉林外纪》才首创吉林方志,它的作者英萨额为吉林满洲正黄旗人,世居吉林,道光初任吉林将军署堂主事,留心史事,约于道光七年(1827年)著成此书。基本采方志体例。全书10卷,卷1御制诗,卷2疆域形胜、山川、城池,卷3满洲蒙古汉军、建置沿革,卷4职官,卷5俸饷、仓储,卷6学校、祠祀,卷7田赋、物产、人物,卷8时令、风俗,卷9古迹,卷10双城堡、白都讷屯田。该书自光绪二十一年(1895年)渐西村舍汇刻本印行后,版本甚多,台北成文出版社收入《中国方志丛书》。此书作者虽非清初人,但叙事多从清初写起,记录的满族史料颇为丰富。

张缙彦撰著《宁古塔山水记》。自序于康熙七年(1668年),后有加工,叙事止于十年(1671年)。全书22篇,主要叙宁古塔地区山川物产,兼及风俗人情。有与《域外集》合刻本。

《三姓山川纪》和《富克锦舆地略》,祁寯藻(1793—1866 年)撰。祁氏于嘉庆十九年(1814 年)中进士,官至大学士,《清史列传》《清史稿》本传均未叙其有吉林之行,然若未去过,很难有此类作品,或系友人之作,待考。三姓为清初三姓副都统治所,今黑龙江依兰、富克锦为三姓副都统辖地。二书叙述三姓地区山川方位、源流及距离三姓城的里数,间有叙驻军一二语,提供吉林历史地理资料。二书稿本藏国家图书馆,黑龙江人民出版社将它们附刻于《黑龙江述略》。

到了晚清,吉林偶出地方史志书,如《长白汇征录》;民国前期增多,如《宁安县志》,亦含清初吉林满族史料。

(四)官修史书

涉及清初吉林满族历史的官修史书有一些,如鄂尔泰等纂修的《八旗通志》《清史列传》等,但内容不多,比较多一点的有两种:

《清历朝实录》有关内容在前几朝的实录中多一些,如康熙帝两次巡幸吉林,去前、巡幸过程及走后,均对吉林事务有所指示,《清圣祖实录》都作了记载。《清实录》分量大,阅读不便,幸有李树田等从中摘出东北史料,编成《清实录东北史料全辑》,计 10 册,收入《长白丛书》三辑,吉林文史出版社于 1988 年开始陆续出版,从中查找清初吉林满族史料就省便了。

《满洲源流考》,20 卷,乾隆四十二年(1777 年)敕撰。考证满洲之源流,分四门,为部族、疆域、山川、国俗。写作方法是从清朝制度和现状出发,追叙周代肃慎以来民族的演变,如卷 1 部族,首叙满洲,长白山仙女生满洲始祖布库里雍顺及其起家鄂多里的故事,然后依次考肃慎、夫余、挹娄、三韩、勿吉、百济、新罗、靺鞨、渤海、完颜、建州部族的历史。

卷8疆域,有专考吉林建置沿革条。卷16—20国俗,对满洲之骑射、冠服、祭祀、祭天、祀神、杂礼、官制、语言、物产作了说明。这些记载把吉林满族习俗包括在内了。卷20杂缀,首录乾隆帝《吉林土风杂咏十二首》。

(五)辽、黑地方文献中有关吉林的著作

吉林毗邻盛京和黑龙江,盛京开发早,历史文献比吉林多,黑龙江系从吉林析出,清初联系多,这两个地区的历史文献,特别是早期的方志和流人著作中,含有清初吉林满族的内容。

《盛京通志》。康熙、雍正、乾隆三朝五次编纂《盛京通志》。雍正间在吉林乌拉附近设置永吉州,在白都讷建立长宁县,受盛京府尹管辖,故乾隆元年(1736年)刊刻的《盛京通志》把这两个州县的建制、职官、人丁、田赋、祠祀、风俗皆行记录。

西清撰《黑龙江外纪》,约于嘉庆十五年(1810年)成书。第3卷种族,记叙黑龙江满洲汉军从吉林调徙的历史。宣统三年(1911年)魏毓兰等著作的《龙城旧闻》卷2民族,与上书有相同的内容。

中国文献之外,外国人的记载中亦有关于清初吉林满族的资料,如朝鲜的《李朝实录》。笔者于外人载籍所知有限,不能多言。

二、史料内容与反映的满族社会历史

上述种种文献具有很高的史料价值,是研究清初吉林满族历史的基本读物,能够反映满族社会生活的主要方面,诸如满族构成、宗教、信仰、祭祀、婚姻、丧葬、娱乐、生产、居住、衣食、与汉人关系等。这些文献资料,使研究者可以对清初吉林满族史进行粗线条的勾勒,作出简单说明。然而，满族前身女真人于元明时期在吉林的活动，缺乏历史记载，现有的文献也不充足，因而对清初吉林满族的分布、人口状况、经济文化发展水平等方面很难做出较好的介绍。不过，正是由于资料匮乏，这些文献提供的材料就更加可贵。下面将它们能够反映的清初吉林满族史的几方面作分项的说明。

民族构成。明代女真人分为三大部分，经过清太祖、太宗两代的统一满洲战争，实行八旗制度，诸部落关系发生巨变，到清初，吉林的满族构成与分布如何呢？杨宾《柳边纪略》卷3的记载是：有后金于明末统一的三十六部，举部内附的二十六部，到宁古塔朝贡的八部，其中有卢业勒、葛依克勒、祜什喀里三部，这就是后来三姓城定名的根据。杨宾虽然没有说到后日之事，但已可见其史料价值。杨宾同时还说三族是"异齐满洲"，即汉语"新满洲"。《吉林外纪》卷3有《满洲蒙古汉军》一目，专讲吉林满族构成。关于八旗满洲有佛满洲和伊彻满洲之别，伊彻满洲与异齐满洲是满文汉译的不同写法，就是稍晚编入八旗的新满洲；佛满洲即陈满洲、老满洲。《吉林外纪》同时说明汉军与蒙古八旗，他们也是满族共同体的构成成分。这些文献没有专门叙述满族在吉林的地域分布，但在讲其构成时，使读者能够理解到一些，如前述卢业勒等三部居于三姓城。

生产。文献对于清初吉林满族的生产劳动，如围猎、采珠、刨参、捕鱼，均有所记叙。在汉人的眼里，视满族射猎的本领为神奇。《秋笳集》卷2《校猎即事》吟道："锦袖臂鹰轻，分弓出柳营。飞身骄马足，仰手落雕声。鼓合风林动，围开雪野平。归来金帐饮，一片画旗明。"讴歌旗人围猎和骑射的精湛技艺。《宁古塔纪略》说满族"最善于描踪，人畜经过，视草地便知，能描至数十里"。《宁古塔山水记》叙述捕雕的方法，不是靠射箭，而是结绳子树，惊吓栖于树上的雕，使之被绳缠缚而落入猎人之手。另外捕貂也不是用箭射，以保护貂皮的完整。这种追踪捕猎技术为狩猎民族所特有。

衣食住行。满族住宅，门向东南，室内南西北三面有炕，主人住南炕，奴仆用北炕，始初无内外男女之别，后来用帐帘隔开。这种居住情形，在《绝域纪略·宫室》、《柳边纪略》卷4中有所记载。宁古塔满族原来穿麻布衣和鹿皮衣，与流人换布帛穿，以为时髦。后来纺织品渐多，风气改变。富贵者穿绸缎服装，穷人着布帛。《柳边纪略》卷3中记录了这种情形。《绝域纪略·饮食》除了说明满族的吃食，还特别讲到盐的匮乏，要与朝鲜贸易。宁古塔、吉林乌拉城郭的建设，诸书亦有记叙。吉林多原始森林，人们用木料作城栅，铺垫道路，这种叙说给读者留下了深刻印象。

婚嫁丧葬。满族缔姻，与汉族一样讲究门当户对，但"六礼"不严格。迎亲用轿车，挂红线绸，不用傧相和鼓吹。婚龄小，十岁以外结亲，就被视为晚婚。离异比较容易，男女双方再婚也简单。这些婚媾习俗，《绝域纪略》《柳边纪略》《宁古塔纪略》皆有记载。这些书还说明满族普遍实行火葬，亦有风葬的，而萨满教职业家往往实行树葬。

信仰祭祀。满族信萨满教，有独特的礼天神、祭祖先的仪式。《宁古塔纪略》的叙述颇传神，录来与读者共赏：

> 凡大小人家，庭前立木一根，以此为神。逢喜庆、疾病，则还愿。择大猪，不与人争价，宰割列于其下……家主跪拜毕，用零星肠肉悬于木竿头。将猪肉、头、足、肝、肠收拾极净，大肠以血灌满，

一锅煮熟。请亲友到炕上，炕上不用桌，铺设油单，一人一盘，自用小刀片食。不留余，不送人。如因病还愿，病不能愈，即将此木掷于郊外，以其不灵也。后再逢喜庆、疾病，则另树一木。

有跳神礼，每于春秋二时行之。半月前，酿米酒，如吾乡之酒酿，味极甜。磨粉做糕，糕有几种，皆略用油煎，必极其洁净。猪、羊、鸡、鹅毕具。以当家妇为主，衣服外系裙，裙腰上周围系长铁铃百数。手执纸鼓敲之，其声镗镗然。口诵满语，腰摇铃响，以鼓接应。旁更有大皮鼓数面，随敲和。必西向，两炕上设炕桌，罗列食物。上以线横牵，线上挂五色绸条，似乎祖先依其上也。自早至暮，日跳三次。凡满汉相识及妇女，必尽相邀，三日而止，以祭余相馈遗。

满族开始不知信佛，后来对兴建寺宇表现出热情。《域外集》记录宁古塔将军巴海、副都统安珠瑚等人下令建造祠庙及满族出资请汉族僧衲董理的诸多事实。汉族信仰的关公，很快被满族接受，关庙遂遍设于各地。乾隆元年（1736 年）《盛京通志》卷 26《祠祀》就有不少记载。

娱乐与节日。满族有本民族的娱乐方式和节日生活内容。《柳边纪略》《宁古塔纪略》皆记叙满族的莽式舞。文字虽简，但将这种歌舞的形式、内容却介绍得比较清楚。元旦、上元、清明诸节，满汉共过，但各有特色，与娱乐都有结合。《柳边纪略》卷 4 记正月十六日，满洲妇女走百病活动，卷 5《上元曲》之三又有描写："夜半村姑着绮罗，嘈嘈社鼓唱秧歌。汉家装束边关少，几队胡儿簇拥过。"方拱乾《何陋居集》中的《冰河行》序和诗，反映满族正月十六日举行水上拔河游戏和体育竞技活动。

满汉关系。文献多出自汉族之手，且流人又是受以满族为主体的清朝政府的迫害，他们到吉林后，对满汉关系极其敏感，遂以亲身感受，记录与满族的接触。《绝域纪略》《柳边纪略》对满族风俗及与流人关系多有褒语，谓为"多良而醇"，或云"俗原以文人为贵"，对流人"平居礼貌，必极恭敬"。流人与满洲上层交友，吴兆骞表现最明显。《秋笳集》中的《奉送巴大将军东征逻察》《陪诸公饮巴大将军宅》《送巴公子之京》《奉送安都统安集海东诸部因便道阅松花江水军》《送阿佐领奉使黑斤》《赠旧参领穆君》《奉赠副帅萨公》等，畅叙他与被赠诗者满人的友情，为他们的事业而呼号，替他们中的不幸者鸣不平。满汉隔阂总是存在的，但吉林满族对流人是较为宽容的。

上面介绍诸种文献对满族社会生活的描写，看来基本上能够反映满族社会生活概貌：他们从事渔猎和采集业；婚丧形式比较简单；有独特的娱乐，但并不丰富；有贫富分化，界限向鲜明方向发展；信仰较原始，民风较淳朴，文化不发达。这些见诸上述各种文献。因此，这些史志有较高的史料价值是无疑的。

上述诸书，除了满族史研究价值，对于其他清史问题的研究也有意义。《盛京通志》《吉林外纪》关于吉林建置的记载，与《大清会典》《大清会典事例》具有同类的价值。流人的那些著作，对于17—18世纪俄国的东侵、清朝的防御部署与措施，流人被强征为水师营水手、邦丁，均有记录。吉林政权建设与抗俄斗争两个问题的资料，与本文主题有关，然而毕竟不是直接内容，故而从略。清人著作还是研究清初政治史不可或缺的第一手史料。

三、文献评价与启示

有关清初吉林满族史的汉文文献及其史料价值已如前述，现就文献形成本身谈点感想。

流人是清初吉林满族史资料的主要提供者，其刻苦创作精神令后人起敬。前述图籍，官修的比私家著述相形见绌，流人写的暂且不说，以方志讲，英萨额、西清的两种《外纪》均很成功。个人著作，有感而发，不为完成差使。流人及其家属方拱乾、杨宾、吴兆骞、吴振臣、张缙彦写的亲身感受，是当时人记当时事，读来既真实，又亲切，似乎作者与读者面对面交谈，易于接受。他们的作品成为反映清初吉林满族历史最主要的资料，而且不乏今存吉林、黑龙江地方史的最早的较系统的文献，如《宁古塔山水记》被它的标点者李兴盛誉为"黑龙江第一部山水志"。流人受政治迫害，不忘著述，虽是习惯使然，但在苦寒之地被管制、半管制的生活下，能进行创作，精神伟大，实堪后人钦敬。

吉林满族著作出现较晚，反映满族文化程度不高，这是清朝错误政策的结果。直到乾隆前期，清朝政府不准吉林设文庙，建儒学，强调保持吉林"国语骑射"传统，不许当地满族学习汉文化，故而长时间内吉林满族不出学者。到道光年间英萨额才撰著《吉林外纪》，成为吉林地方史和满族史的功臣，应当给他大书一笔。不过其时距清朝建国已二百余年，就他个人讲成就很大，而对吉林满族讲，只能说文化进步慢，不显著，这是清朝政策的结果，不能怪吉林满族。"国语骑射"政策的全面评价，不是本书的任务，但在吉林推迟了满族吸收汉文化的进程，不利于满族的进步，清朝政府不能辞其咎。可以设想一下，倘若清初就有吉林满族人写作的史书，以本族人写本族事，一定比汉人写的还要真切深刻，因为汉人的写作，总有民族感情甚或民族偏见渗透进去，会因对满族社会生活有误解而出现误记，满族人自己写就没有这个问题。回过头来说，清朝政府不注意发展吉林满族文化，实在是历史性的损失，致使我们缺少满文文献，很难深入系统地研究清初吉林满族史，造成无法消弭的遗憾！

第十章　纪事本末体史料

纪事本末体是史籍的一种重要体裁,清人亦有此类著作。从《清史稿艺文志及补编》的著录可知,关于清史的纪本末体史书有近百种。本书第一章讲到清朝政府注意编纂方略,一事一书,这就给清代纪事本末体史书带来了一个显著特点。至于涉及清朝全部历史的,有民国间黄鸿寿撰的《清史纪事本末》一部,2011年又有同名书的出现。在纪事本末体书中含有一部重要的清史著述,就是魏源的《圣武记》,它堪称清代私人史学作品的巨著,是最值得重视的。

第一节　方略和专题著作的史料

清朝官修方略,多是在某一次战争结束后,皇帝下令组织修书机构,搜集这一事件中有关上谕档案、前线统领的奏折、地方官的报告,进行写作。写法采编年体,分年系月,原原本本地交待事件的全部过程。因是一事一书,从这个方面来看,故视之为纪事本末体,而未列入编年体史书。清代所完成的方略有数十种,所写的战争,有农民运动和少数民族抗争,有平定统治集团内部斗争,有对外交涉事件或战争,有满洲兴起所进行的统一战争,大体上反映了清朝历次重大军事行动。私人对一些历史事件、战争以及某些事务进行了专题写作,出了一批图书,其中以"备览"命名的,都是有所为而作,与官修方略具有同样的参考价值。

《皇清开国方略》,32 卷,首 1 卷,阿桂等奉敕纂辑,乾隆五十一年(1786 年)成。采编年体,叙事自天母佛库伦神话起,迄顺治元年(1644年)十月,详于太宗朝,有 23 卷。乾隆帝在《序》中讲,这本书"不重于继明定中原,而重于自俄朵里以至赫图阿拉,因十三甲筚路蓝缕,得盛京而定王业"。即它记叙清朝兴起到顺治元年定都北京的过程。它有光绪十年(1884 年)广百宋斋本,1968 年台北成文出版社以《中国方略丛书》第 1 辑第 7 号印行。

《东南纪事》,12 卷,邵廷采撰。卷 1 记南明唐王朱聿键,卷 2 叙南明鲁王朱以海,其余诸卷为黄道周、金声、张肯堂、张煌言、郑芝龙、郑成功等人传记,反映清初南明唐王、鲁王两支势力的抗清斗争和各自内部的争斗,内含一些有价值的史料。如写郑芝龙掌控下的唐王政权卖官鬻爵:"部司道三百两,余百两,武札数十两至数两。于是倡优厮隶尽列冠裳……拜谒官府,鞭挞里邻……受害者延颈大清兵,谣曰:'清行如蟹,曷迟其来也。'"①它有光绪十年(1884 年)邵武徐氏刊本,台北成文

① 邵廷采:《东南纪事》卷 1,中华书局 1991 年版。

出版社据之于 1968 年影印,为《中国方略丛书》第 1 辑第 9 号。邵廷采
另有《西南纪事》,亦 12 卷,记南明桂王政权的历史,光绪十年(1884
年)刊,《中国方略丛书》第 1 辑第 10 号影印刊行,又有中华书局 1991
年印本。

《平定罗刹方略》,康熙帝敕撰的为 4 卷,笔者所见为 1 卷本,不载
撰人姓名,收入《皇朝藩属舆地丛书》第 5 集,上海文瑞楼印行于光绪二
十九年(1903 年)。叙事自康熙二十一年(1682 年)遣副都统郎坦经理
对俄罗斯事务起,止于二十八年(1689 年)的订立《尼布楚条约》,简单
写出康熙帝调兵遣将,预备战船,两次雅克萨之战,对俄国交涉,对俄国
降人优待,以及《尼布楚条约》原文。

《钦定廓尔喀纪略》,乾隆帝敕编,58 卷,每卷一册,内府朱丝栏写
本。乾隆五十三年(1788 年)、五十六年(1791 年)廓尔喀两次入侵,乾
隆帝派遣福康安率兵征讨,廓尔喀乃纳表进贡。

石香村居士撰《戡靖教匪述编》,12 卷,道光六年(1826 年)刊,台
北成文出版社收入《中国方略丛书》。作者自云是四川人,了解川、
楚、陕白莲教起事事件。战后清朝修成《钦定平定教匪纪略》,石香村
居士认为它在一些方面不够详尽,遂据本身见闻、邸抄、文报,著成此
书。作者因川中战事最激烈,于是用 8 卷的篇幅予以叙述,用两卷的
笔墨说明陕、甘、楚、豫四省战况,卷 11 杂述团练、乡勇等镇压起事者
的地方武装,卷 12 附述有关上谕。每部分有小引,阐明作者的观点。
该书保留了白莲教起事的重要资料。如卷 11《刘之协》条,记叙刘
松、刘之协、宋之清的师承关系和传教活动,说刘松、刘之协"妄指一
人为牛八,伪称明裔"。"牛八"合为朱字,表明白莲教的活动有复明

的内容。又说刘松等"敛钱为根基钱,又征打丹银"。何谓"根基钱",虽未言明,然而这个秘密结社活动中常见名词在这里的出现,说明它是值得研究的问题。

严如煜著《三省边防备览》。所说的三省,指四川、陕西和湖北,亦即白莲教起事的地区,作者以陕西知县、知州参加对起事者的战事,后为汉中知府、陕安道员,嘉庆二十五年(1820 年)被委派查勘川、楚、陕接壤之地。他遂根据在陕南做官二十余年的了解和实地考察,于道光二年(1822 年)写出此书,计 14 卷,分舆图、道路、水路、险要、民食、山货、军制、策略、文论、艺文等十门,当即刊印。道光十九年(1839 年)安康人四川候补直隶州州判张鹏翮为作增补,扩为 18 卷,梓行,今有中华书局 1989 年刊本。严如煜作书的目的是"乂安边疆"①,巩固三省边区的治理,为此详载该处地理、经济、军制、风俗。资料丰富翔实,可备研究地方史、经济史、社会史利用。如卷 10《山货》,讲山区内有木、笋、纸、铁、炭等厂,其木厂的生产关系是:"开厂出货本商人住西安、周至、汉中城,其总理、总管之人曰'掌柜',曰'当家';挂记账目,经营包揽承凭字据,曰'书办';水次揽运头人,曰'领岸',水陆领夫之人,曰'包头'。计大园木厂匠作,水陆挽运之人,不下三五千……商人操奇赢厚资,必山内丰登。包谷值贱,则厂开愈大,人聚益众。"冶铁厂,炉高一丈七八尺,每炉匠一名,"辨火候,别铁色成分"。每一炉要用工匠十余人。铁铸就,"或就近作锅厂,作农器"。大厂常川有二三千人,小厂亦千数百人。作者另有《三省山内风土杂识》一书,与之构成姐妹篇。这两部书为研究清代手工业生产与农业生产间的关系,特别是手工业内部生产

① 严如煜:《三省边防备览·序》。

关系的问题提供了有价值的资料。早在 20 世纪 50 年代中，就有研究者写出《从〈三省边防备览〉一书看十八世纪至十九世纪二十年代陕、川、鄂三省交界地区社会关系的一些特点》的论文，认为三省边境山区封建统治势力比较薄弱，而商品经济发展，从而出现资本主义萌芽①。后来，这个观点为一些学者所接受，这就是严著的资料充分发挥了作用。

《三省边防备览》卷 1 序

严如煜是湖南溆浦人，乾隆末年湖南、贵州发生了苗民起事，他其时在沅州明山书院教书，遂进入湘抚姜晟的幕中，参与对苗民起事的压

① 李景林文，见《史学集刊》1956 年第 1 期。

服。因其长期研究如何加强对苗民治理的问题,于嘉庆二十五年(1820年)写出《苗防备览》,22 卷,立目为舆图、村寨、险要、道路、风俗、师旅、营汛、城堡、屯防、述往、要略、传略、艺文、杂志等。该书有道光二十三年(1843 年)的重刻本。严如煜写书虽从统治阶级利益出发,有强烈的目的性,但因此保存的资料多,观点也鲜明,可供后人利用的也就多,故而价值较高。

盛大士(兰簃外史)撰《靖逆记》,专叙清朝镇压北方天理教起事事件。战事发生在嘉庆十八年(1813 年),次年,作者路过山东北上,听清军讲战争情况,到北京后,又了解了林清在北京的活动,但怕是传闻不实,不敢动笔,及至二十二年(1817 年)读到《钦定平定教匪纪略》,于是将耳闻故事与文字记载结合起来,编成此书。它的写作过程表明,作者经过调查研究,态度是严肃的。全书 6 卷,卷 1 记林清北京起事,卷 2 写冯克善的山东起事,卷 3 叙李文成河南起事,卷 4 述陕西厢工起事,卷 5、卷 6 为起事领导人及响应的太监的传记。它记载李文成部坚守滑县,与清军殊死战斗,如清兵攻进城内,"李文成妻张氏挥双刀守门,手击杀数十人,乃阖门自缢"①。又写刘得财等 7 名太监崇信天理教,充当起事者内应,很能说明皇宫内管理混乱的腐败情形。又记汉军正黄旗人曹纶的贫病交加,衣不蔽体,日食二餐,难以存活②,反映旗人生计维艰的状况,他因此而参加林清的造反,说明民变有深刻的社会原因和广阔的社会基础。在《红楼梦》研究中,有人说曹纶是曹雪芹的本家,曹雪芹写"淫秽"小说得了报应,才出了这样的后人。该书告诉人们,曹

---

① 盛大士:《靖逆记》卷 3。
② 盛大士:《靖逆记》卷 6。

纶是汉军正黄旗，与曹雪芹不属一旗，根本不是一家，可以戳穿那种谎言。此书所写陕西厢工起事，为极少见的资料，非常宝贵。该书有约刻于咸丰间的印本。

《保甲书辑要》，徐栋编于道光十七年（1837年），同治八年（1869年）丁日昌补辑，4卷。卷1《定例》，抄录《户部则例》《刑部条例》中有关保甲的规定；卷2《成规》，辑录叶佩荪的《饬行保甲》等10篇文章；卷3《广存》，汇集陆陇其的《论治邑》等17篇文字；卷4《原始》，录陆曾禹的《严保甲》文。此书含有清政府管理各种人户的资料，统治集团内部对通过保甲制度维护其社会秩序问题讨论的资料，可供研究清代保甲制度、户口制度课题者采摘。如卷2收的福建官员叶世倬撰的《为编审保甲示》，详细规定推行保甲的办法，示中讲到实行保甲的目的："保甲之联，专为互相稽查，以弭贼盗，故向隶刑科。"实行办法，一是造户口册，此为"稽查一县之丁户田房生计"；一是制门牌。它的重点是在"稽查一户之人，故凡同居者，无论本家、亲戚、朋友、伙计、雇工，皆宜一并开载，详注姓名、年龄、生理、功名、残疾等项"。对于城镇的工商业铺户，亦需编在保甲之内，注册清楚："铺户需写的名，不得填注公共字号。其有三五人伙开一铺，不便以一人出名者，其余人皆入伙计项内，惟名下注合本二字，以别于劳金伙计。"僧、尼、道士也不例外，亦行登记："和尚、道士、尼姑之庵、观、寺院，其师徒、籍贯、年岁、田房、本身有无残疾、俗家有无亲人，皆应逐一详注，一律编入保甲。"该书有同治十年（1871年）刊本及《中国方略丛书》影印本。

《筹办夷务始末》，清代官修，分朝编纂，专叙对外国事务。《道光朝筹办夷务始末》，80卷，文庆等奉敕设馆编写，咸丰六年（1856年）成书，记叙道光十六年至二十九年（1836—1849 年）间，清政府的禁烟和鸦片战争、对英国交涉事务，编纂中充分利用档案资料，从上谕、奏折、义民信札、钦差大臣和地方大员给英人的公文，以及英国给清朝的文书中选录资料，其他国家的公文兼亦摘取。所辑材料，有《清宣宗实录》和圣训所不载的，所选奏折连同道光帝朱批一并载入，览之，不仅得知君臣意见，还获知决策过程，这就是陈恭禄所说的："我们读后知道统治者的思想意识，对于发生问题的看法，及决定政策的经过等。"①书成抄存于宫中，1930 年故宫博物院影印出版，1964 年中华书局梓刻齐思和等整理的本子，文海出版社收入《近代中国史料丛刊》，上海古籍出版社 2008年复行印制。

《咸丰朝筹办夷务始末》，80 卷，贾桢等奉敕于同治六年（1867 年）纂成，叙事接道光朝书，起自道光三十年（1850 年）正月，止于咸丰十一年（1861 年）七月，内有从未公布的谕旨和奏折朱批，史料价值高。它有 1930 年故宫博物院本和《近代中国史料丛刊》本。

《同治朝筹办夷务始末》，100 卷，宝鋆等奉敕于光绪六年（1880 年）纂成，载事续咸丰书，自咸丰十一年七月至同治十三年（1874 年）十二月，与咸丰书有同样的印本。

道、咸、同三朝的《筹办夷务始末》自不能将有关外交史料搜尽，可以补充的还很多，台北"中研院"近代史研究所作了补辑工作，编印《道光咸丰两朝筹办夷务始末补遗》，台北台湾银行编印《筹办夷务始末选辑补编》。

《清季外交史料》，243 卷，王彦威、王亮父子编纂。王彦威为军机

---

① 陈恭禄：《中国近代史资料概述》，第 89 页。

章京，利用工作之便，抄录军机处外交档案中的中外交涉史料，成《洋务始末》一书，叙光绪元年至三十年（1875—1904年）事，王亮继续乃父未竟事业，将光绪最后四年补齐，取名《光绪朝外交史料》，又编成《宣统朝外交史料》，合称《清季外交史料》。此书不同于三朝《筹办夷务始末》，在于以私人力量完成。

陆元鼎编《各国立约始末记》，原有光绪三十二年（1906年）刊本，国家图书馆出版社2012年重版。

清朝宪政编查馆编《清末民初宪政史料辑刊》11册，北京图书馆出版社影印室辑，北京图书馆出版社2006年。

《安南纪略》，32卷，乾隆帝敕纂，乾隆五十六年（1791年）成书，未刻印。1985年北京中国书店印行，线装16册。采编年体，记乾隆朝对安南王位之争事件的态度和处理过程，多选录上谕、奏章等原始资料。

张学礼《中山纪略》等书。清朝与琉球关系的专门文献，台北大通书局印有《清代琉球纪录集辑·续辑》，作为《台湾文献史料丛刊》的一种。收有12部著作，即张学礼的《使琉球记》和《中山纪略》，王士禛的《琉球入太学始末》，徐葆光的《中山传信录》，赵文楷的《槎上存稿》，李鼎元的《使琉球记》，黄景福的《中山见闻辨异》，钱□□的《琉球实录》，姚文栋译述《琉球说略》（日人原作），日人中根淑的《琉球形势略》，王韬的《琉球朝贡考》和《琉球向归日本辨》。

上述以外的纪事本末体史书，据《贩书偶记》《贩书偶记续编》及《清史稿艺文志及补编》著录，开列如下：

书名	卷数	撰人	纂修年代或版本
平定三逆方略	60	勒德洪等	康熙二十一年
平定罗刹方略	4	康熙敕撰	康熙二十七年
亲征平定朔漠方略	48	温达等	康熙四十七年
平定金川方略	32	来保等	乾隆十四年①
平定准噶尔方略前编	54	傅恒等	乾隆三十五年②
正编	85		
续编	33		
临清纪略（钦定剿捕临清逆匪纪略）	16	于敏中等	乾隆四十二年
平定两金川方略	152	阿桂等	乾隆四十六年
兰州纪略	20	乾隆敕撰	乾隆四十六年
石峰堡纪略	20	乾隆敕撰	乾隆四十九年
台湾纪略	70	乾隆敕撰	乾隆五十三年
巴勒布纪略	26	乾隆敕撰	乾隆间
平定苗匪纪略	56	鄂辉等	嘉庆间武英殿聚珍版
剿平三省邪匪方略前编	361	庆桂等	约嘉庆间刊
续编	36		
附编	12		
钦定平定教匪纪略	43	托津等	嘉庆间刊
平定回疆剿擒逆裔方略	80	曹振镛等	道光九年
剿平粤匪方略	420	奕訢等	同治十一年
剿平捻匪方略	320	奕訢等	同治十一年

① 参阅乔治忠：《〈四库全书总目〉清代官修经史书提要订误》，《史学集刊》1990 年 1 期。
② 参阅乔治忠：《〈四库全书总目〉清代官修经史书提要订误》，《史学集刊》1990 年 1 期。

续表

书名	卷数	撰人	纂修年代或版本
平定陕甘新疆回匪方略	320	奕訢等	光绪二十二年
平定云南回匪方略	50	光绪敕撰	光绪二十二年
平定贵州苗匪纪略	40	奕訢等	光绪二十二年
三藩纪事本末	4	杨陆荣	借月山房丛书，此南明三王事
平定浙东纪略	1	□自远	康熙间刊
湘军记	20	王定安	光绪十五年江南书局
平定关陇纪略	13	易孔昭等	光绪十三年
平回志	8	林毓秀	光绪间剑南王氏红杏山房
戡定新疆记	8	魏光焘	光绪二十五年
国朝柔远记	20	王之春	同治十一年
中西纪事	24	夏燮	光绪十年江山草堂
靖海记	2	施琅	约嘉庆间刊
前、后蒙古纪事本末	4	韩善征	光绪三十一年上海春记
军兴本末纪略	4	谢兰生	同治十一年
西征纪略	2	王万祥	雍正十年采韵堂
平海纪略	1	温承志	嘉庆间刊
平苗纪略	1	方显	同治间刊
吴中平寇记	8	钱勖	同治间
豫军纪略	12	尹耕云	同治十一年
粤东剿匪纪略	5	陈坤、郑洪淮	同治十年
粤氛纪事	13	夏燮	同治八年
江南北大营纪事本末	2	杜文澜	同治八年
山东军兴纪略	22	张曜	上海申报馆仿聚珍版

书名	卷数	撰人	纂修年代或版本
征南辑略	8	冯子材、都启模	光绪十年
金陵兵事汇略	4	李圭	光绪十三年
秦陇回务纪略	8	余澍畴	光绪六年
东方兵事纪略	5	姚锡光	光绪二十三年
荡平发逆记	22	古瀛蓼花洲主人	光绪十四年漱六山庄
武昌殄逆纪略	1	张苣	嘉庆十八年
滇南纪略	1	李辑玉	嘉庆十一年
金乡纪事	5	吴楷	嘉庆间
平定教匪纪事	1	勒保	嘉庆间

第二节 《圣武记》

魏源,字默深,湖南邵阳人,道光二年(1822年)举人。受贺长龄之聘,编辑《皇朝经世文编》。为学主张经世致用,关心国计民生。文编事竣,纳资为内阁中书。道光二十四年(1844年)中进士,署江苏东台、兴化令。咸丰六年(1856年)终于高邮知州任。魏源活动在鸦片战争前后,时值国内民众反抗频兴、清朝由盛到衰,西方资本主义强盗向我国发动侵略战争,他深受刺激,自称是"有积感之民",加之他在京中得观史馆秘阁藏书、士大夫私家著述,以及故老传闻,熟悉清朝历史,因此从战争史和军制史角度加以总结,于道光二十二年(1842年)写成《圣武

古微堂本《圣武记》及目录

记》，希望国家培养和任用人才，以之理政治军，使国内安定，就有力量抵御外侮，达到清初的强盛地位①。可见他是怀着强烈的爱国思想和奋发图强的精神从事写作的。全书 14 卷，前 10 卷是记叙重要的战争，一一立为专题，后 4 卷论兵制，其战争专题有《开国龙兴记》《康熙戡定三藩记》《国朝绥服蒙古记》《康熙亲征噶尔丹记》《雍正两征厄鲁特记》《乾隆荡平准部记》《乾隆戡定回疆记》《乾隆绥服西属国记》《乾隆新疆后事记》《道光重定回疆记》《国朝绥服西藏记》《乾隆征廓尔喀记》《国朝俄罗斯盟聘记》《国初征抚朝鲜记》《乾隆征缅甸记》《乾隆征抚安南记》《雍正西南夷改流记》《乾隆初定金川土司记》《乾隆再定金川土司记》

---

① 魏源:《圣武记·序》，中华书局 1984 年版。

《国朝甘肃再征叛回记》《乾隆湖贵征苗记》《嘉庆湖贵征苗记》《道光湖粤平瑶记》《国初东南靖海记》《康熙戡定台湾记》《康熙重定台湾记》《乾隆三定台湾记》《嘉庆东南靖海记》《康熙武昌兵变记》《嘉庆宁陕兵变记》《乾隆临清靖贼记》《嘉庆川湖陕靖寇记》《嘉庆畿辅靖贼记》《嘉庆川湖陕乡兵记》等。把鸦片战争以前清朝所进行的统一战争,平定异己政治集团的叛乱,镇压民众运动,对少数民族的战争,以及对周边邻国的战争,分别作了说明。如《康熙戡定三藩记》,根据《平定三逆方略》等书资料撰写,叙述了吴、耿、尚三藩的缘起及尾大不掉之势,清廷的撤藩之议,叛乱的发生,康熙帝的命将往征,朝中议诛首倡撤藩大臣,达赖喇嘛双方停战分立的建议,康熙帝不采纳荒谬建议,坚持平叛并获得胜利,善后措置。讲了战争全过程。魏源就此发表了几点评论:康熙帝没有杀撤藩倡议者以姑息三藩,避免了汉景帝诛杀晁错的错误;没有接受达赖裂土罢兵的请求,取得胜利,维护了统一;对满洲领兵的王、贝勒无功者的惩治,用汉将,明赏功罚罪,得人心;此后再无裂土封王的,永去藩镇之害。正确估价了康熙帝的作用和平定三藩之乱的意义,表明他识见甚高,确是有为而作。后4卷曰《武事余记》,叙述八旗、绿营兵制,军饷与军储,兵政,塞外驿站,提督驻防地,将材之得,诸名将之事功,守御、攻战之法,水军建设及战法。《圣武记》提供清朝前期战争及与其有关问题的历史资料,以及作者的军事观点,史论结合得好,是一部关于清史的重要著作,应当是研治这个时期历史的主要参考书之一。此书道光二十二年(1842年)作成,即有刊本,二十四年(1844年)重订,两年后又改定,为扬州出版的古微堂本,后世多次印刷,以此本通行。1984年中华书局出了新校本。又有文海出版社《近代中国史料丛刊》本。

赵翼的《皇朝武功纪盛》,与《圣武记》有相似之处,亦是关于清朝前期战争史的专著。该书4卷,包括平定三藩及噶尔丹之乱,统一准部战争,对缅甸战争,大小金川之役,镇压林爽文、庄大田起事,对廓尔喀的战争等事件叙事简明。由于作者参加《四库全书》编纂工作,得睹各种方略,作了笔录;在对准部用兵时为军机章京,了解有关谕旨和奏折;又亲身参与对缅作战,了解当时军机进退;台湾之役时在福建总督李侍尧幕中,始终与事,所以作者以亲身见闻和文献相结合,写出的著作比较准确,史料价值较高。缺点是分量小,拥有的资料有限。有乾隆五十七年(1792年)刊本。

前述黄鸿寿的《清史纪事本末》,叙事起于努尔哈赤建立后金,止于宣统退位,凡80卷,将清代大事立为80个问题,一一叙述。目录依年代先后编次,主要取材于《东华录》,偶或采用其他载籍,宣统朝事则据耳闻目睹之事书写。所立之目,反映了清代的一部分重大事件,道光前后约各占一半,是以详于清朝后期,略于前期、中期。作者著书于民国初年,抛弃了清人撰述的立场,有些问题看得比较客观,比如不是一味正统观念,对南明弘光、隆武、永历三政权,以与清朝敌体对待,对民众运动,一般不斥为盗匪,对外国人一般也不称夷貊,均属有识之见。但该书成于清朝刚亡之时,历史远未总结,仓促成篇,故要事遗漏极多,史实舛错亦甚。所据《东华录》,资料明显不足。在叙述中,为了连缀作者亦不知晓的事情,往往出现错误。全书40万言,以之叙清朝全史,分量自然不足。所以就史料而言,虽然不能说它毫无价值,但意义确实不大。仿之谷应泰的《明史纪事本末》,尽管同是80卷,但不可同日而语。

与黄著同名的另一部《清史纪事本末》,由南炳文、白新良主编,叙事起于满洲先世努尔哈赤起兵,止于宣统逊位,立目五百余,近 200 万字,选材于《清历朝实录》、史书、档案,每目文尾,编著者作出简评。该书由上海大学出版社于 2006 年印行。

第十一章　契据、语录等体裁文献的史料

关于清史的编年、纪传、政书、档案、方志、文集、家乘、传记、笔记、纪事本末等体裁的资料，已分别作专章的说明，丛书、类书资料也还设有专章。此外，尚有一些文献体例，如契约、语录、谚语、宝卷、诗话、诗词、小说、书画、戏曲、野史和演义，以及外国人关于清史的撰述。这些种类的文献，有的作品较少，有的对清史的研究资料价值远逊于已述诸种，有的史料价值虽高，但过于散碎，有的本来就不是史书体裁，然而它们还能对清史研究提供某些素材，有略作研讨的必要，这便是本章所要完成的任务。

第一节　契据文书史料

契据是契约凭证，或某种经济关系的证据，依其内容，有很多种类，

诸如土地房屋的买卖、典当、租佃的契约，人口买卖的文书，借贷的借券，土地房屋买卖的税纸，赋役的通知单和收据，合伙经营的文书，等等。契据有一定的格式，因内容不同而有所差异，但凡关系买卖、典当、借贷的，必然包含当事人双方、中证人，所交易物品的数量、价值，立约时间，双方或一方保证承担的义务，背约者处置等内容，以期双方信守，或有违犯，则作为提请官府审理的依据。下面介绍几种文契的格式，以便加深对它的理解。

土地买卖契约。今录乾隆十八年（1753 年）浙江山阴县谭元烽卖田所立《绝卖文契》原文："山阴县十三都六图立卖田契人谭元烽，今将己户内中田七亩四分内迁东边田三分整分零，情愿凂中出卖于本县族处名下为业，凭中三面议定时价银六两整，其银九七色，当日收足，并无重叠戥典争执等情。俗有推头通例，每两出银五分，即时收交过割，承纳粮差。此照，计开：号三四二号中田七亩四分内迁东边三分整……乾隆十八年十一月□日，立卖契人谭元烽（押）同妻潘氏，今收到契内银一并完足（押），见中巨川（押）、连城，代书方回（押）。条约五款列后：一、绝卖者不用此契，止作戥当；戥当者若用此契，竟作绝卖。一、契不许请人代书，如卖主一字不识，止许嫡亲兄弟子侄代书。一、成交时即投税，该房查明卖户册号下，注明某年月日卖某人讫。一、由帖不许借人押当，如违者，不准告照。一、买产即便起业，不许旧主仍佃，以杜影骗。"①这是用买来已印好格式的文书，照式填写的。而民间买卖多自备纸张，临时书写，格式基本相同。如康熙五十八年（1719 年）一份文

---

① 原件陈振汉藏，转录李文治编：《中国近代农业史资料》第1辑，生活·读书·新知三联书店 1957 年版，第 52—53 页。

契:"立卖契人韩道公祀,经手支丁韩显治、韩显源等,今因钱粮无办,自情愿浼中将祖续置地一处,土名城山,系土字三六八一号,计地一百三十二步二分,税三分七厘八毫,四至照依经册,凭中立契出卖与亲人余希灿、余国境二人名下为业,三面议定时值,价纹银八钱整,其银当日收足,其业即听买主管业收租,倘有来历不明及重迭交易等情,尽是卖人承当,不涉买人之事。其税,俟至册年,听到三图一甲韩云俊户下起割过户,自行上纳无阻。今恐无凭,立此卖契存照。再批,并上年余希荣来脚契一纸,交与新买主收执,此批。康熙五十八年十一月十二日,立卖契人韩道公祀(押),经手支丁韩显治(押)、韩显源(押),凭中余天御(押)。"①河北青县前白马村高上廷等于乾隆四十二年(1777年)卖地契,原文:"立卖契人高氏同弟上廷,子高运贵、旺,因□□□使用,同说合人赵然章,今将情愿伙卖场地一段,东分一半八工,内有伙道一公五寸,出卖于伯兄高明廷名下,永远为业,言明价大八千正,当日交足无欠。倘有外人、族人争执,有卖主一面承管。恐后无凭,立字存照。计开弓口四至:长活三十三弓,横活八弓,西至高,东至道,南至赵,北至官道。乾隆四十二年十二月二十日,立卖契人高上廷(押)、运贵(押)、旺,族人高上廷(押)、顺极(押),说合人陈吉占(押)、赵然章(押)。"②

　　土地典当文书。下录顺治十八年(1661年)一纸:"立出佃约人余福成,今为无银支用,自情愿将自己续置贴头田一处,土名汪日圩,计租十二石零六斤,尽行出典与汪名下为业,三面议定值价银九两五钱整,

────────────────

　　①　原件藏南开大学图书馆,汇于《元明清契约执照诉状等搜略》,按该馆所藏契据多为徽州府休宁、祁门等县的,此契未署地域,无疑为徽州地区的。

　　②　此件由原南开大学历史系朱文通学友(今河北省社会科学院研究员)在沧县陈圩公社前白马村搜集,感谢他提供抄录。

其银当日收足,其田听从即便前去插禾管业,毋得声说。未典之先,并无重迭等情,倘有内外声说,尽身支当,恐后无凭,立此存照。顺治十八年十二月初八日,立出典约人余福成(押),中见人胡以德(押)。"①

土地买卖税契收据。下录乾隆五十四年(1789年)休宁余谕谦税契所得《契尾》原文:"江南安徽等处承宣布政使司为遵旨议奏事。奉督、抚、布院牌,准户部咨开:嗣后布政司颁发给民契尾格式,编列号数,前半幅照常细书业户等姓名,买卖田房数目,价银、税银若干,后半幅于空白处预钤司印,以备投税时将契价税银数目大字填写钤印之处,令业户看明,当面骑字截开,前幅给业户收执,后幅同季册汇送布政司查核等因。奉旨依议。钦此。钦遵。咨院行司,奉此合印契尾颁发。凡有业户呈契投税,务遵定例,照格登填,仍令业户看明,当面骑字截开,前幅粘给业户收执,后幅汇同季册送司查核,转报院部无违,须至契尾者。计开:余谕谦买方茂楚田、亩、房、间,用价银六两八钱,纳税银二分四厘,布字七五五八号。右给休宁县业户(休宁县钤印)。准此。乾隆五十四年六月□日(江南安徽布政司钤印)。"②

买田人承当税粮票据。康熙五年(1666年)休宁县发给余启承等《收税票》原文:"休宁县为推收过册事,据六乡二图二甲业户余启承、丁廷枢,买到三都四图六甲吴国振、丁声远名下,业价契交,已经税印,合给印票,付业户执赴该图,图正照契编入所丈字号,金业归户,仍赴册里推收,核入实征,业户自行纳粮当差,不得隐漏,敢有不行税契,无此印信号票,私相推行,不纳税粮者,查出依律究治不贷。须至票者,土名佛

---

① 原件藏南开大学图书馆。
② 原件藏南开大学图书馆。

子充,列字六一五号。计山地税三厘。康熙五年二月□日库给。"①

　　土地纠纷诉状。南开大学图书馆藏祁门县张润保、朱良存互控状词6件,上有知县张某批语。张润保先于乾隆十八年(1753年)九月二十九日呈递诉状:"禀状人张润保,禀为谋买吞分,任理故却,叩恩饬买事。□身兄弟叔侄承祖风水山地一备,土名白石坑,情因有地豪朱良存涎山穴吉,托中向买,身兄侄允从,将山契卖与伊为业,因身外趁,存留身分六股之一未卖,契载井然,今身归里,知山买去六股之五,谅身一股之藉何用,兼值钱粮摧征孔迫,托中亲吴体仁等将身分凑锦,冀价完粮。诓豪见山地伊已买去六股之五,谅一股之藉,断无他人肯买,埋奸故却,意蓄吞骗,任中向理,唇干舌破,如石投水。情迫,于本月二十三日以凑锦苏乏等事具控署主,蒙批:自邀前契原中,理言向卖,不得藉粮混渎。切身焉敢藉粮繁渎天聪,实因业务有份,岂任买众吞一,得多减寡,情理奚堪,法所难容,若不叩宪押交纤分,任豪呰烹,兹值廉主荣旋,屑奸有日,为此伏叩宪天恩怜,纤分随腋,售难重觅,赐押成交,以杜奸吞,以惩刁却,感戴上禀县主正堂加四级纪录七次青天大老爷台下施行。"知县批道:"朱良存既未占尔未卖股份,伊止不肯承买,有何不是之处,混称法所难究,不准。"张润保随后4次呈诉,进一步说明原委和自身"在外佣工糊口",无力交纳钱粮的状况。次年二月二十一日,朱良存反控,词云:"具禀朱良存,□禀为刁中又刁,电卷究欺事。乾隆十七年有张姓贻光堂,因众欠粮,合众公凭支长,将土名白石坑山业风水卖身为业,契载堂名秩下张文玉、张希文,即张润保胞兄经手,张灿文秉笔,当即价明钉

界，业交经身，照契四至受管厝棺，历今无异。不料横棍张润保索骗弗欲，突捏业分六股，诳称身买五股，伊存一股未卖，计藉完粮为囮，三词架捏凑卖刁骗耸，奉金批：所禀如果实情，该签差饬谕成买等谕，敢不凛遵。实奈身买张姓风水，原系张众公业，当日张众堂名公同立契，业已卖绝，四至钉业，明明白白，并无丝毫存留，更无契注六股，止卖五股字样，赤契可核。"知县批道："张润保逞刁耸控，甚属可恶，准拘讯究。"细察双方呈词，可以获知事实真相及知县的态度。

租佃契约。兹录雍正五年（1727 年）福建永安冯九珠租田约："立承佃人族弟九珠，今来要田耕作，托保前在上玉兄佃得谷田一段，坐落土名黄历车头，原计实在正租并小租谷共计六石五斗，其谷递年到秋熟之日，备办好谷，送至兄家下风扇交量明白，不敢拖欠升合，卖弄界至，抛荒丘塍水浆等情，如有此色，应兄改佃，弟不敢阻占。今来二家甘心，立承佃为照。雍正丁未五年十一月□日。立承佃弟九珠（押），代字保佃九环（押）。"①亦有拟好的租佃契约格式，供人填写使用，如张履祥拟有租佃契约条例，见其《杨园张先生全集》卷 19《赁耕末议》。

买卖人口契约。下录雍正二年（1724 年）河北香河高三卖身契："立卖身文约人高三，系香河县朱家庄民人，今立卖身文契。缘因本身衣食无措，难以度日，情愿浼中人说合，将本身高三，年三十五岁；妻吴氏，年二十九岁；长子全儿，年十二岁；次子二小子，年七岁，共四口，出卖于王纯宅名下为仆。面议身价纹银十五两整，其银当日收用。自卖之后，听凭银主更名使唤，并无投充来历不明等弊。倘有不测，各有天命。如有逃亡走失等情，俱系岳丈、胞兄同中保人一面承管。二边情

---

① 转录自傅衣凌：《明清农村社会经济》，生活·读书·新知三联书店 1961 年版，第 28 页。

愿,各无返悔,恐后无凭,立此卖身全具文契存照。雍正二年十一月。岳丈吴良美,胞兄高大、高二;立卖身文约人高三,亲侄二小,中保人刘国荣、周春。添人进口,大吉利喜。"①

借贷契约。河北青县义和堂记于光绪十四年(1888年)所出《借字约》,原文:"立借字义和堂(钤印),因正用烦中说合,今借到义兴堂九六清钱一千吊整,言明三分行息,每月付利息钱三十吊,以十个月本利还清。如十个月不到本利,即以曹家坟三十四亩与李家地十六亩作为抵还,恐口无凭,立借字存照。中人李遇春(押)、王香波(押)、万信号(押)、王种山(押)。光绪十四年四月十三日。义和堂记。"②

捐监执照。捐纳监生,给予凭证,光绪二十九年(1903年)谢雍鉴捐监所得《户部执照》:"户部为给发执照事。山东巡抚周□奏,山东河患极重,历年民不聊生,非别省被偏灾可比,拟请将山东五成赈捐收捐翎枝衔封贡监预颁空白执照一折。光绪二十八年九月十五日奉朱批,着照所请,该衙门知道。钦此。钦遵。各在案。今据俊秀谢雍鉴,系安徽祁门县人,捐年四十岁,身□面□□须,交正项银四十三两二钱,准报捐监生。每例银百两,交饭银一两五钱,照费银三钱,于光绪□年□月□日在山东工赈捐皖局照数收讫,给予亲填部照并填明,照根截下,送部查对,以昭核实,须至执照者。曾祖张灏,祖孝英,父学淇。右照给谢雍鉴收执。光绪二十九年闰五月初六日。部行。"③

看了以上数例,契约、执照的史料价值不言而喻了。土地文书反映

---

① 原件藏中国历史博物馆,转录自韦庆远等:《清代奴婢制度》,中国人民大学出版社1982年版,第40页。

② 此件由原南开大学历史系朱文通学友在沧县杜林公社权工庄搜集,特志谢忱。

③ 原件藏南开大学图书馆。

土地交换的种类,有绝卖、活卖、典当的区别;土地买卖的状况,平价或勒价成交;发生土地交易的原因;土地的价格;卖方的宗亲对出卖土地的态度和权力;买卖的全过程,包括向政府税契过割,承纳粮差;土地纠纷及清朝政府的态度。租佃文书反映承佃土地的因由,地租数量、分成比例,佃农的义务,地主的权力。人口买卖文书表明人口价格,主奴的等级关系,出卖原因及状况。赋役收据反映民人的义务,赋役量及其程度,民人纳税的状况,赋役征纳制度的变化。土地是清朝人财产的最主要内容,与此相关联的租佃和赋役是影响人们经济的主要因素,所以对土地买卖、租佃、赋役的研究,是历史研究的基本内容之一,这方面的契据,提供的是非常具体的生动的素材,有的就是典型资料,史料价值很高。

前面说过内阁大库档案的发现,其实 20 世纪前期还发现有甲骨文、敦煌文书和居延汉简,四者被学术界合称"四大发现",此后徽州文书又为学界认为是第五大发现。上面过录的南开大学图书馆藏的几则契约文书,是徽州地区的,透露一个信息,就是徽州清代契约文书存世甚多,但是南开大学图书馆藏并不多。徽州契约之丰富,如同敦煌文书,有了敦煌学,也有了徽学。徽州契约文书,收藏最丰富的是中国社会科学院历史研究所和安徽大学徽学研究中心。前者整理其藏品,由王钰欣、周绍泉主编,出版《徽州千年契约文书》,分前后两编,前编是宋、元、明时期文献,后编是清代和民国前期,两编各 20 册,笔者本章的写作内容,自然是关注后编了。说到此书,特别留心的是"契约"文书,契约是特色。该书包含各种契约、租约、税契、合同书、土地买卖契约、卖身契、典当文书、账簿、置产簿、立嗣文书、司法诉讼、传票。从事经济史、阶层阶级关系史、宗族史、社会生活史研究的学者，大多重视契据资料，努力搜求利用。研究徽州各种历史问题的论著较一般地区为多，这种情况的出现，就在于它留存的契据可供研究者取材。《徽州千年契约文书》就适应了研究者的需要，所以此书问世，乃学者的福音。该书由花山文艺出版社采用分色制版影印方法印制，1994 年面世。

安徽大学徽学研究中心藏档 1.2 万多份（册），契约文书 30 万件，已由刘伯山主编出版《徽州文书》，3 辑 30 卷，广西师范大学出版社2004—2009 年印行①。第 1 辑汇聚文书四千多份，有田地、山场、房屋、店面、树木、池塘、牲畜买卖文约，招承租约、宗族文书、立易合同书、阄书、继书、招书、遗嘱、诉讼文书、赋税票据、赋役文书、官文、告示、会书、信函、祭文祭礼、誊契簿、收借条、记事簿、日记、账单、账本、收租簿、礼单、货单、支用单、鸳鸯礼书、风水图册、各种日用类书，内容涉及徽州政治、经济、文化、社会生活、民间交往、风俗、信仰。由于是"归户"性编辑，特别便于研究宗族史、村落史利用。

契约文书许多地区有留存，事情在于有心人下功夫去搜集，傅衣凌就是一位致意于此的学者，而且是先驱者，他在 20 世纪上半叶发现福建永安、闽清的农村契约文书，并加以利用，所著《明清农村社会经济》一书即以这些文书为重要材料来源。厦门大学历史研究所已将那些文书编成《清代闽北土地文书选编》。该所另编《闽南契约文书综录》一书，于 1990 年以《中国社会经济史研究》增刊的形式发表，收录宋代至民国间闽南地区的契约文书和相关的谱牒、文集资料，然以清代及民国时期的文献为多。杨国桢利用土地契约文书，撰著《明清土地契约文书

---

① 截至 2020 年，该书已出版 7 辑。

研究》专著①,可见这种文献的史料价值之高。

继徽州文书发现之后,又有清水江文书、闽东家族文书为学界认知。闽东文书系明代万历至民国初年形成的民间日用文献,保藏的总数在 10 万件以上,尤其具有家族文献特色。发现者广东暨南大学周正庆和福建周宁县博物馆郑勇及时进行精心整理和研究,特别关注"契约与诚信"社会伦理,连续出版《闽东家族文书》第一辑、第二辑,各 10 卷(册),广西师范大学出版社 2018 年及 2021 年印行。闽东文书辑刊披露周宁、柘荣、寿宁、古田、屏南、福安、福鼎、霞浦、宁德和畲族文书,为中国家族史、文化史、宗教史和福建史研究提供宝贵资料。周正庆致力研究,于 2022 年完成《闽东文书与清代乡村社会研究》专著,期待该书早日与读者见面。

讲到契据文书的整理利用,不可忽视的是《台湾公私藏古文书影本》的出版。杨国桢在前述书《后记》中说到他在海外看到此书及其他契约文书原件,"所获甚丰"。韦庆远在中国第一历史档案馆 60 年馆庆的学术研讨会上发表论文报告,内容之一即为介绍这部"影"②。据韦氏说明,此书由王世庆、张伟仁等人发起编辑,选材以历史档案文献为范围,将 17 世纪以来在台湾岛上形成的各种类型的档案文献搜罗在书中。这些文献有官府谕示、札饬、征税的易知由单、收据、土地清丈图帖、屯番册,民间的有各种买卖、典押、租赁、继承、婚姻关系的契据,还有反映大陆地区与台湾岛长期密切关系、台湾人民反对外国统治的文件,真可说是一轴从不同角度不同层次反映三百余年来台湾岛开发发

---

① 杨国桢:《明清土地契约文书研究》,人民出版社 1988 年版。
② 报告收入中国第一历史档案馆编:《明清档案与历史研究》,中华书局 1988 年版。

展历程的写真画卷①。该书还处在试版和有待增补的阶段,已出版 6
辑,每辑 12 册,共 72 册②。编辑者将各种文书作了分类,然后依照文
献形成时间作出编排,分类原则是考虑到文献的形式和内容,如第 1 辑
分为十大类,即谕示、案册类,房地契单类,租税契照类,财产分配、分管
类,典贷及贷借契类,人事契字类,诉讼书状类,商事簿契类,水利契照
及其他类,第 2 辑在上述十类外,增加番字契类、文教文书类等。该书
印制方法,按所收每一件文书本身尺寸影印,使读者了解其原貌。然而
成本太高,所以开始只印了 4 部,分别藏在台北“中研院”历史语言研究
所、美国国会图书馆、斯坦福大学胡佛研究所、哥伦比亚大学图书馆。

第二节　语录和谚语史料

语录是人们讲话的记录或摘录而形成的文献,肇端于禅僧,理学家
继之,多为门徒录其师父的言论,往往采取问答式的写法。其实《论语》
就是语录,出现得更早,不过儒家把它作为经典,不作语录看待罢了,它
们的体例是一致的。语录的作者、内容可以分为四类,即政治家的,儒
家的,佛家的,道家。它们有的以单行本存在,有的被收入作者文集
中。语录的集子多为个人的,也有汇编众人言论的,即使后一种,也是
分人立卷的。现在我们接触几部语录。

《十朝圣训》。圣训之作,同实录一样,是新皇帝为老皇帝编辑。顺
治十二年(1655 年),下令分别给太祖、太宗汇辑圣训,康熙二十二年

---

① 中国第一历史档案馆编:《明清档案与历史研究》,第 199 页。
② 截至 2016 年,该书已出版 10 辑,120 册。

（1683 年）令编《世祖圣训》及尚未完竣的《太宗圣训》。清朝皇帝的圣训计有 10 种，为《太祖圣训》，康熙二十五年（1686 年）辑成，4 卷；《太宗圣训》与《世祖圣训》均成于康熙二十六年（1687 年），皆为 6 卷；《圣祖圣训》成于雍正九年（1731 年），60 卷；《世宗圣训》成于乾隆六年（1741 年），36 卷；《高宗圣训》成于嘉庆十二年（1807 年），300 卷；《仁宗圣训》，道光四年（1824 年）成，110 卷；《宣宗圣训》成于咸丰六年（1856 年），130 卷；《文宗圣训》成于同治间，110 卷；《穆宗圣训》成于光绪五年（1879 年），160 卷。此 10 种圣训光绪间由内务府刊印。皇帝的言论政事，本载在实录、起居注，但这些书藏于秘阁，臣民不得而知，于是把关于政治的决策、世道人心的说教摘录出来，编成圣训，颁布于世，教训臣民。圣训将皇帝的诏谕，依照其内容加以分类纂辑，如《仁宗圣训》分 36 门，为圣德、圣孝、圣学、圣治、敬天、法祖、文教、武功、勤政、爱民、敦睦、澄叙、用人、理财、求言、恤下、防海、治水、慎刑、恤兵、蠲赈、积贮、漕运、屯垦、崇礼、训臣工、励将士、饬牧正、严法纪、正制度、褒忠节、笃勋旧、重农桑、靖奸宄、绥藩服、羁边疆。涉及的方面倒是很广，唯因是语录，不像实录，没有情节，故史料价值不高。

《庭训格言》。雍正帝和诚亲王允祉追忆康熙对他们兄弟的教诲，得 246 条，于雍正八年（1730 年）刊刻。雍正帝在《序》中说，由此可见乃父对"天、祖之精诚，侍养两宫之纯孝，主敬存诚之奥义，任人敷政之鸿猷，慎重刑谷之深仁"。它的内容广泛，治民、驭臣、治学、理家、治军、务农都有。因系回忆，不一定全部准确，但它仍可反映清朝皇室的家法。该书还有光绪七年（1881 年）天津河间广仁堂刊本和光绪三十四年（1908 年）《格言汇编》本。

訓曰元旦乃履端令節生日為載誕昌期皆係喜慶之
辰宜心平氣和言語吉祥所以朕於此等日必欣悅
以酬令節

訓曰吾人凡事惟當以誠而無務虛名朕自幼登極凡
祀
壇廟禮神佛必以誠敬存心即理事務對諸大臣總以
實心相待不務虛名故朕所行事一出於真誠無纖
毫虛飾

訓曰凡人於事務之來無論大小必審之又審方無遺
慮故孔子云不曰如之何如之何者吾末如之何也
已矣誠至言也

庭訓格言

訓曰人君以天下之耳目為耳目以天下之心思為心
思何患聞見之不廣舜惟好問好察故能明四目達
四聰所以稱大智也

訓曰天下事不可輕忽雖至微至易者皆當以慎重
處之慎重者敬也不可輕忽雖至微至易者皆當以慎重
敬以應事務必謹終如始慎修思永習而安焉自無
廢事蓋敬以存心則心體湛然居中卽如主人在家
自能整飭家務此古人所謂敬以直內也禮記篇首
以毋不敬冠之聖人一言至理備焉

訓曰為人上者用人雖宜信然亦不可遽信在下者常

《庭训格言》

孙奇逢的《语录》2卷,收在《夏逢先生集》中,另有《语录》2卷,《答问》2卷,均收在《孙子遗书》中。孙氏作为学者,他的思想在《语录》中表现得清楚简明,如他说:"东坡讥伊川云,何时打破敬字,故迩来学人每欲打破理字,总是苦敬字、理学为束缚,为单板,不打破不得脱洒自在。岂知脱洒生于天理之常存,天理之常存生于敬畏之无间,离此则成无忌惮矣。"表明他是倾向理学的,当然也透露那时反理学势力的强大。孙奇逢又写道:"问孝友为政。余曰:最要紧之言,却是人所忽略。孟子'亲长而天下平',正谓此。试看孝友人家,一室雍睦,草木欣荣,不孝不友之家,恣睢乖庚,骨肉贼伤,政孰大于是? 古昔盛时,孝友多在朝廷,后世以孝友为家人,行多在野。世衰道丧,士不修行,孝弟无闻,而见称

《榕村语录》卷1

于宗族乡党者亦罕矣，安望平治哉？"①说明他希望实行以孝治天下政策的政治思想。

大官僚的语录多涉及当时政治。李光地《榕村语录》，是同类体裁书中的巨著，达30卷之多。作者是康熙朝大学士、理学名臣，被一些人认为朱熹500年后的大儒，而其语录是"生平讲学师道之大全"②。该书分类纂辑，先论儒家经典，次及宋儒诸子，复次论历史、学术、性理、治道。其《治道》部分，记叙了康熙时期的一些政治情况，如就福建总督在统一台湾后提请禁止海上捕鱼以防海贼之议，指出情况已不同于郑成功时，不必那样做，并进而论及顺康之际的海禁："当年迁海禁海，使百万无辜，室庐田产，荡然无存，饥寒流离而死者不可胜数。其实海贼一切铜铁硝黄，何所不有，通海者就是耿精忠、王进功营弁、猾吏、贪兵、奸民，是但许耿精忠、王进功营弁、猾吏、贪兵、奸民通海，而不许良民下海也，何益之有哉！日下法禁何尝不具，而不肯奉法者官也，非民也。"③又如叙李之芳平三藩叛逆事，自身

① 孙奇逢：《畿辅丛书·夏逢先生集》卷13。
② 李光地：《榕村语录》，张叙《序》，道光九年李维迪刊本。
③ 李光地：《榕村全书·语录》卷27。

讨平"朱三太子"蔡寅起事事件①，均是历史资料。

一些士人的语录，着意于人生哲学，讲如何做人处世，申居郧的《西岩赘语》，朱锡绶的《幽梦续影》，赵青藜的《箴友言》，申涵光的《荆园小语》和《荆园进语》②，朱柏庐的《治家格言》，都是这类著作。大多讲儒家理学的人生观和修身齐家之道，表现了当时人的精神面貌和追求，其中存有深刻意义的话，如朱锡绶讲："余亦有三恨，一恨山僧多俗，二恨盛暑多蛹，三恨时文多套。"表现了对僧侣，卫生，科举的态度。又说："少年处不得顺境，老年处不得逆境，中年处不得闲境。"主张人在青少年和壮年时期要奋进。又写道："星象要按星实测，拘不得成图；河道要按河实浚，拘不得成说；民情要按民实求，拘不得成法；药性要按药实咀，拘不得成方。"主张办事从实际出发，表现出重视实践的观点。还说："真好色者必不淫，真爱色者必不滥。"与《红楼梦》写的贾宝玉讲究的"意淫"相近，实际上是讲真正的爱情。朱柏庐《治家格言》文字无多，但如何理家，如何处理家内各种人关系，与外人的关系，与国家的关系，如何养身，怎样对待财富和理财，都谈到了。如说："自奉必须俭约，燕客切勿留连。""勿营华屋，勿谋良田。""子孙虽愚，经书不可不读。""嫁女择佳婿，毋索重聘；娶妇求淑女，勿计厚奁。""居家戒争讼，讼则终凶；处世戒多言，言多必失。""施惠勿念，受恩莫忘。""国课早完，即囊橐全无，自得至乐。""为官心存君国，岂计身家。""守分安命，顺时听天。"③这些都是研究思想史、文化史、社会史的资料。

---

① 李光地：《榕村全书·语录》卷 28。
② 以上诸书收入《畿辅丛书》及《丛书集成》。
③ 《朱柏庐先生全集》。

幕宾是官场中不可忽视的人物，对政治颇有影响。汪辉祖作幕客三十余年后，总结经验，著《佐治药言》《续佐治药言》①，讲如何处理与幕主的关系，对通常所遇到的政事，如命盗案件发告示，怎样讲求方法，幕宾应聘和辞去的注意事项。这是研究幕客史和幕客政治的重要参考资料。

读史札记，而以语录的形式出现，表现清人的史观。理学家、官员尹会一读《通鉴纲目》，认为"主治者君，辅治者臣，受治而从风者，士与女"，遂论君、臣、士、女四种人的本分与行为准则，著成《四鉴录》，16卷。一面评论史事与人物，如就唐太宗置弘文馆事，谓"太宗初政，清明如日方升，诚人君所当是则是效者也"②，一面抒发作者的政治理想，如要求人君正心，用贤，纳谏，大臣要有器识，能谏诤，慎职守。显然，这类书籍反映作者的政治观点。申涵煜亦读《通鉴》，作札记，成《通鉴评语》5卷，对历史无多卓识，然亦提供研究清人史观的资料，如就汉灵帝卖官藏钱西园之事评论说："贪痴之主至灵帝而极矣，卖官西邸，积金西园，寄私藏，起第宅，将欲舍天子之尊为一富家翁耶！"③又议冯道的历事五主，谓其进用，是新皇帝以之"收人望，几与赭袍、国玺、法物相同"④。

释家的语录很多，其间含有史料，但引起史家注意的，却自陈垣始，他在《语录与顺治宫廷》一文中说："夫语录特释家言耳，史家向不措意，

---

① 收在《知不足斋丛书》《丛书集成初编》。
② 尹会一：《四鉴录·君鉴录》卷1，《丛书集成初编》本。
③ 申涵煜：《通鉴评语》卷2，《畿辅丛书》本。
④ 申涵煜：《通鉴评语》卷5。

安知其有裨史乘也。"该文及《汤若望与木陈忞》《顺治皇帝出家》等文①,主要以佛家语录和书籍为资料,论述了顺治帝出家、雍正帝干预佛教内部事务等问题。由他的这些论文知当时的释氏语录的一些情况,现转介绍于下。

《弘觉忞禅师北游集》,6 卷,世传为木陈忞之作,实由其门人真朴编辑整理,卷 1 为《住大内万善殿语录》,卷 2《奏对机缘》,卷 3、4《奏对别记》。木陈忞于顺治十六年(1659 年)九月被召至京,次年五月出京,是集记其在此期间与顺治帝过从事,说顺治帝自谓前世是个和尚,想出家,木陈忞劝解:"愿我皇万勿萌此念头。"将之与《续指月录》结合阅读,可知顺治帝实已削发,不过没有正式出家。木陈忞之际遇顺治帝,由憨璞聪之推荐,其有《憨璞禅师语录》,14 卷,有顺治间福建刻本,另有 16 卷本,题名《明觉聪禅师语录》,康熙十八年(1679 年)明珠梓印,又有 20 卷本,雍正十三年(1735 年)剞劂,上述语录"是为研究顺治宫廷轶事之助"②。为顺治帝剃发的是茆溪森,其有语录两种,一为《明道正觉森禅师语录》,3 卷;一为《敕赐圆照茆溪森禅师语录》,康熙间杭州圆照寺刊印,记董鄂妃和顺治帝火化事,"皆希有史料"③。茆溪森的师父为玉林琇,受顺治帝两次征召,有语录三部,一为《大觉普济能仁国师玉林和尚语录》,20 卷,行峰等辑,湖州梓刻;一为《大觉普济玉林禅师语录》,12 卷,超琦等辑,有杭州印本;一为《大觉普济能仁玉林琇国师语录》,7 卷。陈垣研究佛教史和佛学典籍,并用以说明清代政治,他的具体研究

成果不说,倡导利用释氏资料,扩大史料学领域,是对历史研究的重大贡献。

以上诸语录,笔者未克获睹,而所寓目的为雍正帝编辑的《御选语录》和撰著的《拣魔辨异录》。雍正帝好佛,自号"圆明居士""破尘居士",并将自身凌驾于释教之上,干预兰若内部事务,参预宗旨之争,推崇玉林琇,贬斥木陈忞,隐讳乃祖顺治帝同比丘的密切关系,上述陈垣的论文就批评了他的武断和歪曲事实。雍正的这两部作品就是他从事宗教活动的记录。《御选语录》,19 卷,成于雍正十一年(1733 年),选辑历代禅宗、净土宗名僧永嘉觉、仰山寂等人的语录,其中包括清代玉林琇、茆溪森的语录,又把道家的紫阳真人张伯端的语录选进来,因为雍正帝认为"性命无二途,仙佛无二道",紫阳真人的《悟真篇》在佛学中也属上乘。雍正帝还把自己的东西选了进来,这就是《圆明居士语录》《圆明百问》,都是他在皇子时代撰写的。《圆明百问》,即《集云百问》,有单刻本。他在书中提出一些问题,如"门内不知门外事,怎么闭门造车,出门合辙?""是法平等,为甚阇黎无分,全归老僧?""从来孝子讳爷名,为什么拍手哭苍天?""百里不同风,为何一叶落天下秋?""无为而

《御选语录》

治,因甚尧舜之君独有化在?"反映他在思考政治和人生问题。该书末
一卷为附刻《当今法会》,记载雍正帝晚年在宫中举行佛教仪式,讲说佛
法,收取门徒。其徒14人,有兄弟允禄、允礼,儿子弘历(乾隆)、弘昼,
大臣鄂尔泰、张廷玉等,贵族福彭,和尚5人,道士1人,他真是糅合儒
佛道三教,身兼俗王与法王,是精神上、政治上的最高统治者。雍正帝
认为"误认佛性,谤毁戒行"的是外道、魔道,见一些宗教修养方法不同
的僧侣不坐香,饮酒食肉,以吟诗作文联络士大夫,是"污浊祖庭",而其
势力很大,所谓"灼见现在魔业之大,预识将来魔患之深",因而不得不
言,不忍不言,于是著文批评他认为的魔道的代表人,即著《五宗原》的
汉月藏(法藏)、作《五宗救》的谭吉忍(弘忍)。他选汉月藏、谭吉忍师徒
语录八十余条,一一辩驳,因名《拣魔辨异录》,并续入大藏经中。他还
下令,把藏、忍的语录和《五宗原》《五宗救》从藏经内撤出,尽行毁板,不
许僧徒私自收藏,否则以不敬律论罪。雍正帝编的两部语录,可以反映
清朝前期禅宗内部的斗争,释教与政权的关系,特别是雍正帝与佛老的
关系,亦可视为稀见的资料。《拣魔辨异录》有内府刻本,1918年普陀
山印光法师校刊本。《御选语录》亦有内府刻本。

　　清代释氏语录,据《贩书偶记》所载,尚有数十部,兹择录一部分列
表于下:

书名	卷数	著者	编辑者	版本
灵瑞禅师语录	5	揆符	师照等	约康熙间刻
达变权禅师语录	10		海澄	康熙间刻
百愚禅师语录	20	净斯	智朴	康熙乙巳刻
慧觉禅师语录	3	照衣		约康熙间刻

书名	卷数	著者	编辑者	版本
别庵统禅师语录	41		空必等	康熙庚辰刻
朝宗禅师语录	1		煦明	约康熙间刻
蔗庵范禅师语录	30	净范		康熙己酉刻
雨山和尚语录	20			康熙壬戌刻
养拙禅师语录	1	正明		约康熙间刻
不磷坚禅师语录	3		妙圣等	康熙癸丑刻
晦岳旭禅师语录	3		全琳	康熙癸未刻
圣可禅师语录	5	德玉	光佛普明等	康熙癸丑刻
玉林禅师天目语录	2	普济	行淳等	康熙己酉刻
无虚界禅师语录	3		实定等	康熙辛巳刻
虚舟省禅师语录	4	行省		康熙间刻
白松丰禅师语录	7		超忍等	约康熙间刻
宝持总禅师语录	2	玄总		康熙丁巳刻
玉泉其白禅师语录	3	德富	圆顶等	康熙乙亥刻
德实信禅师语录	4	明性	实明	雍正戊申刻
竺书瑄禅师语录	4		际照等	乾隆甲戌刻

谚语是流传于社会的语言,不是语录,但它们是精练语言,富有含义,能深刻、概括地反映社会各种现象,亦可资为史料。谚语的产生,往往有其来历,清理明白它的故事,有补史事。谚语多在民间流传,更能表现民众生活和愿望。也就是说它能在这些方面提供研究资料。清代及民国以来有人收集谚语,作出说明,汇编成书。在笔记章中讲到的李光庭撰《乡言解颐》也可列入本章。此外还有一些。

　　王有光"博采谚语,详加注释",成《吴下谚联》一书,于嘉庆二十五年(1820 年)枣梨问世,中华书局于 1982 年将之作为史料笔记与《乡言解颐》一并刊行。作者搜集俗语三百余条,就其本意,结合社会情况和作者的感受作出解释,颇能反映社会风尚和人们生活情景。如卷 3《纺车头上出黄金》口谚条,释文:"纺车,古时用以缫丝辟纑,后世更有棉花成纱,皆由车出。其器甚微,而其利甚薄,一家内助,以济食力,此犹未足称出黄金也。此而绩之,为布为缯等物,足以衣被天下,妇习蚕织,不害女红,不扰公事,不致舍业以嬉,浸为风俗,不啻黄金遍地矣。又何价值之可言哉!"说明纺织生利兴家和陶冶心志的重大意义。卷 1《横饱六十日》谚语条,释文着重解"横"字,说佃农只有两个月可以吃饱,道出他们人生的艰辛。卷 3《纱帽底下无穷汉》俗谚条,释文揭露官场上贪婪横行的丑恶现象:"朝绅州县多不肖人员,不特居官者簠簋不饬,一切官之父族母族妻族,甚至婢妾族,以亲及亲,坐幕立幕,皆在纱帽底下。粮制巨斛,饷勒浮收,词讼通关节,馈送索门包,肉食罗绮,挟伎呼卢,无所不至,故曰'无穷汉'。"

　　《粤风》,4 卷,李调元辑录并解释。它汇集了两广汉人和少数民族民歌。少数民族歌谣,外人多不懂,李氏为解说。歌谣可以反映社会风俗和少数民族情况,如卷 1 有蛋户的记载:"蛋有三:蚝蛋、木蛋、鱼蛋。寓浔阳江者乃鱼蛋,未详所始。或曰蛇种,故祀蛇于神宫也。歌与民相类,第其人浮家泛宅,所赋不离江上耳。广东、广西皆有之。"蛋户的歌调有:"蛋船起离三江口,只为无风浪来迟。月明今网船头撒,情人水面结相思。"这是研究蛋民及其生活的资料。脍炙人口的刘三姐对歌,在卷 2《瑶歌》中有所记叙:"读书便是刘三妹,唱价本是娘本身。立价便立价雪世,思着细衫思着价。"歌词不好懂,李调元注释说:"价,是歌;立价,是造歌,刘三妹是造歌之人;雪世,是传世;细衫,指唱歌之人,义同红裙。"该书收入《函海丛书》中。

1963年苏州市文联编印了《苏州谚语选》一书,所选为1949年前谚语,其中多有历久相传,为清代遗留的,能反映清时社会生活的某些方面。"梭子两头尖,一歇呒铜钿。"苏州丝织业发达,这俚语讲丝织工匠不能歇工,否则无工钱维生。"碰碰织,屁股出。""勤勤做,抹嘴衣裳破。"反映丝织工人整天织绸,而自身顾得了肚皮,顾不了穿衣。"早吃新鲜米,晚烧活树柴。""打听枫桥价。"①苏州商品经济发达,人们生活必需品依靠市场,家里不储存粮薪,随用随买。"痴人望天明,穷人望民反。""听仔佛法要饿煞,听仔官法要打煞。""牛落磨坊,人落机屋。""只见活人受罪,勿曾看见死鬼带枷。"愤恨人世间的不平,流露不满情绪。"托人托仔皇伯伯。"皇伯伯指清朝皇帝派到苏州织造署的官员,他们是皇帝家奴,说话有权威,这里比喻求人要找根子硬的。这个谚语的形成,反映清代苏州织造在当地生活中的重大影响。"寒食寒,只说蚕;寒食热,只说叶。""清明晒得沟底白,青草会变麦。""高田只怕迎雷雨,低田只怕送三蓏。""谷雨西南多浸种,立夏西南少下秧。"这些农谚,是农业生产经验的总结。

第三节　诗话史料

诗话是探讨诗歌理论的,渊源于钟嵘的《诗品》,形成于欧阳修的

---

① 枫桥是清代苏州米市。枫桥米价,反映粮食市价。

《六一诗话》。不言而喻,这是研究诗歌史的重要资料,需要注意的是它还含有历史研究的材料。因为它是用随笔杂感的形式表现的,内容比较杂,既论诗的艺术性,又以诗论人,或以人论诗,以事论诗,这样就写到了历史人物和事件,留下有关的纪录,可为治史者搜求了。清中叶沈懋德给查为仁的《莲坡诗话》作《跋》说:"诗话有两种:一是论作诗之法,引经据典,求是去非,开后学之法门……一是述作诗之人,彼短此长,花红玉白,为近来之谈薮。"①我们治史者重视的是后一种,虽然在论诗的艺术性上它不及前一种的严整,为文学史家所不值,但真是物有其用,单看利用者的需要了。

清人作诗话,数量远较宋明增多,约有三四百种,质量也大为提高。郭绍虞认为诗话"一到清代,由于受当时学风的影响,遂使清诗话的特点,更重在系统性、专门性和正确性,比以前各时代的诗话,可说更广更深,而成就也更高"②。清人诗话,具有代表性的,《丛书集成初编》选刊的有:

徐世溥:《榆溪诗话》	洪亮吉:《北江诗话》
宋荦:《漫堂说诗》	宋大樽:《茗香诗论》
查为仁:《莲坡诗话》	阮元:《小沧浪笔谈》
杭世骏:《榕城诗话》	阮元:《定香亭笔谈》
方薰:《山静居诗话》	阮元:《广陵诗事》
吴骞:《拜经楼诗话》	赵知希:《泾川诗话》
翁方纲:《石洲诗话》	吴乔:《围炉诗话》

---

① 王夫之等:《清诗话》,中华书局1963年版,第519页。
② 王夫之等:《清诗话》,"前言"第3、4页。

　　李调元:《诗话》　　　　　　恒仁:《月山诗话》

　　1916 年丁福保编印《清诗话》,选录了四十多位清人的诗话,颇省阅者的寻索之劳。该书由中华书局上海编辑所于 1963 年发行新一版,1978 年又由上海古籍出版社梓行,均有郭绍虞写的《前言》,并对所收各种诗话作了评述。《清诗话》将一些有特色的诗话,如《石洲诗话》《瓯北诗话》《西河诗话》等遗漏于外,是一缺憾,郭绍虞为之补苴,编选了《清诗话续编》,1983 年由上海古籍出版社梓行,收有诗话 24 种,其间有因见解精到而入选,有的则因流传较少,不易见到,入选后能为读者较易找到。富寿荪作了点校,写出三千余条校记,可知编校者倾注了心力。

　　清诗话中属于论人事的,有吴伟业的《梅村诗话》、王士禛的《渔洋诗话》、赵执信的《谈龙录》、王夫之的《南窗漫记》、袁枚的《随园诗话》以及查为仁的《莲坡诗话》、钱泳的《履园丛话·谈诗》等。这些为清史研究提供的资料可概述为:

　　1. 反映政治斗争和事件。王夫之在《南窗漫记》叙述南明永历兵部尚书、大学士堵胤锡给他十首军谣,题为《月家乡》《马儿女》《雨浆洗》《风晒晾》《笔先锋》《口打仗》《报疟疾》《棋金丹》《血筵席》《营十殿》,王夫之说这些诗"备丧乱艰危之状,天下之不支,公心之徒苦,俱于此乎传之"[1]。透露南明与清朝以及其内部斗争的艰难激烈和忠于明室者的节操。又记南明唐王金都御史张家玉,"以全发起义,兵败坠马而卒",说他有诗联:"真同丧狗生无赖;纵比流萤死有光。"[2]表现了抗清志士

―――――――――

[1]　王夫之撰、戴宏森笺注:《姜斋诗话笺注》卷 3,人民文学出版社 1981 年版,第 171 页。
[2]　王夫之撰、戴宏森笺注:《姜斋诗话笺注》卷 3,第 180 页。

的气节。还记明江西巡抚郭都贤于福王败后出家为僧,但"卒以文字取祸,卒于江陵"①,说明清初文字狱的严重和汉人对它的不满。

2.记载清代的典章制度。王士祯在《渔洋诗话》中写道:"宜兴任葵尊弘嘉为御史,疏定朝服等级,三品以上乃得衣貂及舍利狲。一日冬衣入朝,寒甚,梅桐崖总宪锟时为大理少卿,以四品不得衣貂,余戏为口号赠之云:'京堂铨翰两衙门,齐脱貂裘舍利狲。昨夜五更寒透骨,满朝谁不怨葵尊?'"②记叙了康熙时京官的服饰制度。

3.记载各种名人轶事。如《梅村诗话》有文士龚鼎孳事迹,文人女道士卞玉京传略。《渔洋诗话》记傅山、傅眉父子事:"常卖药四方,其子挽车,晚憩逆旅,辄课读《史》《汉》《庄》《骚》诸书,诘旦成诵,乃行。祁县戴枫仲廷栻撰《晋四家诗》,山父子居其二。"法式善的《梧门诗话》,说到扬州八怪之一的罗聘为吴方南画《槐荫抱膝图》,内阁学士翁方纲为画题句,翁方纲因而论及罗聘又号"花之寺僧",来源于山东沂水县的花之寺,并说到周亮工有诗句:"佳名独爱花之寺,隐地谁寻石者居。"读之令人知晓诗话作者广博的知识和文人趣事。

4.评论人物。《渔洋诗话》谓当时诗人为南施北宋,施是皖南人,中博学宏词科的施闰章,宋是山东人,四川按察使宋琬。《莲坡诗话》讲洪昇,"以诗名长安,交游燕集,每白眼踞坐,指古摘今,无不心折"。《随园诗话》称鄂尔泰:"古来英雄未遇时,都无大志……鄂西林相公《辛丑(康熙六十年)元日》云:'揽镜人将老,开门草未生。'《咏怀》云:'看来四十犹如此,便到百年已可知。'皆作郎中时诗也。玩其词,若不料此后之出

---

① 王夫之撰、戴宏森笺注:《姜斋诗话笺注》卷3,第176页。
② 王夫之等:《清诗话》,第193页。

将入相者。及其为七省经略,《在金中丞席上》云:'问心都是酬恩客,屈
指谁为济世才?'《登甲秀楼》绝句云:'炊烟卓午散轻丝,十万人家饭熟
时。问讯何来招济火? 斜阳满树武乡祠。'居然以武侯自命。皆与未得
志时气象迥异。"①

　　词话是探究词的理论,其中也涉及词人轶事和某些政事。清人词
话亦有多种,如彭孙遹的《词藻》、李良年的《词坛纪事》、徐釚的《词苑丛
谈》等。徐釚的书有 12 卷,其中 4 卷是《纪事》,有一卷专纪清人事,如
有一条:"京师旧俗,妇人多以元宵一夜出游,名'走桥',摸正阳门钉,以
祓除不祥,亦名'走百病'。予向欲填一词记之,近见《青城集》中《木兰
花令》,正咏此也。"②具有史料意义。

第四节　诗词、小说、戏曲及宝卷史料

　　诗词、小说、书画和戏曲是文学艺术作品,它们的作者在创作时,要
从社会生活中吸取资料,有的有真人真事的依据,但它总是经过艺术加
工的,或多或少具有的虚构成分,不能径直作为历史资料来运用。然而
好的文艺作品能更集中更深刻地反映社会生活,所以它对于研究历史
也可以起一定的参考作用,起码它帮助史家增加感性知识,提高形象思
维能力,有助于认识文艺作品反映的那个时代的社会生活。"诗"中有
"史",陈寅恪的历史研究实践证明了这一点。他著《元白诗笺证稿》,利
用元稹、白居易等人的诗歌解释一些唐朝的历史,又著《柳如是别传》,

---

①　袁枚:《随园诗话》卷 1,人民文学出版社 1960 年版。

②　徐釚:《词苑丛谈》,《海山仙馆丛书》本。

用明清诗作解释明清易代时的历史。他的贡献不仅解释了一些历史现象，还在于他倡导利用诗词史料。当然，能做到这一点的，需要文史兼通，功力较深，但这并不能妨碍我们去利用诗词资料。问题是在努力提高研究水平。可喜的是，在 1991 年 12 月香港中文大学主办的"明末清初华南历史人物贡献"的研讨会上，李玉梅提出《翁山谈雪——屈大均反清思想表微》的论文，表明以诗证史的工作仍有学者在进行。

清代的诗歌作家和作品很多，远远超过唐宋，不过文学界历来轻视宋以降的古诗，自然也把清诗包括在内了。1983 年 12 月在苏州召开了清诗讨论会，翻过往的陈案，据报道，多数与会者认为：清诗"反映现实的广泛性远远超过戏曲和词；在艺术形式上，清代诗歌流派之多，诗学研究之深，都非前代可以比拟"①。这种观点的出现，表明对清诗研究的加深，不仅是文学界的喜事，也使史学界有可能利用它所提供的更好的研究成果。

清代诗词名手较多，早期的有王士禛、顾炎武、王夫之、屈大均、吴伟业、钱谦益、纳兰性德，中期的有沈德潜、赵翼、袁枚、蒋士铨，其后的则有龚自珍、黄遵宪、丘逢甲等人。清人诗词多收在各自的全集、诗集中，兼有收于家谱和方志的，也有零星散在笔记、诗话中的。清人的全部诗歌，尚欠全面搜集整理，因而没有像《全唐诗》那样的图书供读者方便地利用，不过局部整理，清人已开始了。沈德潜编选《国朝诗别裁集》（《清诗别裁集》），所选为乾隆中期以前故世者的作品，远不是有清一代诗作选。它有乾隆二十三年（1758 年）刻本，二十五年（1760 年）教忠堂重订本，1973 年中华书局影印线装本及 1975 年缩印平装本，上海古籍

---

① 周泰：《全国清诗讨论会在苏州举行》，《光明日报》1984 年 2 月 7 日。

《国朝诗铎》自序

出版社据教忠堂本印行点校本。该书共选 996 家的 3952 首诗。

张应昌编辑《国朝诗铎》(《清诗铎》),始事于咸丰六年(1856 年),定稿于同治八年(1869 年),选清初至同治间 911 人(包括编者)的诗篇,分为 26 卷。编定后无力付梓,得永康应宝时之助,遂出应氏秀芝堂版,附有《诗人名氏爵里著作目》,1960 年中华书局重为刊行。编者对诗的史料意义有明确的认识,在自序中说:"忆康熙时,河督靳文襄之治河也,大要在深通海口,以淮刷黄,而潘次耕先生《河堤篇》已揭其旨。道光时,苏抚林文忠之恤灾也,令吴民质耕牛于官局,待次年春耕时赎归,全活普利无算,其事播颂江南,而蒋苕先生《典牛行》已传其法。知巨公美政,皆有所则效。"① 是说诗歌传播政事,足见它是可以反映现实的。张应昌有了这种认识,所以选编标准,不仅在诗歌艺术,还重在它的内容上。因此能以事取诗,而不是以名家取诗。

张应昌以诗的内容进行分类,其目为岁时,舆地,总论政术,善政,财赋,米谷,漕政,漕船,海运,钱法,盐策,关征,贡献,海塘,河防,水利,农政,田家,树艺,蚕桑,木棉,纺织,丈量,催科,税敛,力役,派科,扰累,捕捉,捉骡车捉船,官马,马草,刑狱,盗贼,兵事,武功,将帅,兵卒,军

---

① 张应昌编:《清诗铎》,中华书局 1960 年版,"自序"第 3 页。

饷，军器，屯田，边防，岛夷，怀远，会匪，捻匪，棚民客民，左道，民变，弭乱，灾荒总，水灾，旱灾，风灾，雹灾，雪灾，雷异，日食，地震，火灾，虫灾，捕蝗，伐蛟，捕虎，勘灾查户口，赈饥平粜，蠲免，流民，鬻儿女，用人，官吏，官箴，大吏，奉使，守令，吏胥差役，循良歌颂，酷吏，清廉，贪黩，权奸，世禄，仕宦，考试，训士爱士，劝民，迎送上官伺应过客，谄媚谀颂，富贵贫贱，忠臣，孝子，友悌，贞节，义行，附录灾异物性吟，高隐，旷达，止足，骄倨，奢侈，吝啬，惑溺，纰缪，勇伎，凶恶，家训，格言名论，果报，读书，交际，施予，崇俭，节饮，远色，戒气，嗜古，赌博，风俗，祭祀，婚嫁，丧葬，掩埋，行旅，乱离，疾病，医术，鬼神，烧香，戒杀，爱物，商贾，淘金，采矿，采铜铅铁，采石，采木，采薪，采煤炭，瘠土贫民，妇女，夫妇，悯孤儿，戒溺女，悯婢，驭仆，荡子狎客，倡优，宦寺，异民，释道，物产，鸦片烟。

这个目录表明，清代诗歌内容涉及社会生活面的广阔。农村诗，即关于田家、树艺、蚕桑、木棉、纺织的诗歌，反映农业生产和农民生活。讲棉花生产的，就有王晦的《木棉歌》、唐孙华的《锄田行》、金俞迈的《咏木棉事》、陈莱孝的《种棉曲》、陈章的《和方宜田宫保木棉歌题其图》、钱载的《木棉叹》、钱大昕的《木棉花歌》、汤礼祥的《采花妇》、吴蔚光的《东乡谣》、刘文培的《种棉行》、张金栋的《摘棉花行》、黄安涛的《木棉四咏》、祁寯藻的《采棉行》、王庆勋的《木棉叹》、朱岳的《木棉谣》。关于纺织的诗，除了反映男耕女织的自然经济情况，还有超出这个范围的内容，如汪孟钶的《夜纺女》，叙罢纺妇的辛劳，写道："油灯煎尽但成滴，灶头有粟食已空。晨炊未备无青铜，急须携取入市中。"夜间织布，早上出卖，这种纺织，不是为自家消费，是为出卖而生产。这种情形，与其他载籍所说的"抱布易米"相同。这就表明诗歌可以和史籍相印证，说明农村家庭纺织业中出现突破自然经济的苗头。用诗歌总结农业生产技术，以便推广，也是令人感兴趣的。如周凯在襄阳提倡植桑养蚕，乃作《种桑十二咏》《饲蚕十二咏》，备述蚕桑生产方法。其中颇有一些诗歌反映赋役之征及其造成的民间疾苦，丈量土地、催征赋役、税敛名目、种种力役、额外派办，都有专诗叙及。朱樟的《市丁行》很有意义，他写道："赤脚市丁真可怜（土人谓之赤脚丁），里正催纳排门钱（亦曰排门丁）。一身飘荡觅衣食，县籍有名勾不得。追呼东舍及西邻，多说市中无此人。长官新来议幡改，名目虽除税额在。有赋例随田上行，计亩加派无重轻。乡丁皱眉市丁喜，偏枯之政徒为尔。譬如十指长短生，痛痒何曾分彼此。市丁乐，官不知。乡丁苦，姑言之。去年秋旱雨不下，今岁霜早禾熟迟。小门家户苦不保，只在青黄未接时。"这里说的是杭州赤脚市丁的赋役问题，如果同赵申乔的《赵恭毅公剩稿》、《朱批谕旨·李卫奏折》有关部分对看，可知康熙间赤脚市丁要求摊丁入亩，有田人反对，官府不允许，迨到雍正中实行摊丁入亩制度，杭州斗争激烈，有田人鼓动了罢市运动，官府坚持推行既定政策，赤脚市丁终于免除了负担。朱樟的诗正是反映这一现实的，不过他既同情赤脚市丁，又不满意丁随粮办，持有矛盾的态度。对于农民的反抗活动，诗歌中亦多所道及。喻文鏊的《白莲赋》、赵嘉程的《记楚北奸民作乱会剿事》，都是咏叙嘉庆间白莲教起事的。蒋湘南的《捻子》，述捻军事。施闰章的《麻棚谣》、吴锡麒《棚民谣》、张鸿卓的《棚民行》，均叙说棚民的生产和抗争。施闰章在其诗序中说："袁州民不艺麻，率赁地与闽楚流人，架棚聚族，立魁长，陵轹土著，吏不能禁，谓之'麻棚'。"袁州就发生过棚民起事。清诗中关于风俗、祭祀、婚嫁、丧葬的叙述，为社会史研究提供了极其生动形象的资料，如蒋士铨的《戏园》《唱南曲》，将京中戏园演出内容、技艺及观众在园中饮食调笑的情状都写出来了。

与张应昌编辑《清诗铎》有类似之处而又有很大区别的是邓之诚撰《清诗纪事初编》。说近似者，因是书选了清代 600 位诗人的二千余首诗，而根本差异是，邓氏非常明确地倡导以诗证史，并且做了一些工作。邓氏完全同意黄宗羲以诗证史的观点，认为诗歌对历史的作用，不在于以史事验证它，恰恰相反，要用诗歌证明历史，说明历史。邓氏既持有这种观点，力求贯彻于书，故在序言中说："是集之作，端资纪事。"能证史的诗，能为史事补充事实的诗，是他选取的标准。邓氏为表明自己的观点，为被选入的诗人作出小传。写明诗人生平要略外，侧重写与证史有关系的事情，虽轶事逸闻，亦行叙述。这是一部撰著与资料选编相结合的著作，而主旨则是以诗证史。所选 600 家，皆为明末清初人，以他们生活的时间和地域，分为五篇八卷，即明遗民列为前编，顺治康熙间诗人按地区分列在甲、乙、丙、丁四篇中，其间江南诗人最多，占三卷多的篇幅。邓氏作为学识丰富的名史家写诸诗人小传，文字不长，史实丰盈；取材有独到之处，实大手笔之作，即如笔者对其中的若干人有些了解，然读邓氏书，又获未掌握之史料。如卷 6 丁耀亢，述其简史，选其

《清诗纪事初编》

《丁野鹤集》诗《剃发》《流落》《盗乱》《田家》等,云"集中纪事诸诗篇,颇可参证时事"。《初编》始由中华书局上海辑编所于1965年出版,1984年上海古籍出版社重新印刷,并附新编人名索引。

《清宫词》,北京古籍出版社1986年刊,收有清代和民初14人的作品,如吴士鉴的《清宫词》、魏程搏的《魏息园清宫词》、胡延的《长安宫词》、颜缉祜的《汴京宫词》、周大烈的《圆明园杂题》,这些词章,对研究清代兴亡和清宫史、北京史均有参考价值。

明清是中国古典小说的鼎盛时期,清代产生曹雪芹的《红楼梦》、吴敬梓的《儒林外史》、蒲松龄的《聊斋志异》等不朽名著,李汝珍的《镜花缘》、文康的《儿女英雄传》、李伯元的《官场现形记》、吴趼人的《二十年目睹之怪现状》、刘鹗的《老残游记》、曾朴的《孽海花》,在文学史上皆有其地位。《儿女英雄传》是同《红楼梦》唱反调的,这不是两部书的作者之争,反映了清代思想界维护君主伦理与不满儒家纲常名教的对垒。《红楼梦》中写青年男女争取婚姻自主,贾宝玉厌恶科举和官场应酬,"护官符",奴仆闹事,农民抗争,都是清代现实生活中政治败坏、科举制、婚姻制和等级制的反映。即如第一回写甄士隐因为苏州城里的房子烧掉了,回"到田庄上去安身,偏值近年水旱不收,鼠盗蜂起,无非抢田夺地,鼠窃狗偷,民不安生,因此官兵剿捕,难以安身,士隐只得将田庄都折变了",逃亡外乡①。这里讲农民暴动"抢田夺地",与明清时期农民起事争取耕地的实况恰相吻合。具有改良思想的王韬之作《淞隐漫录》,是在其晚年"追忆三十年来所见所闻,可惊可愕之事,聊记十一,或触前尘,或发旧恨"的心情下写作的("自序")。虽是虚构人物情节,

---

① 《红楼梦》庚辰本。

但往往有事实根据,即如卷3《蓟素秋》的故事,叙述广东人到上海做买卖,在那里娶妾,遇到战乱,携眷属回归故乡,实际上反映了近代广东人到上海经商及太平天国运动波及上海地区,粤人返里避难的历史,对研究粤沪两地关系史不无参考意义。这些文学作品反映了社会生活,可以帮助史学研究者加深对历史的理解。说罢《红楼梦》,就容易想到沈复的《浮生六记》,因为此书曾被誉为"小红楼"。近日文学史家苗怀明评论该书写的是:"一对夫妻的日常生活,而且是那种很私人化的生活,这样的生活我们也正在经历着。"是的,《浮生六记》写沈复、芸娘夫妇平淡生活的美,沈复谋生的艰辛。清朝人的日常生活不就是这样的吗?此书可令史家理解清人的日常生活是怎样的。该书的版本,最早是杨引传将之与其他三部著辑入《独悟庵丛钞》,于光绪三年(1877年)刊出,而后广受读者欢迎,被单独印行多至200种①。清代较成功的长短篇小说,都能在一定程度上起到这个作用。

　　戏曲集中,凡属历史题材,对清史研究会有一定参考价值。孔尚任的《桃花扇》就是一例。这个传奇通过侯方域、李香君的恋爱故事,反映南明福王政权的衰亡史。作者对于福王政治作过很多调查,阅读载籍,访问有关人物,掌握了大量的真实资料,溶入他的戏曲中。诚如他在《凡例》中所说:"朝政得失,文人聚散,皆确考时地,全无假借。至于儿女钟情,宾客解嘲,虽稍有点染,亦非乌有子虚之笔。"就是说作者力图在作品中反映弘光朝政的实况。他的创作目的是总结明朝和福王政权覆灭原因,故在《小引》中讲:"《桃花扇》一剧,皆南朝

---

① 苗怀明:《书写日常生活的平淡之美——再读〈浮生六记〉》,《光明日报》2023年1月12月。引发笔者书此。

新事，父老犹有存者，场上歌舞，局外指点，知三百年之基业，隳于何人，败于何事，消于何年，歇于何地，不独令观者感慨涕零，亦可惩创人心，为末世之一救矣。"观其书，适可见弘光朝内部，朋党对立，权奸当道，军阀内讧，正人遭殃，一定程度上再现了弘光朝的历史。读之有裨于对南明史的认识。

宝卷是寺院中"俗讲"发展成的一种说唱艺术的底本，僧侣和佛徒演讲宝卷，称为"宣卷"。清代白莲教、罗教、弘阳教、闻香教等民间秘密宗教，均以宝卷为宗教经卷，所以它被清朝政府视为异端，禁止流行。清代传播较广的宝卷，有《古佛天真考证龙华宝经》《明证地狱宝卷》《混元红阳显性结果经》《普明如来无为了义宝卷》《三义护国佑民伏魔功案宝卷》等。宝卷从明朝万历年间到民国初年一直有印行，因是秘密流传的，收藏者少，后世所存不多。嘉道间，黄育楩任直隶巨鹿知县、沧州知府，这些地方秘密宗教活动频繁，他就将民间所藏明末以来流播的白莲教经卷68种和未入经卷而习用的口头宣传教义中的一些词语作了择录，加以驳难，成《破邪详辨》3卷、《续刻》1卷、《又续》1卷、《三续》1卷，保存了宝卷中的一些文书。中国社会科学院历史所清史研究室编的《清史资料》第3辑予以披露，便于读者阅览。据喻松青的调查，现存白莲教经卷大约百余种，且多残缺不全①。李世瑜编《宝卷宗录》，介绍774种宝卷，该书于1961年中华书局上海编辑所出版。

---

① 喻松青：《关于明清时期民间秘密宗教研究的几点意见》，《清史研究通讯》1983年第1期。

第五节　图像绘画的视角史料

——以《御制恭和避暑山庄图咏》为例

现代社会进入所谓信息时代,视觉图籍进入读者视野,视觉图书在图书业中的地位蒸蒸日上,形势表明研究历史需要大力关注、使用视觉史料,以改进、提高历史研究和史学读物的品质。

所谓视觉史料,笔者的理解是指依据一切历史的、现实的实物、事象所拍摄的照片、纪录片,也即古人遗留的图画(主要是人物画、风情画)、壁画、岩画,历史留存的雕塑、造像(画像石、画像砖、木雕、泥塑的人物和人物故事),历史遗存的建筑(城池、宫殿、长城、石窟、民居、墓葬以至驿道),历史遗存的生产工具,历史遗存的生活用具,历史遗存的文化用品(如文房四宝),古人信仰意识的物质载体(如文庙、寺庙、道观及神佛造像),历史遗址(如西安半坡新石器时代村落遗址、柳条边遗址、运河古道等),历史传承的社会风俗(如节庆日的习俗、庆祝方式)。视觉史料是理解、阐释历史的史源之一种。

古人留下很多视觉史料,可为史学研究提供素材,去解说某些历史现象。比如古人风情画反映了某种生活情景,像五代顾闳中的《韩熙载夜宴图》,描绘南唐社会上层的夜生活及韩熙载的为人,反映其时人们的男女关系观念,韩熙载本人则因"开放"意识,招致官场的失利。宋人张择端的《清明上河图》,绘出北宋东京汴梁的居民生活百态。

利用视觉史料写书,在历史上偶尔出现,主要是在教材中,如张居正的《历代帝鉴图说》,一个故事一幅图,或者一幅图一篇文字①,是为教育青少年的。《历代名媛图说》,是向女性宣教的读物。古人利用视觉史料,意识远不强烈,如今则要大大增强那种意识了。

研究清史,使用视觉史料,那么有没有清史视觉史料? 是贫乏还是丰富? 笔者以为不能说丰富,但是颇有一些。第三章讲到的政书、礼制书里有礼器图、演礼图(内中包括的《皇清职贡图》还没有述及);地方志里的地图、衙署图和八景图、《皇舆全览图》;家族谱里的祖先画像、遗墨、祠堂图、坟茔图;小说中的插图,如《绣像金瓶梅》《增像全图三国演义》《绣像红楼梦》等;反映民俗的图画书,如《北京民间风俗百图》;人物画像是相当多的,如帝后画像、行乐图,甚至还有人物历史画像集;描绘历史事件的图画;记录农业、手工业生产的,如《耕织图》《景德镇陶录》。下面介绍几幅画、长卷和画册,以了解清史视觉史料的些许状况。

王翚、杨晋等绘制的《康熙南巡图》。王翚是常熟人,生明崇祯五年(1632 年),卒康熙五十六年(1717 年),康熙帝南巡路过其家乡,耳闻目睹其事。康熙三十年(1691 年)命绘《南巡图》,他以布衣应召,供奉内廷,统筹绘画全局,康熙帝很满意他的工作②。全图 12 卷,绢本,各卷皆高 67.8 厘米,长短不一,最长的二千六百余厘米,短的也有一千五百多厘米。描绘的是康熙二十八年(1689 年)第二次南巡的全过程,始于康熙帝自北京起程,最南到绍兴,折回南京,止于返抵北京。其第 9 卷画面是康熙帝从杭州出发,渡钱塘江,到绍兴祭大禹陵的情景;第 10 卷绘南巡归途自句容至江宁的景况;第 11 卷紧接上卷画面,自江宁出发,

---

① 《历代帝鉴图说》版本甚多,其中吉林摄影出版社 2003 年节选版,有语体文释文。
② 李元度:《国朝先正事略》卷 34《王石谷先生事略》。

经仪征,到镇江,驻跸金山寺的历程。全图画面,反映南巡历史事件,巡幸仪式,接驾盛况,文艺表演,以及大江南北农村城市风貌,自然环境,船舶交通,城乡建筑,名胜古迹。该图有 5 卷藏在故宫博物院①。此图之外,尚有类似的《乾隆南巡图》、《盛世滋生图》(《姑苏繁华图》)。

　　郎世宁的《马术图》也是一个历史画卷。乾隆十八年(1753 年),准噶尔部达瓦齐与讷默库济尔噶勒混战于北疆,居于额尔齐斯河的杜尔伯特部台吉车凌、车凌乌巴什、车凌蒙克怕受扰害,率部东徙归附清朝,次年夏天,乾隆帝在避暑山庄接见三车凌,封他们为亲王、郡王、贝勒,赐宴万树园,欣赏火戏和马术表演。后两年,他们跟随清军,在平定达瓦齐、阿睦尔撒纳战争中立有功勋。避暑山庄中的接见,是乾隆帝处理与杜尔伯特部关系的政策的体现。《马术图》就是以绘画艺术反映这个政策的。郎世宁(Giuseppe Castiglione,1688—1766 年,天主教耶稣会修士、画家,意大利米兰人),康熙五十四年(1715 年)来到中国,为宫廷画家。《马术图》长 4.262 米,宽 2.234 米,描绘乾隆帝和杜尔伯特部首领观看马术表演,画面的东部是乾隆帝及其侍臣骑马观赏,北部偏东是杜尔伯特部首领数十人,前排者穿着清朝补服,西、南部是马术表演者的献艺。这幅图除突出乾隆帝外,就是给杜尔伯特部首领以显著地位。看这个历史画卷,可以加深对乾隆帝少数民族政策的理解。

　　清代人物画像有一些,散见在年谱、家谱中,或者零星存留,郑板桥就有画像、《行吟图》,《行吟图》今藏北京荣宝斋,比他稍晚的阮元书有《题板桥先生行吟图》,赞扬郑板桥:"板桥先生出宰潍县,爱民有政迹。余督学时,潍之士犹感,道之不衰。片纸只字,皆珍若圭璧,固知此君非

---

① 　参阅聂崇正、杨新:《〈康熙南巡图〉的绘制》,《紫禁城》1980 年第 4 期。

徒以文翰名世也。己卯夏,乡人阮元识。"①

　　清代有个人传记的图画书,《鸿雪因缘图记》即为其一。该书三集六卷,240 幅图和同样数量的记文。"记"为满人麟庆所写,"画"是他请人配制,描绘他的经历。麟庆生于乾隆五十六年(1791 年),卒于道光二十六年(1846 年),进士出身,历官内阁中书、河南按察史、贵州布政使、湖北巡抚、江南河道总督、署两江总督,图画记录他仕宦所经的江河巨川,旅游的古迹名胜,部分地表现出当时江山面貌、官场和社会风情。他所去之处,有的今已不存,如收藏《四库全书》的扬州的文汇阁,只可从中窥其一二了。该书由北京古籍出版社于 1984 年梓刻。

　　《清代学者象传》,叶衍兰作第一集,1928 年商务印书馆枣梨,为清代 169 人作画 171 帧,每人像后有小传一篇,其人物自顾炎武至魏源,以时代编排。出版后影响较大,各种清人传记书、文多于此取材作插图。叶恭绰续成二集,为清初钱谦益至清末梁鼎芬、李希圣等 200 人画像,1953 年椠刻。1989 年上海古籍出版社将两集合刊,取名《清代学者象传合集》。该书所绘所叙人物多系单人造像,而所叙事则是一群人,颇能反映当时文化界、教育界状况,如扬州马曰琯,为修《四库全书》献书独多,好客,结纳四方名士,像传之造像、小传均佳。亦有二人合为一幅的,如陈裴之与汪端、黄与坚与禹之鼎。已有学者专论此书——《清代学者象传研究》,指出该书不仅画像方面有价值,小传亦有内容,不可忽视②。

　　《清史图典》,清太祖太宗两朝一卷,其他朝则为每朝一卷,计 12

---

① 卞孝萱编:《郑板桥全集》,凤凰出版社 2012 年版,第 568 页。
② 何奕恺:《清代学者象传研究》,上海古籍出版社 2010 年版。

卷，朱诚如总主编，以图为主，配合以文字说明。2002 年紫禁城出版社印制。以故宫博物院藏品为主，摄制成图片，按照历史问题归类，图文并陈，比如顺治朝图典，分出战事、政务、民族、经济、文化诸篇。从图文并陈看，该书有点像图说清史，但其特色是图为主体，以图释史是主旨。读者的利用目标更在于此。实为有传世价值的图籍。

《御制恭和避暑山庄图咏》一书，是研究它的作者康熙帝和乾隆帝历史的某些侧面所不可或缺的史料。笔者将之作为视觉史料的事例，予以较多的笔墨。

康熙帝建设承德避暑山庄，内有 36 所建筑群，他为每一处所写作一首诗词和小叙，又撰《避暑山庄记》，于康熙五十年（1711 年）书竣，次年左都御史兼翰林院掌院学士揆叙等为诗作出注释，内阁侍读学士沈瑜为每一处所绘成图画，与康熙帝诗词相配合，于是《御制避暑山庄诗》书成。乾隆帝于乾隆六年（1741 年）巡幸热河，重读康熙帝诗，依韵唱和，成诗词 36 首，大学士鄂尔泰等对之加以注解，乾隆帝作"序"，使该书成为《御制恭和避暑山庄图咏》两卷。

该书有多种刻本。笔者所见，有康熙间内府套印本，分装四册，书题《御制避暑山庄诗》；香山徐氏摹本，大同书局石印，均书题《御制避暑山庄图咏》；其间又有线装二册和线装一册的两种本子，盖因字体大小不同而产生的差别，它与雍正帝的《圆明园图咏》合梓，又题《御制避暑山庄圆明园图咏》；武进陶氏涉园影印玻璃版印图本，系据乾隆六年（1741 年）版，印刷于 1921 年，线装二册，题名《御制恭和避暑山庄图咏》；河北美术出版社 1984 年本，据陶氏本影印，书题《避暑山庄图咏》，溥杰题签，平装一册。以上为汉文本，另外当有乾隆六年内府刻本，惟笔者未克目睹。满文本系内府刻本,线装二册,当是康熙间本子,南开大学图书馆将之列入善本书。不同的汉文本,除开本、字形之异外,目次上间有小的排列差异,惟康熙本仅有康熙君臣文字,其他版本并有乾隆君臣诗文。此书各版本题名不一,以《御制恭和避暑山庄图咏》较确切,笔者即取此一名称,简称《图咏》。

《图咏》的史料价值,可从三个方面来分析:

(一)提供承德避暑山庄史的直接史料

《图咏》对我们了解热河行宫建设的原因、行宫自然环境、行宫的建筑物及其特点、建筑群的寓意,提供了直接的资料。康熙帝的 36 首诗、叙和沈瑜的画,是对避暑山庄分体的和整体的描述,诗、叙虽然陈述得不那么具体,但与图画配合着观看,可以使我们获知康乾时代避暑山庄的结构、布局、风景的基本情况,把握其概貌;还可以获知皇帝在山庄理政、休息的处所,以便了解皇家的生活。《图咏》一书为避暑山庄前期的历史,提供了自然的和人文的资料,而且是形象的,所以更加可贵。它不仅有山庄史研究的学术价值,更有着现实的实用价值,它是山庄维修工程的重要参考文献。不过在热河建立避暑山庄的原因,需要交代一下。康熙帝四方巡幸,足迹遍及江浙、秦晋、辽吉、大漠南北,何以单单选择热河作为夏宫? 他在《山庄记》里说:"朕数巡江干,深知南方之秀丽;两幸秦陇,益明西北之殚陈;北过龙沙,东游长白,山川之壮,人物之朴,亦不能尽述,皆吾之所不取。"这些地方虽然各有美好之处,但经过比较,都不如热河。这是因为:第一,热河景色壮丽,得诸自然,揆叙等《跋》中说热河的山、水融为一体,"蔚然深秀",是把西北的雄奇和东南的幽曲结合在一起了,这样的自然条件适合于皇帝避暑的要求。第二,热河离都城较近,便于处理政事,这就是康熙帝讲的:"惟兹热河,道近神京,往还无过两日。"(《山庄记》)揆叙等说的:"山庄去京都至近,章奏朝发夕至,综理万几,与宫中无异。"(《跋》)北京的公文呈递热河、官员从京中去行在朝觐都比较方便,皇帝在热河,不会影响中央对地方政事的治理。可知热河以清凉避暑胜地的自然环境和地近京城的地理位置,有利于皇帝有效地处理政事,因而被康熙帝相中,建为避暑行宫。这个原因,虽有其他载籍的记录,但康熙帝在《图咏》中的文字最为直接可靠。

(二)提供康熙帝传记资料

记述康熙帝的史籍甚多,诸如官修的起居注、实录、本纪、玉牒等,私人的文集、笔记也有一些。这些文献记叙他从事政治、经济、文化活动,较多地保存他作为政治人物的历史资料,而他的私生活是怎样的,他对生活是什么态度,其人个性如何,这些文献所能供给的史料就很有限了。他的诗文集、上谕、朱批奏折可以多少弥补这一缺憾,而《图咏》能够反映他喜好游猎和游乐与政事兼理的生活,反映他好运动的个性,以及动中能静、动静结合的品格。

在中国历史上,君主的喜爱游猎历来被视作荒唐的行为,为舆论所不容,即被认为不遵守帝王规范,是荒淫之君,如《明史·武宗纪》批评好微行的明武宗"耽乐嬉游",朝鲜《李朝实录》抨击康熙帝游猎无度。康熙帝确实爱好游猎,南幸、西狩、东巡频频进行不说,他在京畿,往来于白洋淀、古北口。拿巡幸白洋淀来说,康熙三十一年(1692年)二月,三十二年(1693年)二月,三十三年(1694年)二月、五月,三十四年(1695年)五月,三十九年(1700年)正月、四月、十月,四十年(1701年)

二月、四月,四十五年(1706年)二月,四十八年(1709年)二月,五十八年(1719年)二月,五十九年(1720年)二月,六十一年(1722年)正月,多次成行,有时一年两次,甚至三次。去的目的虽说是视察永定河工程,但从事渔猎占着很大成分。对于这一点,时或侍行的皇四子即后日的雍正帝的诗歌——《雍邸集》中亦有反映。康熙帝喜好游猎,避暑山庄的建设为他实现这种嗜好创造了条件,所以说山庄设置本身证明康熙帝的游猎癖好。

传统的否定游猎的观念,对康熙帝的圣君形象不利。康熙帝不满意传统游猎观,但又不可能令它消失,于是给它以新的解释,或者说赋予新的内容,以说明他的北狩的合理性。他在《山庄记》文中强调,他的游幸休闲是为思考政事和建立太平盛世,他说:"一游一豫,罔非稼穑之休戚。或旰或宵,不忘经史之安危。劝耕南库,望丰稔筐莒之盈,茂止西成,乐时若雨旸之庆,此避居山庄之概也。"原来他乘山庄游憩之暇,思索裕民安邦的大事。这种观念在他的山庄诗里多所披露,如第一首《烟波致爽》诗云:"山庄频避暑,静默少喧哗。北控远烟息,南临近壑嘉。春归鱼出浪,秋敛雁横沙。触目皆仙草,迎窗遍药花。炎风昼致爽,绵雨夜方赊。土厚登双谷,泉甘剖翠瓜。古人成武备,今卒断鸣筇。生理农桑事,聚民至万家。"康熙帝认为他在山庄避暑,造成北方安宁、热河开发和民生发展。他又在《云帆月舫》词中咏道:"阁影凌波不动涛,接灵鳌。蓬莱别殿挂云霄,粲挥毫。四季风光总无竭,卧闻箫。后乐先忧薰弦意,蕴羲爻。"他身在避暑胜地,却自诩以先天下之忧而忧,后天下之乐而乐的精神谋划国事。休息与理政本来是两回事,怎么联系在一起了?原来康熙帝在游幸中观赏山川、林木、花鸟、虫鱼,品味动植物生生不息的缘故,联系到人类社会,从中悟出一些人生哲理,并运用到政事治理上。他在《山庄记》中总结这个道理,写道:"至于玩芝兰则爱德行,见松竹则思贞操,临清流则贵廉洁,览蔓草则贱贪秽,此亦古人因物而比兴,不可不知。"他用比兴的方法,由物及人,由观察自然界而分析人类社会,得到启示,用于行政。揆叙等人在《跋》中也说康熙帝到山庄休养一段时间后,"圣容丰裕,精神益健"。又说他"凭台榭则见茅茨不剪之意,观溉种则念稼穑之艰难,览花莳则验阴阳之气候,玩禽鱼则思万物之咸若……皇上敬天勤民与覆载同流之气象,可以照示天下,万世永永无极矣"。他们君臣同一论调,说明康熙帝热河休憩与勤政爱民的并行不悖。事实上,康熙帝是勤于政事的君王,通过游憩,更精神饱满地从事政务,自然不是耽于游乐的昏君。

《图咏》不避讳康熙帝的游侠,或者说康熙帝不在诗文中隐瞒避暑山庄优游的事实,因此说《图咏》具有康熙帝旅游、休憩生活的历史资料,反映康熙帝热爱生活、喜好游猎的性格。

(三)提供康、乾二帝关系史的资料

众所周知,乾隆帝打出效法康熙帝的政治旗号,《图咏》一书对此颇多表述。乾隆帝以续和康熙帝避暑山庄诗词缅怀乃祖。康熙六十一年(1722年),作为皇孙的乾隆帝随同康熙帝进驻避暑山庄,康熙帝时或召见他,他有时闻诏过度兴奋,从陡峭处奔向乃祖,康熙帝怕他摔坏,连忙让他好好走,这种园中的天伦之乐,使乾隆帝终身感念。他在和康熙帝《双湖夹镜》七绝中写道:"把笔试吟廿年事,秋风黄叶不堪题。"又在《云山胜境》诗中咏出"二十年前衣食足"的句子。"廿年""二十年",乾隆念念不忘。从康熙六十一年算起到乾隆帝写诗的乾隆六年(1741

年),恰恰是 20 年,乾隆帝浸沉在少年受恩的回忆中。当他旧地重游时,激起对乃祖更加深厚的怀念之情,他在《序》中说,今"身历其地,弥切音容如昨之感","抚今追昔,情不能已",因此恭和乃祖 36 景诗,"以志孙臣思慕之忱,与岁并增"。事情还不简单在思念之情的表露,更重要的是乾隆帝要表达继承康熙帝政治的愿望,所以在和《烟波致爽》诗中说:"祖制今犹在,金吾漫忆家。"《序》及和诗,显示乾隆帝对其祖的崇敬和事业的继承,《图咏》就成了康、乾二帝这种关系史的记录。

鄂尔泰等人的《跋》,再次说出了乾隆帝的心愿。它讲康、乾二帝在避暑山庄,"我皇上以文孙随侍,眷爱特隆","扶辇承欢,悉循家法",并在承欢之中学习到康熙帝的治政之术:"见扈游将士之同心一德,则念圣祖教育之深仁;见来朝藩部之献赆输诚,则念圣祖怀柔之远略。"这就告诉读者乾隆帝尊崇其祖,乃是师法康熙帝的政治,是要遵循圣祖成宪治理天下。

乾隆帝在和诗中,对康熙帝本人及其政治大加颂扬,讴歌他圣德无疆、皇恩浩荡、生民感戴和圣明天纵。在《甫田丛樾》五绝中说康熙帝恩泽惠予民间:"缅想雍熙治,深恩被闾阎。"在《云山胜地》中以百姓的名义感戴康熙帝:"二十年来衣食足,黔黎犹戴圣恩宣。"于《风泉清听》中赞扬康熙之治:"熙和六十一年代,编简犹垂雅颂音。"在《莺啭乔木》中以如椽之笔恭维康熙帝的文字功夫:"再历仙居游似梦,重瞻睿作笔如杠。"

康、雍、乾三帝的政治有所不同,康熙帝政尚宽仁,晚年不免有废弛之弊;雍正帝矫之以严猛为治,遂有残暴之咎;乾隆帝补之以宽严相济,而在表面上倡导宽仁,不便明确宣布更张其父之政,而以法祖推行他的政治主张，所以他讲与康熙帝的深厚感情，颂扬康熙朝政治，实质上是宣扬他的治国方针。《图咏》这方面的文字，是说明康、乾关系史的好材料。

综上所述，《图咏》一书，以含有康熙、乾隆二帝关于避暑山庄的诗词序文及大臣的图画和跋文，为后人对避暑山庄的复原、维修保存了蓝图，有很大的实用价值。它还有史料价值，即为避暑山庄史的研究保留了第一手的原始材料，为康熙帝个性和游猎史，为乾隆帝与康熙关系史的研究，提供一些史料，以补充这方面资料的不足，以便我们将康熙帝史、康乾关系史的研究来得丰满一些，把康乾时代的历史特点剖析得深入一些。作为以诗词图画为主要内容的《图咏》一书，其史料价值诚可宝贵。

与《御制恭和避暑山庄图咏》同类性质的《圆明园诗图》，系乾隆帝作诗，鄂尔泰、张廷玉等作注，鸿胪寺序班孙祜、沈源绘图 40 幅，写该园 40 景。这是圆明园史的珍贵资料。由于园林已毁，它的图画就成为该园的历史见证。该书有内府本，光绪十三年(1887 年)天津石印书屋摹勒本。

第六节　关于清史的演义

演义，是所谓历史小说，多半是章回体的，它与笔记小说不同，也与历史演义以外的小说不一样。演义，多富有故事情节，有艺术性，一般能吸引较多读者，比容纳较多资料的史籍，比真实性较强的历史著作，有时还要引起读者的兴趣，它能不能提供史料？对这个问题，本书似乎也应当有所论及。还是通过几部演义来说明吧。

蔡东藩著《清史演义》，成于 1916 年，上海会文堂新记书局印行，1980 年江苏人民出版社重印。蔡是历史学家和演义作者，不满于当时用宫闱传闻，"横肆讥议"清朝历史的状况，主张实事求是地编写演义，自云"几经搜讨，几经考证，巨政同期核实，琐录亦必求真"[1]。终将清朝自开国至灭亡的一代历史，写成 100 回的演义。蔡氏尽管态度严肃，但叙事亦有真有假，即如第 20 回叙董鄂妃事，即以其为"南中汉人，被掳北去，没入宫中"，受顺治帝宠幸，基本上是按董鄂妃即董小宛的谬说写的，当然不合实际。第 37 回写香妃事，全据俗传，还拉上和珅从中牵合乾隆帝与香妃关系，纯系子虚乌有之事。

这部书尚且如此，等而下之者哪堪细说，燕北老人于 1919 年作《满清十三朝宫闱秘史》，自称幼年在京听宫中苏拉闲谈，集为资料，陈鹤炜为之作序说："搜访既确，去取尤严，无一字不有来历，即无一字不加斟酌，褒贬悉本原文，异同间或并列。"纯系溢美之词。孙剑秋撰《吕四娘演义》，写吕四娘为祖（吕留良）、父（吕葆中）报仇，进宫刺杀雍正，取了人头回乡祭奠。书贾广告说："书中可惊可骇之事迹和本领，都是实录。"此之谓"实录"，同其本意不啻相去十万八千里。薛月楼《清宫故事》，12 卷，原载《新天津报》，以慈禧为中心线索，讲宫中故事和满人风俗，如谓京中汉人给满人编了八句曲儿："树小房新画不古，此人定是内务府。话大礼长见钱急，此人必是外八旗。架鹰玩狗下茶馆，花完钱粮白瞪眼。讹人设赌拆庙宇，宗室觉罗不讲理。"七峰樵道人的《七峰遗编》，顺治五年（1648 年）成书，60 回，叙述清军占领常熟过程和当地绅

---

[1] 蔡东藩：《清史演义》，江苏人民出版社 1980 年版，"自序"。

民反抗斗争。墅西遗叟的《过墟志感》,成于康熙十五年(1676 年),叙清军入常熟掳走黄亮妻刘氏,后成豫亲王多铎侧福晋。《七峰遗编》《过墟志感》二书均收入《虞阳说苑》。

历史演义不能当史料读,但却能起传播某些历史知识的作用。笔者认为初学历史的人不妨读一点演义,它至少可以告诉一些人物和历史事件的名称,对阅读史书是不无好处的,此其一;其二,知道某些流传于社会的违背历史真实的故事来于何处,有利于去作澄清工作。当然,这种阅览必须防止先入为主,防止记忆差错、以假乱真。

第十二章　有关清史的类书、丛书和图书目录

载籍浩繁,无从悉知,更读不胜读;载籍散乱,寻觅不便,甚或无从阅览。为克服这些困难,需要对书籍进行整理,因之丛书、类书、工具书、图书目录应运而生。清史浩如烟海的图籍,清代及民国以来学术界对之渐有整理,类书、丛书、图书目录相继问世。

第一节　类书和史料摘编

类书,是采集各种图书的资料,按反映事物的性质分类编辑成书。它可以分为两种,一是类辑各种事物的资料成为一书,具有百科性质;一是专辑一事物的资料,即是单科性的,但以前一种为多。最早出现的是曹魏时期编辑的《皇览》,至唐宋有较大发展,产生《艺文类聚》《太平

广记》等名著,到明初辑成我国古代最大的类书《永乐大典》,可惜已几乎全部亡佚。清代官私所辑类书,据《清史稿艺文志及补编》著录,有146部,一万三千八百余卷。又据吴枫的《中国古典文献学》所讲,六朝至清末,类书约有六百余部,除散佚外,今存200种左右①,是则今所存者大部分是清人耕耘成果了。类书汇集资料,可用作工具书备查检,也可作资料书阅览。

清代的类书,以《古今图书集成》最为著称,它有1万卷,是我国今存最大的类书。此书肇端于学者陈梦雷,他于康熙后期侍从诚亲王允祉,编书三千余卷,康熙帝书写"松高枝叶茂;鹤老羽毛新"联句赐之②。雍正朝又继诚邸诸人续辑。雍正帝嗣位,以陈氏党恶允祉,流放辽阳,派户部尚书蒋廷锡督修,至雍正四年(1726年)成,据雍正帝讲,蒋廷锡等"厘定三千余卷,增删数十万言"③。雍正帝赐名"御制",而蒋等上成书表则云"钦定",都是指康熙帝裁定而言。此书应是康熙时期基本修成,雍正间略事删改定稿。全书分编、典、部三级类目,为6编、32典、6109部,其编、典目录为:

历象编:乾象典、岁功典、历法典、庶征典;

方舆编:坤舆典、职方典、山川典、边裔典;

明伦编:皇极典、宫闱典、官常典、家范典、交谊典、氏族典、人事典、闺媛典;

博物编:艺术典、神异典、禽虫典、草木典;

① 吴枫:《中国古典文献学》,齐鲁书社1982年版,第132页。
② 李桓辑:《耆献类征初编》卷116,陈寿祺撰传。
③ 《古今图书集成·序》。

理学编：经籍典、学行典、文学典、字学典；

经济编：选举典、铨衡典、食货典、礼仪典、乐津典、戎政典、祥刑典、考工典。

其六编，以天文为先，地理次之，再次则人伦、博物、思想观念和文化，最后是典章制度。于人间事及自然界无所不包。其部之下，有的又分项目。每部分量不一，少的不及一卷，多或至数百数十卷。每部叙事，依时间顺序，一条条分陈，每条先书资料出处，次书摘录的文字，叙事起于上古，止于康熙朝。王

《古今图书集成·乾象典》第 1 卷

利器在《中华书局、巴蜀书社出版〈古今图书集成〉的意义和贡献》①一文中对该书作了高度评价，说它"具有广博的知识性，格致的科学性"，其辑录文献，"左右采获，中外不遗，今古俱陈，图文并茂，实为中国第一部大百科全书"。此书在编辑上的科学，表现之一是不再按古人以韵分类的成法，而采取以事分类法，即依资料所反映的事物内容作归类编辑。李宗邺在《中国历史要籍介绍》中讲到它的价值，谓其分类详细，编排系统，因之便于查考；材料丰富，《边裔典》《闺媛典》《食货典》《考工

---

① 王利器：《中华书局、巴蜀书社出版〈古今图书集成〉的意义和贡献》，《人民日报》海外版1986 年 5 月 18 日。

典》尤足珍视,《经籍典》对于史学研究参考价值大①,是有道理的。笔者认为,它对于清史研究的意义,其一是提供一部分清史资料,如《职方典》卷 676《苏州府部·嘉定县志》的下述资料,就是很难得的:

> 嘉民十室九空,然习而健讼,其风大半起于田土。夫时值有贵贱,岁月有远近,贱价而添,年近而赎,亦恒情也。乃有田价每亩贵至六七两,岁月远至二三十年者,在时值每亩不及二三两,一种刁徒吓诉求添,动以侵占为名,甚之捏称人命,一词在官,草野愚民其家立破。但使得主不愿添者,止许回赎,则刁风自止,此亦息讼之大端也。

另一是它因汇集历代有关资料,阅之可见到前代的情况,便于作纵贯的研究。《古今图书集成》于雍正间由武英殿印出铜活字本 64 部,每部装订 5000 册,汇为 510 套,别有目录 40 卷,分装 20 册,聚为二帙②。乾隆间毁铜活字铸钱,遂不能续印,迨至 19 世纪末之后,得到多次印刷机会。1888 年上海图书集成印书局出版排印本;1894 年上海同文书局出版石印本 100 部,并附《考证》;1934 年上海中华书局推出影印本,分装 808 册;台湾艺文印书馆印成精装 79 册行世;台北文星书店影印本,1964 年问世;1984 年起北京中华书局与巴蜀书社联合出版影印本,题陈梦雷编纂、蒋廷锡校订,附录杜仲湘等编制的多种索引,即经纬目录、部名索引、图表索引、人物传记索引、职方典汇考索引、禽虫草木二典释名索引、笔画检字,合装一册,考证一册,正文和目录 80 册,总计 82 册。

---

① 李宗邺:《中国历史要籍介绍》,上海古籍出版社 1982 年版,第 473—475 页。
② 张廷玉:《澄怀园语》卷 3。

国家图书馆出版社 2009 年印行《古今图书集成》，3 册，署名陈梦雷、蒋廷锡编著。

补充《古今图书集成》的类书已有问世。杨家骆主编《古今图书集成续编初稿》，台北鼎文书局于 1977 年开始出版，笔者所见有《选举典》《官常典》《岁功典》《经籍典》《食货典》等。《选举典》从《清史稿·选举志》、光绪《大清会典事例》卷 329—406、齐如山《中国的科名》、朱汝珍《词林辑略》、严懋功《清代馆选分韵汇编》、盛朗西《中国书院制度》等书中选材，影印，精装 3 册。《官常典》取材于《清史稿·职官志》、《钦定历代职官表》、光绪《大清会典》、《清朝续文献通考·宪政考》等书，影印，2 册。《食货典》，即《中国经济史料·清代编》，选材于《清史稿·食货志》《清实录》经济史料，分类编辑，类别为：总类；农工（耕荒、屯田、圈地、农产、蚕桑、农林及渔业、其他）；畜牧；手工业（铜铅鼓铸、冶铁、采煤等）；近代工业；交通；商业及利息；对外贸易附外贸的收入，财政；赋税；盐务；漕运。杨氏并作长篇识语。该书为补《古今图书集成》而作，纯取清史资料，虽编选较粗糙，但对清史研究者提供了利用的方便。

陈元龙编著《格致镜原》。作者官正詹事，康熙四十三年（1704 年）归养浙江原籍，在范缵、黄之隽等帮助下完成此书。共 100 卷，分 30 类，为乾象、坤舆、身体、冠服、宫室、饮食、布帛、舟车、朝制、珍宝、文具、武备、礼器、乐器、耕织器物、日用器物、居处器物、香奁器物、燕赏器物、玩戏器物、谷、蔬、木、草、花、果、鸟、兽、水族、昆虫。每类下又区为若干目，如冠服类属目有：

> 冠：总论，历代冠制，妇人冠，外国冠，仙道冠；
> 冕：总论，历代冕制；

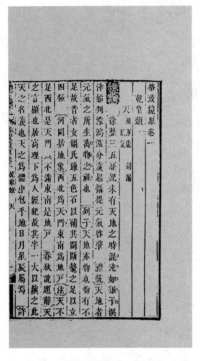

《格致镜原》卷 1

弁；

巾；

帻；

幞头：附帩头，帕头；

帽：附帢，接蓠，幂蓠；

笠；

衣：总论，历代衣制，法服，诸衣名类，雨衣，妇人衣，仙释道衣；

裘：总论，名类，古人裘；

袍：总论，名类，古人袍；

袄：战袄；

衫：汗衫，襦，附袖；

半臂；

帔；

袜（mò）；

带：总论；历代带制，带名；

佩：总论，古人佩，附彩缕、觿、刚卯；

绋；

裳：总论，古人裙；

裤；

袜（wà）：附膝裤，裹脚；

履：总论，古人履，附屦、舄、鞋、屝；

靴；

展：附诸服饰。

该书一项一项地罗列人类社会和自然界万物的资料，加以考订，说明其原委。每引一种古籍，注明资料出处，偶有遗忘，亦必交待这是某人所说的话。它有雍正十三年（1735 年）刻本，光绪间石印本。

王初桐辑《奁史》，100 卷，成于嘉庆初年。编者自称读古籍近万种，从 3000 种中辑录有关妇女的文字，仿《太平御览》体例，分类编排。其分门、类为：

夫妇门：夫妇，夫，妻，丧妻，寡妇，附录；

婚姻门：婚姻，嫁娶，媒，择，缘，婚礼，附录；

统系门：后，太后，女主，妃，内职，宫人，公主，驸马，太子妃，王妃，外命妇，女冒男官，女土官；

眷属门：母，保傅乳母，祖母诸母外祖母，女，侄女孙女侄孙女外孙女，女婿，姊妹，姑，姑妇，娣姒姑嫂叔嫂弟妇，亲戚；

妾婢门：妾，婢；

娼妓门：妓，妓居，妓家称谓，娼家魔术，落籍，从良，出家；

肢体门：体，头面属，四肢，肌骨心魂类，汗泪类，附录；

容貌门：容色，态度，举止，

肖行；

嘉庆刊本《奁史》序

性情门：性情，德，凶德，不妒，七情；

蚕织门：女工，蚕织；

针织门：针线，教刺绣之变；

井臼门：操作；

文墨门：学术，书籍，著作，诗，文，书法，镌刻，画，纸墨笔砚，印；

干略门：勇武，武具；

技艺门：技艺；

音乐门：音律，乐器，歌舞；

姓名门：姓名；

事为门：事为，岁节，风怀；

诞育门：孕，孕之异，产，双生，产之异，产仪；

术业门：三姑六婆；

衣裳门：衣，下服；

冠带门：冠，带；

袜履门：袜履；

钗钏门：首饰，插花，耳环，臂环，指环；

梳妆门：梳，梳具，沐，沐具，妆，妆具；

脂粉门：脂粉；

宫室门：宫室，居处，冢墓；

床第门：床帐，被褥，席枕；

饮食门：饭食，饮，食，肴，食之异，菜，果，烟，药；

器用门：器，舟车；

　　绮罗门：绮罗；

　　珠宝门：珠玉，金银，钱财；

　　兰麝门：香，香器；

　　花木门：花，木，竹，草；

　　禽虫门：鸟，兽，虫；

　　仙佛门：仙，仙经，乩仙，神，鬼，妖，信佛，佛经，观音。

　　该书罗列从上古到清代的资料，对研究女子和家庭史，甚便于检索。

　　《皇朝政典类纂》，席裕福等编辑，光绪二十九年（1903 年）成，上海图书集成印书局铸印，台湾文海出版社收入《近代中国史料丛刊续编》，为第 88 辑，分装 10 册。席裕福认为当时的政治家应当讲经世之学，而这种学问不是迎合时尚的空谈，"必通知天下之大势，贯串当代之故实，自根流叶，循源达委，由中逮外，相消相引，参验稽决而并汇于一途"①。所以从当代诸家著作中钩稽政治经济方面的资料，汇为一编。他所取材的书籍有历朝圣训、《清三通》、《清一统志》、各种则例、《东华录》、诸家文集、笔记、各种方略、与各国条约。全书 500 卷，一千余万言，反映清朝开国至光绪间历史。取分类汇编法，总类有田赋、户役、水利、漕运、钱币、盐法、征榷、市易、矿政、仓库、国用、选举、学校、职官、礼、乐、兵、刑、象纬、方舆、邮政、外交。下分细目，如户役类分户口丁中、八旗户口、秀女、奴婢、职役诸目；职官类分官制、封爵、在京文武官、直省文武官、土官，附僧道官、勋官、封阶、禄秩、官品等目。该书资料丰富，分类清楚，便于检索，但不注明所录资料的成书时间，使读者不易明了该

---

　　①　《皇朝政典类纂·序》。

资料反映清代什么时期的事情,如田赋类录《赋役全书》资料,不交待何时修的《赋役全书》,因此讲的赋役数字,读者无从知晓那一年代的,因而使它的使用价值大为缩小。

《清稗类钞》,编辑者徐珂"从贤豪长者游,习闻掌故",平日阅读笔记、书报,辄作摘抄,有所见闻亦随笔记录,遂将它们汇纂为书,1916年底告成。全书三百多万字,一事一条,计有一万三千五百余条,分编为92类。类目为:时令、气候、地理、名胜、宫苑、第宅、园林、祠庙、帝德、恩遇、巡幸、宫闱、朝贡、外藩、阉寺、外交、礼制、度支、屯漕、教育、考试、兵刑、战事、武略、狱讼、吏治、爵秩、幕僚、荐举、知遇、隐逸、谏诤、箴规、讥讽、诙谐、种族、宗教、婚姻、门阀、姓名(附字号)、称谓、风俗、方言、农商、工艺、孝友、忠荩、敬信、义侠、技勇、正直、贞烈、谦谨、廉俭、狷介、豪侈、才辩、明智、雅量、异禀、容止、情感、疾病、丧祭、师友、会党、著述、性理、经术、文学、艺术、鉴赏、方伎、迷信、方外、赌博、音乐、戏剧、优伶、倡妓、胥役、奴婢、盗贼、棍骗、乞丐、动物、植物、矿物、物品、舟车、服饰、饮食。它分类细致,将清朝一代各种制度、各种职业人员的活动都包括进来。每类之中叙事以年次为先后。该书提供事实多,且便于检查,但出于笔记者多,不实成分大,更兼材料芜杂,精湛不足,远不能反映清

民国商务印书馆
《清稗类钞》第1册

朝一代的典章制度。该书于 1917 年由商务印书馆印行，分装 48 册。中华书局于 1984 年开始重印，分装 13 册，已于 1986 年出齐。

《古今笔记精华》，上海古今图书局编辑，1915 年出版。编者从汉魏至明清的五六百种笔记和其他体裁的书籍中采摘资料，每条说明一事、一人、一理，分类汇集成书。类目为史谈、事原、古迹附游记、风俗、谚语、方言、豪杰、文士、神童、美人、妓女、优伶、方技、文艺、武术、音乐、美术、趣事、歌谣、仙佛、鬼怪、草木、禽兽（附虫鱼）、琐闻，共 24 类，各为 1 卷。每条资料，注明原书。所选资料，较有意义，且因克服笔记分类不清的毛病，便于读者检阅。书名"精华"，不无一定道理。惟录有方志图书资料，不纯为笔记的，在体例上讲不算严整。

《通商约章类纂》，35 卷，徐宗亮等编辑，光绪十二年（1886 年）成书，1898 年北洋石印官书局印行，文海出版社收入《近代中国外交史资料汇刊三十种》，影印，分装 10 册。所收文献以条约章程为主，奏颁章程、通行成案亦行收入。文献形成时间上自康熙二十八年（1689 年），下迄光绪十一年（1885 年），分总类和吏、户、礼、兵、刑、工各类，计 7 类 17 门。徐氏的编纂适应官方外交活动的需要，故李鸿章为作序文。今日研究中外关系史，较易从中获取签约过程和条约内容的资料，为进一步研究创造条件。

徐书问世不久，光绪帝命各省纂辑同类文献，以便颁给州县参考，湖南道员蔡乃煌等乃辑成《约章分类辑要》，38 卷，光绪二十六年（1900 年）湖南商务局刊刻，文海出版社亦收入《近代中国外交史资料汇刊三十种》。分 13 门 29 类，其门为订约、交际、传教、口岸商务、内地商务、禁令、狱讼、佣工、疆界、偿恤、租建、行船、路矿电线，附邮政章程、赛会章程，另有四表七图。

《清朝野史大观》，小横香室主人编，中华书局 1936 年出版，1981 年上海书店重梓。取材于官书、方志、文集、笔记史料和小说，计 140 种，将所辑资料分为 5 辑，即清宫遗文、清朝史料、清人逸事、清朝艺苑、清代述异，每类 1 册，共 5 册。

国家图书馆出版社辑《丛书人物传记资料类编·仕宦卷》，4 册，国家图书馆出版社 2010 年出版。

李慈铭《越缦堂日记说诗全编》，张寅彭等编校，凤凰出版社 2010 年出版。

类书的编纂，至近几十年有个大发展，或者说有所衍化，形成文摘汇编体。类书按内容采编资料，其构架随内容而定，而其内容并未能完全按照事物性质作科学分类，或者说作的分类比较粗糙，即以《古今图书集成》而言，其经济编中下属八典，惟食货、考工二典属之合理，其他选举、铨衡、礼仪、乐津、戎政、祥刑六典不应在其列，从总体设计看可以大大斟酌。又如《清稗类钞》，分出 92 类，缺乏归总，显得分散。这种分类，皆因对历史事物的认识尚需提高所致，如《古今图书集成》强调天命天理观念，故将《历象》置于首编，把人际关系规范的内容命名为"明伦编"。现代人对历史的认识比前人有了提高和深化，而且也有时代的烙印，再编类书，出现两个特点，一是题材相对过去"集成"式的要少，也就是说类书编辑得多，研究的课题方向多，题目相应缩小；二是与第一点相联系，类书的结构较前合理，具体细致，章节目清晰，研究者若加工这种构架下的资料，几乎可以形成专著。事实上，有的文摘汇编，就是编辑者专题研究的副产品，是他们为专题研究搜集的史料的编排成果。因此，笔者认为与其说这种图籍是类书，毋宁说是文摘汇编更好。文摘汇编既提供专题史料，又给读者以提纲式的启发，对读者具有这种双重功用，当是读者乐意于阅览的。下面介绍近几十年问世的几部清史资料文摘汇编，以见笔者所说的根据。

《中国通史参考资料·古代部分》第8册《封建社会（七）——清（鸦片战争前）》，郑天挺主编，中华书局1966年枣梨。《中国通史参考资料》，系翦伯赞、郑天挺主编，按断代分册出版，供大学历史系本科生学习使用，鸦片战争前清代册是全书的一部分。该册编者从111种图籍摘出资料，分六节编排，为一"清代多民族统一国家的巩固和发展"，二"清代封建统治的加强"，三"清代社会经济的发展"，四"各族人民的反封建斗争"，五"清代的对外关系"，六"清代文化的成就"。它的框架细腻，多到五级目，如清代社会经济的发展，其下（三）商业的发展，再下2.对外贸易，次为（1）行商和外洋，再次甲行商、乙外商，每条资料之尾，注明其来源。翦氏、郑氏主编之《中国通史参考资料》的近代部分由龚书铎主编，选录反映1840—1919年历史的文献，依近代史上几个大问题分类，编入的是节选文章，与清代部分的摘录资料方法不同。

《康雍乾时期城乡人民反抗斗争资料》，中国人民大学清史研究所、档案系合编，1979年中华书局出版。选材于档案史料，兼及方志、文集、官书，分章、节、目、子目、细目五级编排资料，其提纲反映编者的观点，摘录于下：概述；第一章"农民的反抗斗争"，第一节"抗租和争田"，第二节"反克扣工钱"，第三节"夺粮"，第四节"抗粮与反科派"；第二章"奴婢制度及奴婢反抗斗争"；第三章"手工业劳动者和城镇商民的反抗斗争"；第四章"农民起义和农民战争"。

《清代地租剥削形态》《清代土地占有关系与佃农反抗斗争》，中国第一历史档案馆与中国社会科学院历史研究所合编,中华书局分别梓行于 1982 年、1988 年。编辑者从中国第一历史档案馆藏档"内阁全宗·乾隆朝刑科题本"中选录资料,编辑《乾隆刑科题本租佃关系史料》,这里说的是其中的两种。前书共收题本 399 件,分地租(劳役租、实物租、货币租)、押租制、永佃制、转租、额外剥削、其他 6 类,每类依档案形成时间顺序编排。后书收入史料 279 件,其中土地买卖、典当类 26 件,大土地占有 12 件,佃农要求减租及反对增租 12 件,反对逼租 25 件,反对夺佃 9 件,其他 12 件。

《明清徽商资料选编》,张海鹏、王廷元主编,黄山书社 1985 年出版。民谚"无徽不成镇",徽商无往不至,在清代商业史上,以及社会生活、文化艺术等方面都有不小的影响,此书汇编徽商史料,有便利读者之功。取材于二百三十余种各类体裁的历史文献,其中家规、族谱近百种,此类书不易搜求,可知编者用力之勤。提纲甚详明,录于下:

第一章　明清时期的徽州社会

　　第一节　自然环境

　　第二节　风俗习惯

第二章　徽商资本的来源与积累

　　第一节　资本来源

　　第二节　资本积累

第三章　徽商经营的行业

　　第一节　盐业

　　第二节　典业

　　第三节　茶叶业

看这个纲目，以为这是一部学术专著，表明编者把摘录的资料进行消化之后才作出编排,对读者自不乏其启发性。

《明清苏州农村经济资料》,洪焕椿编,江苏古籍出版社1988年鑿刻。清代苏州地区史是国内外史学界热情关注的课题,此书编辑的学术意义显而易见了。编者从方志、官书、文集、笔记、档案、契约、簿册中,广收资料,类编为八章,章目为:一"自然环境和人口增减"、二"土地资源和占有形态"、三"粮食生产和经济作物"、四"多种经营和副业生产"、五"农村市镇和物资交流"、六"农业灾害和水利建设"、七"田赋征派和南粮北运"、八"租佃关系和农民生活"。洪氏为方志学专家,平生勤于搜集资料,此书为其辛劳结晶,而献给读者的则是经过精心分类的宝贵资料。

《嘉兴府城镇经济史料类纂》,浙江省社会科学院历史研究所、经济研究所,嘉兴市图书馆编印于1985年。《湖州府城镇经济史料类纂》,陈学文编辑,1989年出版。太湖之滨的嘉、湖二府,与前述苏州一样,在清代是经济发达地区,该地城镇经济史值得认真研究。陈氏等搜集二府自上古迄于1911年的经济史资料,分为文献资料与碑刻资料甲乙二编。甲编按府、县为单位分编资料,府、县下一般又分成九或十类,即一"建置"、二"规模"、三"人口"、四"物产"、五"交通运输"、六"手工业和工业"、七"商业贸易"、八"赋税"、九"社会组织"、十"其他"。二书虽不专为清史研究汇集资料,然其中所收录的仍以清代文献为多,故仍是清代区域经济史的良好的资料汇编。

《中国近代手工业史资料(1840—1949)》,彭泽益编,为中国科学院经济研究所《中国近代经济史参考资料丛刊》第4种,1957年生活·读书·新知三联书店初版,1962年中华书局增订版,4卷4册。彭氏根据近代社会经济历史变化的趋势,将中国近代手工业划分为六个发展阶段:(1)17 世纪后半期至 19 世纪 40 年代,(2)19 世纪 40—60 年代,(3)19 世纪 70—90 年代,(4)19 世纪末至第一次世界大战,(5)20 世纪 20—30 年代,(6)20 世纪 30 年代末至 40 年代末。据此,将所掌握的资料编辑为六编,编下再分章、目、子目。编、章、目均反映编者的学术观点,如第一编“十七世纪后半期和十九世纪四十年代前中国封建社会手工业者匠籍身份的解放与手工业资本主义生产的起点”,第一章“十七世纪三十年代以来中国封建社会手工业的生产技术水平”,一“明清以来中国手工业的生产工具和制造方法示例”,二“中国手工艺的技术成就”,三“中国手工业生产技术的保密与传播”;第四章“清代手工业商品生产和资本主义生产的起点”,一“手工业商品生产的发展和商业资本对小生产者的控制活动示例”,二“各地各业中的大作坊和手工工场的经营情况”。以此认识而编排一条条资料,并注明来源。彭氏又制作了许多图表,物化了一些研究成果在内,读者可以按目索骥,获取资料。

《中国近代农业史资料》,李文治编,生活·读书·新知三联书店 1957 年出版。此书性质与价值,对读者的作用,与前述彭编相近,惟内容一是手工业一是农业的区别。

《孔府档案选编》,中国社会科学院近代史研究所民国史研究室与曲阜文管会合编,中华书局 1982 年印行。主要选录档案,兼收文献和碑刻资料。材料依反映的历史问题分为七类,即七章,下设节、目、子目,如第二章“孔府的土地与户人”,其下第七节“孔府的佃户与庙户”:一“佃户”,1.“‘钦拨’佃户”、2.“屯地佃户分为实在户与寄庄户”、3.“佃户负担”、4.“佃户对孔府的依附关系”;二“庙户”,1.“庙户的来源及其职责”、2.“庙户负担”、3.“庙户对孔府的依附关系”。每条资料注明出处。

这个选编分类较细,为孔府史研究初步选择了史料,对读者自会有益。

《清代的旗地》,中国人民大学清史研究所、档案系中国政治制度史教研室合编,中华书局 1989 年梓行。选材于档案及各种文献,分七章,在章、节、目下实以资料,并书明来源。圈地是清初五大弊政之一,所形成的旗地,以及后来旗地的买卖、管理是一个社会问题。该书把有关资料作了归类,读者查找较为便利。如第一章"旗地的形成":第一节"圈占",一"有关圈地的谕令"、二"圈地情况"、三"拨补";第二节"投充",一"对投充的规定和议论"、二"投充情况";第三节"因圈占和投充引起的各种问题",一"社会的动荡不安"、二"对行政管理和赋税的影响"。初步形成圈地史的提纲。

《京剧历史文献汇编·清代卷》,傅谨主编,凤凰出版社 2010 年出版。据介绍,搜罗文献全备,精心校勘。

《辛亥革命稀见史料汇编》,阳海清等编,中华全国图书馆文献缩微复制中心 1997 年出版。

台北"中研院"近代史研究所于 1957 年至 1991 年编印《中国近代史资料汇编》,计 13 种,含清末及民初的史料,其关于清史专门问题的列表于下:

书名	分册书名	反映历史时代	精装册数	出版年代
海防档	购买船炮 福州船厂 机器局 电线 铁路	1861—1911	9	1957

续表

书名	分册书名	反映历史时代	精装册数	出版年代
矿务档		1865—1911	8	1960
中法越南交涉档		1875—1911	7	1962
道光咸丰两朝筹办夷务始末补遗		1842—1861	1	1966
四国新档		1850—1863	4	1966
中美关系史料	嘉庆、道光、咸丰朝		8	1968—1990
	同治朝			
	光绪朝			
近代中国对西方及列强认识资料汇编		1821—1911	10	1972—1990
清季中日韩关系史料		1864—1911	11	1972
教务教案档		1860—1911	21	1974—1981
胶澳专档		1897—1912	1	1991
保荐人才、西学、练兵		1877—1913	1	1991

第二节　丛书史料

在前面的章节里,已经不止一处说到相关丛书,这里将对丛书特征、清史主要丛书稍加陈述。丛书是汇集两种以上著作,依照一定体例编辑的图籍。因其所选内容的差别,有两种类型。综合性的,包含各学科的书籍。专类性的,其中又可分断代的,专刻一个朝代的著述;地域的,合刻一个地方人的作品;专人的,汇集一个人的各种著作①;专门学问的,合刻关于某一种学科的书。丛书编辑者往往对所收书籍作出说明,枣梨时可能对原作进行删节,或只收录一小部分。丛书将零散作品汇于一处,保存了书籍,也便于读者观览,是保存史料的好方法,但有删削的就不能使读者见到原貌,减少了它的使用价值。丛书起源于南宋俞鼎孙、俞经编的《儒学警悟》,明代丛书出现的多了起来,清代更盛,其代表作就是《四库全书》。

乾隆三十八年(1773年)开馆从事《四库全书》的编辑工作,监修是皇子亲王永瑢,他精于绘画,懂得天文历算,是有高度文化素养的贵族。实际主持是内阁学士、礼部侍郎纪昀,学者陆费墀、陆锡熊、戴震、邵晋涵、王念孙、姚鼐、翁方纲、周永年,以及大学士于敏中等做了大量的整理工作。至四十七年(1782年)基本完成,参加编辑和抄写的人员多达四千一百余人。编选过程中,对搜集图书下了很大力量。所收的图籍有五个来源:一为各省征集采购的书,叫"采进本";二为藏书家进呈的,曰"进献本";三为宫中藏的旧刻本和抄本,称"内府本";四是清朝敕修的官书,名"敕撰本";五是从《永乐大典》辑佚的,是为"永乐大典本"。编辑中,纪昀等人根据乾隆帝控制思想文化的政策,对一些古籍作了篡改,禁毁。对保存的书籍,依照经、史、子、集四部分类法进行分类,故书成命名《四库全书》。该书共收进先秦至乾隆间的图书3461种,79309卷,分装36358册。全书先后抄成七部,加上底本计为八部,分藏于七处:皇宫文渊阁、圆明园文源阁、盛京(今沈阳)故宫文溯阁、承德避暑山庄文津阁、镇江金山寺文宗阁、扬州大观堂文汇阁、杭州圣因寺文澜阁。

---

① 这就是全集,本书在第六章文集部分已接触到,这里不再涉及。

每阁一部。前四处为内廷四阁，或称"北四阁"，后三处则为"南三阁"，或称"江浙三阁"。文津阁备皇帝阅览，南三阁则供江浙士人披读。《四库全书》的编辑，保存和整理了图书，汇集了古代典籍的精华，总结了我国古代丰富文化典籍遗产，颇具历史价值：第一是保存典籍，避免亡佚；第二汇聚图书，便于阅览；第三所收图书是古籍精华，成为体现中国古典文化的重要形式，或者说是主要载体之一，今人可以从中检索中国古代灿烂文化的各个领域的成果；第四在整理方法上，辑佚、校勘、目录诸方面，对后世学术界有较大影响。但是编辑中篡改、删削、毁禁书籍，多达三千余种，接近所收书的数量，这是对古代文献的一种破坏，同时对经济、科技类及反映民众生活的图书注意不够，是它的消极影响和缺失。应该说它是清朝国力强盛、经济发展和强化思想文化统治的产物。它的七部抄本，后来毁坏了三部半，今存三部半，一在北京，一在兰州，一在台北，半部在杭州，不过它已由后人补齐，所以今天实有四部。同时七部书中，由于抄写时的疏忽及抄后的局部修改，因而在文字上有少量的出入。

《四库全书》当时没有印本，但是乾隆间于其中选择尤其精好的抄录 12000 卷，一式二份，一藏大内摘藻堂，称《摘藻堂四库全书荟要》，一藏圆明园味腴书屋。乾隆间，武英殿修书处陆续印刷一部分宋元版书及其他书籍，计 138 种，称为《武英殿聚珍版丛书》，后来浙江、福建、江西等省翻刻，流传较广。其中有孔毓圻等的《幸鲁盛典》、金简的《钦定武英殿聚珍版程式》等书。《四库全书》的出版，是出版史上的一件大事，是由商务印书馆完成。其中经历了曲曲折折的五个阶段。始于 1919 年，中国学者金梁、叶恭绰和法国学者作了努力；1924 年商务印书馆作出影印计划,未果;1927年张学良拟在东北影印,亦未能实现。商务印书馆鉴于一次出版全书不能实现,而其中罕见之珍本实为图书市场的需要,乃决定出版其中的一部分,于1934—1935年,据文渊阁藏本影印了一小部分,名为《四库全书珍本初集》,收书二百三十余种,1960册。1969年台湾商务印书馆重予印行,并于1970—1982年出版续集,先后印出12集及别辑1集,共收原书1878种,15976册,种数占《四库全书》百分之五十四强,册数占百分之四十四弱,总之占近半数。在印制"珍本"的末期,台湾商务印书馆筹划影印"全书",经过几年的努力,于1986年将《四库全书》全部印完。它以文渊阁《四库全书》为底本影印,增收武英殿刊本《四库全书总目提要》,文渊阁抄本《四库全书简明目录》及《四库全书考证》,影印时加编页码,书明影印本的××册××页,以备编制索引。全书16开本精装1500册,其中总目提要5册,简明目录1册,经部236册,史部452册,子部367册,集部435册,考证4册。另编印《影印文渊阁四库全书目录附文渊阁四库全书分架图》1册,刊有印制全书主持人张连生的《影印文渊阁四库全书后记》一文。《影印文渊阁四库全书目录》、"总目提要"和"简明目录"均附有《书名及著者姓名索引》,采四角号码和笔画两种

《四库全书总目提要》

检索法,亦由该馆编制。《四库全书》问世 200 年,20 世纪筹印六十多年后,终于以原貌与读者见面,为读者的利用提供了极大的方便,使这部国之瑰宝更好地发挥作用,有利于中华传统文化的传播。台湾商务印书馆出版不久,上海古籍出版社再行印刷。另据互联网信息,鹭江出版社出版《四库全书》线装本,已于 2003 年开始印制。说到这里,与《四库全书》有渊源关系的两部大型丛书,应予足够的重视。

《四库全书存目丛书》。《四库全书》存目图书原有六千数百种,后来遗失二千余种,20 世纪 90 年代成立季羡林为主编的编委会,搜集整理,并由齐鲁书社于 1995—1997 年影印出版,16 开精装 1200 册。收书 4508 种,其中三成是孤本,可见其保存古籍的价值。《四库全书》存目中有二千八百余种清人著述,是以该丛书包含清人作品甚多,且有特殊价值者,如曹溶的《倦圃莳植记》3 卷,是关于园艺业的书,原来只有抄本。

《续修四库全书》。《四库全书》修成不久,阮元在《四库全书》《四库全书总目》未收之书之外,搜集到一百七十多种,请人抄写,并仿纪昀办法,一一作出提要,成《四库未收书目提要》于嘉庆十二年(1807 年)进呈,书贮于宫中,名《宛委别藏》。此事可以说是续修《四库全书》之端倪。光绪间王懿荣建议续修,但清朝末世不可能再做这种文化上的盛事。1924 年商务印书馆设想续编《四库全书》,同时期日本成立东方文化事业总委员会,利用退还庚子赔款作经费,与中国学者合作,续编《四库》全部总目和收集古籍,设立北平人文科学研究所和上海自然科学研究所,柯劭忞、服部宇之吉主持其事,至 1942 年写出古籍提要三万一千余篇,约 1500 万字。抗战胜利后,沈兼士代表中国接收全部文稿,后藏中国科学院图书馆,馆方对原稿作了整理。1994 年,国家新闻出版署和国家古籍整理出版规划小组批准,《续修四库全书》成为国家重点出版工程,于是对中国古典文献进行大规模的清理和汇集,历时八年,于 2002 年成书——《续修四库全书》,上海古籍出版社印行。全书 1800 册,收书 5213 种,比《四库全书》多出一半。仍采取四部分类法,其中经部 260 册,史部 670 册,子部 370 册,集部 500 册。《续修四库全书》汇集了大量的清人著作,特别是乾嘉学者的,如纪昀、戴震、翁方纲、任大椿、王念孙、阮元的,清末康有为、梁启超、章太炎的作品,在《续修四库全书》中能够找到。《四库全书》和《续修四库全书》荟萃中国古典文献的重要典籍。清史研究者从中可以获得大量的研究资料。

《四库全书》以外,清代以及民国以来还有一批较好的含有清人作品在内的丛书:

《知不足斋丛书》,乾隆间鲍廷博辑,鲍志祖续辑,计 30 集,选收唐代至清代的各类图书 207 种,中有清人刘体仁的《七颂堂识小录》、释道济的《苦瓜和尚画语录》、笪重光的《画筌》、汪辉祖的《佐治药言》及《续》、翁广平的《余姚两孝子万里寻亲记》等。它有乾隆、道光及 1921 年上海古书流通处 3 种刻本,以及 1999 年中华书局印本。是书为丛书中的佼佼者。

《艺海珠尘》,乾隆中吴省兰辑,道光中钱熙祚增辑,当时有刊本,分 10 集,收书 217 种,经、史、子、集四部书均有。清人毛奇龄的《大小宗通绎》和《昏礼辨正》,王沄的《云间第宅志》,董潮的《东皋杂钞》,李善兰的《方圆阐幽》,路顺德的《治蛊新方》皆在内。

《岱南阁丛书》,学者孙星衍辑,收集编者所注释的古籍和他自己的著作。有乾隆间兰陵孙氏刊本,1924年上海博古斋影印本。

《借月山房汇钞》,张海鹏辑,基本上收明清人著作,全部135种,分16集。有吴省兰的《恭庆皇上七旬万寿千字文》,吴伟业的《复社纪事》,冯一鹏的《塞外杂识》,钱良择的《出塞纪略》,蒋伊的《蒋氏家训》,严有禧的《漱华随笔》,吴乔的《围炉诗话》,释普恩、立法等的《峨眉枪法》。该丛书有嘉庆中虞山张氏刻本,1920年上海博古斋影印本。道光三年,陈璜从中选择一部分,成《泽古斋重钞》,分为12集出版。

《粤雅堂丛书》,伍崇曜辑,30集,收有清人李介的《天香阁随笔》,翁方纲的《石洲诗话》,洪亮吉的《北江诗话》,钱谦益的《绛云楼书目》,王懋竑的《朱子年谱》,郁永河的《采硫日记》,郎廷极的《胜饮编》,张穆的《顾亭林先生年谱》,黄宗羲的《南雷文定前集》《后集》《三集》《诗历》和《世谱》,程恩泽的《程侍郎遗集》等。该丛书有道光及光绪间南海伍氏刻本。

《史学丛书》,有光绪二十五年(1899年)文澜书局本,二十八年(1902年)上海焕文书局本,光绪间上海点石斋石印本,专辑清人校补正史的图书,计43种。

《畿辅丛书》,王灏辑,光绪五年(1879年)定州王氏谦德堂刊本,收历代河北人的著作或注释,共170种,其中有一部分是流传很少的图书,特别是汇刻了清人颜元、李塨、尹会一、孙奇逢、崔述等人的全集,魏裔介、魏象枢、王源、陈仪、朱筠、舒位、朱珪、方履篯等人的文集。

《畿辅河道水利丛书》,吴邦庆辑,道光四年(1824年)益津吴氏刊印,汇辑明清两代人关于直隶水利的图籍八种,中有允祥的《怡贤亲王疏钞》。

《上海掌故丛书》第一集，上海通社辑，1936 年排印，主要收清代上海人的著作，有《阅世编》《沪城备考》《木棉谱》《水蜜桃谱》《淞南乐府》《沪城岁事衢歌》《夷患备尝记》《红乱纪事草》《觉梦录》《枭林小史》《星周纪事》等。

《四部丛刊》，张元济等辑，商务印书馆于 1922 年、1929 年、1936 年 3 次印刷，分经史子集 4 部，在集部收有顾炎武、黄宗羲、王夫之、钱谦益、吴伟业、王士禛、汪琬、朱彝尊、陈维崧、查慎行、方苞、厉鹗、戴震、全祖望、洪亮吉、孙星衍、卢文弨、钱大昕、汪中、阮元、恽敬、龚自珍、张惠言、曾国藩等人的诗文集。续编 1934 年印行，收有嘉庆《大清一统志》，彭孙贻的《茗斋集》。三编 1935—1936 年出版。台湾商务印书馆梓行缩印本，初、续、三编，共 556 册。

《四部备要》，中华书局辑，1936 年付梓，亦分经、史、子、集四部，收有《圣武记》《国朝先正事略》《中兴将帅别传》《吾学录初编》《文史通义》《二十二史札记》，以及清人别集多种，有一部分与《四部丛刊》相重。

《国学基本丛书》，始由上海商务印书馆编辑出版，台湾商务印书馆继之，收书 400 种，甲种本 2380 册，乙种本 1637 册。

《小方壶斋舆地丛钞》，王锡祺辑，正编 12 帙，补编 12 帙，再补编 12 帙，由上海著易堂分别于光绪十七年（1891 年）、二十年（1894 年）、二十三年（1897 年）出版，专收清人关于中国和外国历史地理、游记、风土记、边疆史地的著作，兼有外国人关于中国及世界各国史地的述作。

《皇朝藩属舆地丛书》，文瑞楼主人辑，光绪二十九年（1903 年）金匮浦氏静寄东轩石印，分 6 集，收有清人边疆史地著作 28 种，为萨英额的

《吉林外记》①、西清的《黑龙江外记》、许景澄的《帕米尔图说》、曹廷杰的《东北边防辑要》、薛福成的《滇缅划界图说》、康熙敕撰的《平定罗刹方略》等书。

　　《近代中国史料丛刊》《续编》《三编》，沈云龙主编，台北文海出版社印行。该丛刊于 1966—1973 年问世，影印精装 1000 册；《续编》在1974—1982 年印刷，930 册；《三编》于 1986 年、1987 年两年出版 193册，总计已出 2163 册，洋洋大观，包揽了清朝后期历史的重要图籍。编者对常见书和稀见书，依其史料价值，概行收录，反映清代前期历史的

著作亦多所收进，为清史和近代史研究者提供很大方便。如政书类的奏议，初编选印了不少，有《彭刚直公(玉麟)奏稿》《林文忠公(则徐)政书》《靳文襄公(辅)奏疏》《郭侍郎(嵩焘)奏疏》《李肃毅伯(鸿章)奏议》等。《三编》印了一批近代史上名人的年谱，有左宗棠、岑毓英、胡林翼、曾国藩、曾国荃、汪康年、王庆云、康有为、张之洞等人的，而张廷玉、段光清等人年谱在初编即印刷了。所收文集、笔记甚多，像《方望溪(苞)先生文集》《澄怀园文存》《汤

《近代中国史料丛刊》

文正公(潜庵)全集》《陶文毅公(澍)集》《朱九江(次琦)先生集》《皇朝琐屑录》《陶庐杂忆》《春在堂随笔》《清秘述闻》等,皆可在初编中找到。政书如光绪《大清会典》、《爵秩全览》、《牧令须知》、《钦定六部处分则例》、《校邠庐抗议》等,史书如《圣武记》《钦定满洲源流考》《清朝开国方略》《清皇室四谱》《清朝武功纪盛》《大义觉迷录》《平定回疆剿擒逆裔方略》等,中外关系的《使琉球记》《英使谒见乾隆纪实》《琉球入学闻见录》《筹办夷务始末》《国朝通商始末记》等,经济方面的《江南制造局记》《清朝掌故汇编》《石渠余记》《醝政备览》等,民间社会的《近代秘密社会史料》《中国帮会三百年革命史》《中国基督教史纲》《天主教传入中国概观》等等。一编在手,省却读者多少寻觅之劳,真是功在史学界。

《中国方略丛书》,成文出版社印行。方略之书,在清朝修辑时有的付梓了,有的未刻,但总起来看印刷数量不大,流传不广,读者利用不便,因此成文出版社的影印是做了一件好事。该书已出二辑,第一辑于1968年问世,收书24种,分装120册,二辑在1970年出版。所收之书,除笔者在第十章方略节表中所列的以"方略"命名的图籍之外,尚有《平叛记》《东南纪事》《西南纪事》《洪经略奏对笔记》《皇朝藩部要略》《保甲书辑要》《团练事宜》《湘军志》《湘军记》《湖南苗防屯政考》《浙东筹防录》《戡靖教匪述编》《襄阳兵事略》等书。

《中国方志丛书》,亦为成文出版社影印,1966—1985年制作,16开本精装。编者意图精选善本刊印,范围包括府县方志和叙述地方上一事一物的专志,如《泸水志》《庐山志》,也即通常所说的地方史志,范围广阔。采取分地区编辑的办法,以民国年间行政区划命名,每一种史志为一个编号,分量大的书,可以分装为数册,但只有一个编号,共收有

2035 种史志，其所收各地区方志的数量列表于下。

地区	种数	举例
西部地方	38	《回疆志》《新疆小志》
东北地方	41	《复县志略》《呼兰府志》
塞北地方	42	《朔方备乘图说》《科布多事宜》
华南地方	284	光绪《广州府志》、《续遵义府志》
台湾地方	332	高拱乾修《台湾府志》、《台湾情事》
华中地方	734	《灵璧县志》《扬州丛刊》
华北地方	564	《东牟城守纪略》、光绪《束鹿县志》
总计	2035	

《中国边疆丛书》，李毓澍主编，文海出版社影印，第 1 辑收书 30种，1960 年代刊行。收有《西宁府新志》、《察哈尔通志》、《补过斋文牍》（杨增新）、《西藏志》、《东三省政略》等书。

《清代传记丛刊》，周骏富编，台北明文书局 1985 年出版，收传记类图书 150 种，附录 17 种，共计 167 种，分装 202 册，另有周氏所编索引 2册。所收之书，分 5 个方面，即学林、名人、遗逸、艺林及综录 5 类。在167 种书中，梁章钜的《国朝臣工言行记》、林景忠的《国朝忠义私淑录》为孤本书，与常见的《国朝汉学师承记》等汇为一编，皆有利于读者寻求。其名人类收书 33 种，详见《近代中国史料丛刊·目录表》"名人类"部分。该丛刊制有书名、姓名、谥号、字号索引，在索引中对帝、王、后、妃及满、蒙人士则加特别注释，为读者利用考虑甚为周到。

《清代稿本百种汇刊》，台北文海出版社印行，收有孙奇逢的《周易十卦解》、郑庆崧的《郑氏事实》、周鼎调的《嘉定周氏宗谱》、翁方纲的

《复初斋文稿》、官修《南巡盛典稿存》等稿本书。

《中国佛寺史志汇刊》，杜洁祥主编，高志彬解题，明文书局 1980 年影印，精装 50 册[1]，收有古代寺志数十种，其中属于清人编写的甚多，如清人撰著的杭州名寺庙志，就有：《武林灵隐寺志》《增修云林寺志》《云林寺续志》《云居圣水寺志》《虎跑定慧寺志》《云栖纪事》《大昭庆律寺志》《净慈寺志》《凤凰山圣果寺志》《武林理安寺志》等。本书第五章已提出重视寺志资料的问题，这里试举一例以昭之。杭世骏的《武林理安寺志》卷 1《恩宠》讲到康熙帝与理安寺的关系、禅师玉林琇与顺治帝的关系。卷 5《性音传》说到性音与雍正帝的瓜葛。性音为理安寺法嗣，而为北京柏林寺住持，因其本寺颓废，发愿重修，通过与雍亲王（雍正）交游，转奏康熙帝，康熙帝乃发帑金为之修葺，置斋田，并赐御书"理安寺"匾额。由此可知僧衲与清朝皇帝的密切往还，以及清帝的重视佛教。《中国佛寺史志汇刊》的出版，为研究者提供了利用的方便，功在梵宇和学术界。

《中国佛寺志丛刊》130 册，白化文等主编，广陵书社 2006 年印行。

少林寺的少林书局，近年出版《少林学史料丛书》，有清人叶封等原辑、施奕簪等续辑《少林寺志》，2007 年印行。

《台湾文献丛刊》，周宪文主编，台湾银行经济研究室编印，1957—1972 年陆续印行，共出书 309 种，595 册。初意选印清代有关台湾的私人著述，提供关于台湾的史地风俗人情等社会资料，而编印的结果，扩大到与台湾有关的文献。时间上自明季至 1945 年。编者特别重视台湾与大陆的一体关系，正如吴幅员在《刊印台湾文献史料丛刊提要赘

---

① 该丛书 1980—1985 年版，有三辑，共 110 册，100 志。

言》中所说的："台湾之于大陆，不论从地缘以至血缘，都属一体……此在台湾历史文化上所留的记录与遗迹，斑斑可考。"在 309 种书中，有台湾史专书，如《台湾府志》《平台纪略》；有与台湾史事有联系的，如《明季南略》；有明清政事要事的，如《弘光实录钞》；有节选汇编专取台湾史事的，如《清季台湾洋务史料》《清会典台湾事例》；有新编辑的，如《清代琉球纪录集辑》。吴幅员撰《台湾文献史料丛刊三〇九种提要》，对丛刊所收之书一一作了介绍。

《近代中国外交史资料汇刊三十种》，文海出版社印行，计三编 30种，第一、二编为清代部分，第三编为民国部分。

《明清史料汇编》，沈云龙选辑，文海出版社于 1967—1973 年印刷，9 集，每集约 10 册，选材侧重于反映明清之际的历史和遗民的著作，如夏允彝、夏完淳父子的《幸存录》《续幸存录》，王秀楚的《扬州十日记》，计六奇的《金坛狱案》，民国间编的《洪承畴章奏文册汇辑》，董康辑《秋审制度第一编》，叶凤毛的《内阁小志》《清太庙纪略》等。

《清人别集丛刊》，上海古籍出版社于 1978—1980 年影印，分平装、线装、精装数种，所印刷的著作有：曹寅的《楝亭集》，周亮工的《赖古堂集》，纳兰性德的《通志堂集》，朱鹤龄的《愚庵小集》，方文的《嵞山集》，孙枝蔚的《溉堂集》，金人瑞的《沉吟楼诗选》，刘献庭的《广阳诗集》，陈梦雷的《闲止高堂集钞》，朱彝尊的《腾笑集》，金农的《冬心先生集》，汪懋麟的《百尺梧桐阁集》《百尺梧桐阁遗稿》，顾汧的《凤池园集》等。丛刊刚问世时，因人们不甚习惯于读影印书及其高于平装书的书价，销售不佳，书店廉价处理，文史两业的研究者竞相往购，笔者也购得二种。也就是 10 年之后，影印书大增，人们习惯了，那种书价更能接受了。可见书的命运不完全在其本身,而要看整个社会环境。如今回忆那次丛刊的处理,亦可谓为书林轶事。

《明清善本小说丛刊初编》,台北天一出版社 1985 年影印,笔者所见有 18 辑之多,每辑所收小说品种数量不等,多的 25 种,少的三五种,共计 211 种。

《清代江河洪涝档案史料丛书》,含《清代长江流域西南国际河流洪涝档案史料》《清代黄河流域洪涝档案史料》《清代淮河流域洪涝档案史料》《清代珠江韩江洪涝档案史料》《清代海河滦河洪涝档案史料》《清代辽河、松花江、黑龙江流域洪涝档案史料   清代浙闽台地区诸流域洪涝档案史料》,中华书局 1988—1998 年印制。

《中国荒政书集成》,李文海、夏明方主编,收集汉代至清代荒政书411 部,辑佚 65 部,总计 476 部,天津古籍出版社 2010 年出版。主编搜集的清代灾荒史料已达 900 万字。

《清文海》,南开大学古籍与文化研究所编(原所长郑克晟主持),国家图书馆出版社 2010 年印行,106 册。编者们兢兢业业,积二十余年之功,始得蒇事。收入约 1600 名作者的 18000 余篇文章,约 20000 万字。作者多系清代文化、思想、政治方面主要人物,选文集中在辞赋、诏令、奏议、书信、序跋、论说、考据、杂记、碑志、传记诸文体,集要文佳篇之大成。选文多以点校本为底本,影印刊出。编者还做有篇名、作者索引,清文分类索引。

关于笔记的、方志的丛书,在本书有关章节中作过说明,这里不赘。1990 年代以来出版的丛书甚多,人们戏称为丛书热。笔者获知的有:

《江苏地方文献丛书》第一辑,有焦循等的《扬州图经》、顾文彬等的

《过云楼书画记·续记》等书,计 20 种,江苏古籍出版社 1999 年出版。

《清文前编》6 册,国家图书馆出版社 2000 年出版。

《明清史料丛书八种》8 册,于浩辑,北京图书馆出版社 2005 年出版。

《清代徽人年谱合刊》,薛贞芳主编,汇集段玉裁、鲍桂星等人分别撰写的年谱,黄山书社 2006 年出版。

《清代笔记小说大观》6 册,上海古籍出版社 2007 年出版。

《明清史料丛书续编》18 册,于浩编,国家图书馆出版社 2009 年出版。

《皖人戏曲选刊·龙燮卷》,陆林校点,黄山书社 2009 年出版。

《国家图书馆藏钞稿本乾嘉名人别集丛刊》38 册,国家图书馆编,北京图书馆出版社(今国家图书馆出版社)2010 年刊。

《清代诗文集汇编》,《清代诗文集汇编》编纂委员会编纂,上海古籍出版社 2010 年刊。

《清代闺秀诗话丛刊》,王英志主编,凤凰出版社 2010 年出版。

这么多丛书,自然有一部书被重复收入不同的丛书中,而且非止一部,从出版业全局看有其不相宜处,然而不管怎么说,它为读者省却了许多搜索的繁劳,多出丛书是好事。因此读者宜随时留意丛书的出版信息,才能获得利用之便和不买重复梓刻的书籍。

还有一种丛书,专门汇刻行世的丛书,这就是《丛书集成初编》。该书由商务印书馆编辑出版。编辑者原计划于宋、元、明、清丛书中选择 100 部,收书 4107 种,分 4000 册出版。其编选原则是以实用与罕见为主,以供社会需要和图书孤本的流传。在选定的 100 部丛书中,清朝最多,达71种。它于1935—1937年印行了3467种,因抗日战争爆发而中断,在尚待出版的约1000种书中,已有643种制成纸型。1982年中华书局征得商务印书馆同意,决定重印已出版的3000多种,随后安排未梓部分的印刷。至2010年中华书局将书印齐,计800册。《丛书集成初编》收录的范围广泛,内容丰富,分总类、哲学、宗教、社会科学、语文学、自然科学、应用科学、艺术、文学、史地等十大类,下分541项。它包含常用的古籍,为读者提供了实用而方便的条件。欲了解这部丛书的情况,有上海古籍书店编印的《丛书集成初编目录》,可供参考。

阅读和利用丛书,有一部很好的工具书——《中国丛书综录》,可资借助。该书由上海图书馆编辑,中华书局1959—1962年印行。著录古典文献丛书2797种,从各方面予以说明。它分成三部分,即第一册《总目分类目录》,逐一著录所收丛书的编者、版本、子目,附《全国主要图书馆收藏情况表》,反映各种丛书在北京图书馆、北京大学图书馆等41家大型图书馆收藏的情形,以便读者借阅。第二册为《子目分类目录》,以丛书所辑各书为单位,注明图书名称、作者和所属丛书名称。表明所录丛书内含38891种著作。该书采用经、史、子、集四部分类法,下系为类、属,编排和命名,力求反映图书内容的性质,以便读者按需要到各部类中寻找读物。如史部内分:正史类;别史类;编年类;纪事本末类;杂史类:事实之属,琐记之属;载记类;史表类;史钞类;史评类:义法之属,议论之属,考订之属,咏史之属;传记类:通录之属(历代、郡邑、域外、家乘、姓名、人表),专录之属,杂录之属(日记、琐记);政书类:通制之属,仪制之属(典礼、杂礼、专志),职官之属(官制、官箴),邦计之属(通纪、营田、赋税、贸易、俸饷、漕运、盐法、货币、户籍、权量、荒政),邦交之属,军政之属（兵制、马政、保甲团练、江防海防、边政），刑法之属（刑制、律例、检验、治狱、判牍），考工之属（营造、杂志），掌故琐记之属，诏令之属，奏议之属，公牍之属。此外还有时令类、地理类、目录类、金石类，不具列属目。可见其分类细致实用。第三册为《子目书名索引》和《子目著者索引》，此为备检索第二册之用，在读者只知著者姓名或书名的一个条件下，可以通过这两种索引，在第二册中查到它收在何种丛书中，是何性质的图书，或者明了它未为丛书汇集的情况。这是一部迄今最完备的全国性丛书综录。三册各有其用，极便于读者在丛书中检寻书目和向图书馆借阅，是一部实用价值很高的目录学工具书。该书自问世后深受读者欢迎。上海古籍出版社用中华书局旧版重印，并对原版的一些错误作了订正。

《中国近代现代丛书目录暨索引》。上海图书馆编。将该馆所藏1902—1949 年出版的中文丛书，除去线装古籍部分，以及《丛书集成》《四部丛刊》等 7 种已见《中国丛书综录》著录的以外，对其他 5549 种丛书，30940 种图书进行著录，分正编和索引两部分，正编有总目、丛书书名首字索引、丛书出版年表；索引分为子目书名索、子目著者索引。正编由该馆于 1977 年印刷，全一册，索引印于 1982 年，上下两册。

第三节　图书目录

目录学书籍本身是专著，在我们这里却可以当做工具书，利用来查询图书，了解其最基本的情况，以之为线索决定看什么书，或到什么地方寻找这种书。

清代最重要的目录图籍,也是我国古代最大的书目,是《四库全书总目》(即《四库全书总目提要》)。纪昀等在编辑《四库全书》时,按照乾隆的要求,对万余种的图籍——包括收入《四库全书》的、未收入的存目(有书,但未收入《四库全书》)——作出提要,叙述它的作者、卷数、版本源流、内容梗概和得失。他们做得较认真,每一篇写成之后,都由纪昀改定。纪昀也以"一生精力,备注于《四库提要》及《目录》"①。乾隆四十七年(1782 年)把它们汇编在一起,初步形成《四库全书总目》,至五十四年(1789 年)写定。包括收入《四库全书》的 3461 种,未收入而存目的 6793 种,共 10254 种图书提要②,分为 200 卷。分类一如《四库全书》,经、史、子、集四大类,每一大类又分若干小类,其中比较复杂的再细分子目。其类目为:

经部:易类;书类;诗类;礼类:周礼、仪礼、礼记等;春秋类;孝经类;五经总义类;四书类;乐类;小学类:训诂,字书,韵书。

史部:正史类;编年类;纪事本末类;别史类;杂史类;诏令奏议类;传记类:圣贤,名人,总录等;史钞类;载记类;时令类;地理类:总志,都会郡县,河渠等;职官类:官制,官箴;政书类:通制,典礼,邦计等;目录类:经籍,金石;史评类。

子部:儒家类;兵家类;法家类;农家类;医家类;天文算法类;术数类:数学,占候,相宅相墓等;艺术类:书画,琴谱,篆刻等;谱录类:器物,食谱,草木鸟兽虫鱼;杂家类:杂学,杂考,杂说;类书类;小说家类:杂事,异闻,琐语等;释家类;道家类。

---

① 李元度:《国朝先正事略》卷 20《纪文达公事略》。

② 此统计数字,见中华书局 1965 年印行的《四库全书总目》的《出版说明》。

集部:楚辞类;别集类;总集类;诗文评类;词曲类:词集,词选,词话等。

每一大类、小类的前面有小序,说明这一类图书的源流以及作这样分类的原因。每一类中又分存书、存目两种,先叙存书,次及存目。提要对该书基本要素写得比较准确,评价亦较公允。但这样大部头的目录书,著录起来,错误还是不少的。它有多种印本:乾隆五十四年(1789年)武英殿本;六十年(1795年)浙江杭州官刻本;1965年中华书局据浙江本校订印刷,附录《四库撤毁书提要》《四库未收书提要》《四库全书总目校记》和《四库全书总目书名及著者姓名索引》;1933年商务印书馆万有文库本,题为《四库全书总目提要》。1985年台湾商务印书馆影印《四库全书》,将之收入影印。

《总目》浩繁,为检阅方便,四库馆臣删除存目的提要,将著录的各书,亦只存作者及其生存的朝年卷数及要旨的数语概述,于乾隆四十七年(1782年)作成《四库全书简明目录》,四十九年(1784年)杭州官刻,1964年中华书局上海编辑所重印。台湾商务印书馆影印《四库全书》,亦行收入。

《总目》及《简明目录》问世后,引起学人对版本目录研究的更大兴趣。道光时邵懿辰作《四库全书简明目录标注》,20卷,附录1卷。该书有1911年邵氏精刻本,1959年中华书局上海编辑所影印本,1979年上海古籍书店重印本。莫友芝又在邵书基础上,撰成《邵亭知见传本书目》,16卷,有宣统元年(1909年)北京铅印本。近世学者余嘉锡作《四库提要辨证》,24卷,1958年科学出版社印行,1980年中华书局重印。胡玉缙撰《四库全书总目提要补正》,1964年中华书局梓刻。余氏、胡氏之作,对《总目》批谬摘妄,并作某些补充,皆可作为阅读《总目》的参考。

《四库全书总目》所介绍的,只有一部分是清人的作品,或有关清史的著作。据黄本骥的《皇朝经籍志》①的说明,见于《四库全书总目》的清人著述,存书 715 部,存目 2142 部,总共 2857 部,占全部存书、存目的四分之一以上,分量是相当大的。而且所著录的都是重要典籍,如《皇清开国方略》,清朝前期几个皇帝的圣训,雍正帝的《上谕内阁》,张勇的《张壮襄奏疏》,郭琇的《华野疏稿》,田文镜的《抚豫宣化录》,康熙帝《御定月令辑要》,图理琛的《异域录》,俞森的《荒政丛书》,《八旗通志初集》《大清律例》,王士禛的《琉球入太学始末》《国朝谥法考》,康熙帝《御批通鉴纲目》等。所以研究清史资料,仍然离不开《总目》,同样离不开《四库全书》。

前述阮元的《宛委别藏》,道光二年(1822 年)阮元子阮福将之汇为《四库未收书提要》,收于《揅经室外集》。光绪间,傅以礼为之编成《四库未收目提要》,5 卷,商务印书馆于 1955 年梓行。

《续修四库全书提要》。前述柯劭忞等写出《续修四库全书总目提要》,31000 余篇,约 1500 万字。1972 年台湾商务印书馆将之整理出版,题名《续修四库全书提要》,收书目 10800 种,是已撰成篇的三分之一强。《续修四库全书总目提要(稿本)》,中国科学院图书馆整理,齐鲁书社 1996 年影印,正文 37 册加索引 1 册,计 38 册。

孙殿起撰辑《贩书偶记》,是继《四库全书总目》之后的大型目录书。作者在北京开设通学斋书店,贩卖古书,历时数十年,本身勤于学习,将

---

① 6 卷,有道光二十七年《三长物斋丛书》本。

过眼之书加以著录，汇而成册，并以贩卖取名。他著录的原则，据其手定《略例》所说：凡《四库全书总目》已著录的不再登录外，见则记之，但若卷数、版本与《总目》有不同的，亦加采集，非单行本不录，丛书中已收的，若系初刻单行本，或者油印本，仍然著录。所以著录还是相当广泛的。凡著录之书，写明作者姓名、籍贯、卷数、刊刻年代、书籍别名，若遇卷数、版本有异同，作者需要考订，载籍内容有待说明的，亦间或注出。全书 20 卷，分类同于《四库》。该书初刊于 1936 年，次由中华书局上海编辑所于 1959 年重印，1982 年上海古籍出版社发行新一版，附有雷梦水辑的《〈贩书偶记〉正误并补遗》，纠正了原书的一些误失。该书附有《书名著者名四角号码综合索引》，以备检索著录的书名、作者。此书所著录的大多为清人述作，所以对于清史的研究，更具使用价值。孙殿起在初次枣梨之后，陆续写出新的书目笔记六千多条，由他的助手雷梦水为之编成《贩书偶记续编》20 卷，1980 年上海古籍书店刊印。续编一仍原编体例，是清人著作总目性质的目录书。

《清史稿艺文志及补编》附索引，中华书局 1982 年出版，全二册。《清史稿·艺文志》由章钰、吴士鉴、朱师辙等编就。他们基本采取《四库全书总目》的分类方式，分经、史、子、集四部，唯在子目上有个别调整。《艺文志》共著录图籍 9633 种，当然有很多的清人著述没有收容进去。为了弥补这个缺陷，武作成辑成《补编》，进行了大量增补，经部添收的图书 1267 种，史部 3442 种，子部 1835 种，集部 3894 种，共为 10438 种，是原志数量的一倍多。武著的分类全同于原志，唯增加了一些子目，如农家类增农艺之属、蚕桑之属二目，小说类添笔记之属、章回演义之属、弹词之属三目。细目的增加，除表明著录的书籍加多，更是分类趋于科学的表现。著录的格式同于原志，即说明作品的书名、卷数和作者，然而都没有著明版本。中华书局把《艺文志》和《补编》印在一起，省却读者翻检之劳，又作有书名和作者姓名索引，检索更便，还附有范希曾、蠡舟、张尔田、马太玄等人评论《清史稿·艺文志》的文章，加上该书局编辑部的《出版说明》，致使此书也可以说是《艺文志》的评论集了。清人著述太丰富了，即使《艺文志》和《补编》所收集的，也不全面，遗漏的还很多，所以它们还不是清人著述总目。尽管如此，重要的基本的典籍是具备了，这类书是了解清代著作的重要参考书。正因此，笔者在研治清代史料学中，以其为不可或缺的参考资料。

据报道，彭国栋编著《重修清史艺文志》，在《清史稿·艺文志》9633种基础上，增补8426种，达到18059种，成就显著。此书由台湾商务印书馆于1986年出版。王绍曾等不满足于《艺文志》及武氏、彭氏的补充，进行《清史稿艺文志拾遗》的编著，广泛搜集清人著述的目录，光抄卡片已达5万张，他们表示在编排上要革新，在经、史、子、集四部之外，增设丛书部，二级目中加专史类，对三级目要作较大调整和增加；著录方法也要改变，如加注版本、书目来源、书名异同①。这些设想是令人兴奋的，2000年《清史稿艺文志拾遗》全三册，由中华书局出版。

以上数种之外，值得注意的尚有张之洞的《书目答问》，4卷。著者任四川学政时，回答初学者的问题：要读哪些基本书，选择什么样的版本，故而开列了2000余部书目，并以此命名。体例与《四库》大同小异，因著录较少，在细目上多有合并。该书著录书名、卷数、作者和刊本。

① 王绍曾、杜泽逊：《我们是怎样编纂〈清史稿艺文志拾遗〉的》，《古籍整理出版情况简报》1990年第236期。

版本以精良和易求为原则，故多注善本和通行本。它所著录的书，十分之三四为《四库全书总目》所无，就是相同的，在版本上也大多不一样。该书对于清人的著作多所采录，间有未出版的，也附录其书名，以示提倡阅读。该书还列有《古今人著述合刻丛书目》《国朝一人自著丛书目》，是《四库全书总目》所没有的。书成于光绪元年（1875 年），次年刊印。该书附录《国朝著述诸家姓名略》，分经学、史学、理学、经学、史学兼理学、小学、文选学、算学、校勘之学、金石学、古文、骈体文、诗、词、经济诸家，实以人名（包括字、号、籍贯），无异于对清代学人作一分类。《书目答问》以其简单明确提供清代及其以前的古代重要载籍的书单，对清史的初学者有参考价值。范希曾为之作增补校注，成《书目答问补正》，1963 年中华书局印行。2011 年，来新夏以米寿之年与同道合作，撰成《书目答问汇补》，中华书局特为其做寿和进行新书发布会。

《古籍书目（1949.10—1976.12）》，国家出版局版本图书馆编，中华书局 1980 年印刷。所著录古籍，包括 1919 年以前著作，1919 年以后学者对前人著作加工整理或摘录、选编成书者，古籍今译、新注及选本。分类著录，类别为综合、学术思想、历史、文化教育、语言文字、文学艺术、农书、医药、其他科技书。在 1949 年 10 月—1976 年 12 月出版的清史史料著作，向此书查找较为方便，故其虽为历代古籍目录，但读清史者也尽可利用。

来新夏主编《清代目录提要》，齐鲁书社 1997 年印行。收录清人所编目录 380 余种，包括经、史、子、集、佛、道、金石等门类，为作者写出小传，附著者索引、书名索引。读者或谓为汇一代目录精华，从中可以了解目录书概况和图书收藏事业。

《清代目录提要》

《清人别集总目》,李灵年等主编,安徽教育出版社 2000 年,涉及著者近 2 万人、书目约 4 万条,碑刻资料 16000 余通,附作者小传。此书评论者认为,它的特点是著录内容广泛,多列版本,详注馆藏,书传结合,但著录版本年代亦有误失者,且未辨别同版之不同刷印阶段。还有评论者谓之为"清代文献学研究的里程碑",便于使用,为《全清诗》《全清文》编辑提供基础。

《华侨华人史书刊目录》,郑民等编,中国展望出版社 1984 年梓刻。收入华侨华人史书刊目录 3000 余种,分中、西、日文三部分。书目由北京、上海、广东等 47 家图书馆藏书目录汇编而成。

《增订晚明史籍考》,谢国桢编著,1931 年初版,题名《晚明史籍考》,1964 年中华书局上海编辑所重梓,改今名,1981 年上海古籍出版社再版①。几次印刷,反映作者不断增补完善的过程。该书介绍反映明万历至清康熙前期历史的图籍。全书 24 卷,以书籍记载的历史内容和时间分编,卷 1 绍述有明一代的史乘的通纪,卷 2、3 万历至崇祯,卷 4、5 党社,卷 6、7 农民起义,卷 8 甲申乙酉之际,卷 9—12 南明史乘,卷 13 郑氏始末,卷 14 抗清义师,卷 15 清初三藩,卷 16 史狱,卷 17、18 传

---

① 该书北京出版社 2014 年再版。

记,卷19、20文集题跋,卷21、22杂记,卷23明季史料丛刻及书目,卷24宫词诗话小说传奇,附录综合索引。谢氏不仅著录史籍目录学上的基本要素,并对一些史书的产生原委、内容和价值作出说明,给予读者比目录学要多得多的知识。南明史专家柳亚子评论说:"要知道南明史料的大概情形,看了这部书,也可以按籍而稽,事半功倍了。"可谓定评。

《明季史料题跋》,朱希祖著,1961年中华书局出版。朱氏对68部明清之际著述作了题跋,对学者利用这些著作的史料及选择版本,甚有益处。

陈恭禄著《中国近代史资料概述》。1963年成书,中华书局于1982年梓行。作者重点介绍道光朝以降的清史史料,采取每一种类史料作综合说明的办法,如关于外交史料,专列一节叙述三朝《筹办夷务始末》、《清季外交史料》、《清代外交史料》等书。又依文体分类,绍述史籍,分出公文档案、书札、日记及回忆录、正史等类。作者尤其注意近代出现的特有形式的史料,如报纸、电报的史料价值,有引导后学之功。

李正中编著《中国近代史资料研究与介绍》,天津人民出版社1990年出版,分上下两编,上编介绍各种体裁的史书的史料价值,下编介绍近代史上各大事件的主要史料。

第十三章　外国人记载和收藏的中国清史资料

　　清朝时期,在外国产生了许多关于清朝的史料。它的形成有多种原因和途径:一是各国政府的文书,即与中国有外交往来的各国政府制定的对清朝中国政策的文件,以及所保存的清朝方面所给予的文献。二是各国来华官员及其随员所形成的私人档案中涉及中国事务的,如日记、书信关于中国内容的部分。三为传教士在华活动形成的文书,如给教会、友人、所属国政府的报告、书信和著作。四是商人在华活动的记录,其对商务往来情况的报告,对该国政府、官员的书面建议。五是来华的留学生、旅游者记录和叙述他们的观感。六是清朝政府送给外国政要的中国典籍。七是近代西方殖民主义者对中国侵略时,夺走的清朝文书档案、文物,而保存至今的;外国人来华带回的中文材料、书籍用到他们的著述中。八是不一定到过中国的外国人,利用其本国人或他国人的书面材料,写出涉及清朝历史的著作,其中含有大量的史料。九是清朝人到外国去,该国人记录其事。通过这些方式,世界许多国家保存了有关清代中国历史的档案文书和著作。它们被收藏在各国档案馆、博物馆、图书馆以及私人公司里。这些文献由于多数出自外国人之手,他们从各种角度观察中国,用各自的文化观念、文化传统、生活方式认识中国,记录了清代中国的一些情况,成为研究清史不可忽视的重要史料。这些文献,笔者限于自身条件和客观因素,接触甚少,不能作系统的、稍微详细的说明,只能就所见所闻及其他学者的有关绍述,在这一章里作琐碎简单的交代。

第一节　朝鲜史籍中的清史资料

自清太宗时期起,朝鲜即成为清朝的属国。两国交往极其频繁,朝鲜每年都要在元旦、冬至、万寿节派遣使臣到清朝祝贺,还有许多临时性的使节来华。清朝皇帝在即位、立后、帝后崩逝等重大事务,在册立朝鲜国王、王妃时,都派遣使臣到朝鲜宣诏。朝鲜史官要记载清使的言行及接待情形,使华官员写出报告,同时注意从中国搜集情报和书籍。这种交往,就使得朝鲜具有了反映清史的大量资料,其中最著名的是:《李朝实录》(《朝鲜王朝实录》)①。

―――――――――

① 《朝鲜王朝实录》,如同中国皇帝的实录,是朝鲜李氏王朝的主要史书,此书是日本统治朝鲜时代初次出版,命名《李朝实录》,笔者讲到此书也一贯使用此一名称,及至到韩国出席学术研讨会,始知韩国学者对此书名很是反感,认为应该正名为《朝鲜王朝实录》。笔者既尊重他们的民族感情,又考虑到此书出版品署名的实际情形,故采取一书二名法,然为简洁,只在本处及索引如此表达。

李朝建于 1392 年,止于 1910 年,基本上与中国的明清两朝相始终。李氏王朝纂修实录制度也多同于中国。该书对于清朝的事情很关注,多所记述,凡双方使节往返,从清朝得到的情报,对清朝政局的分析都作了记载,就清史研究来说,该书提供了后金、清朝本身及清朝与明朝、与蒙古族、与沙皇俄国、与朝鲜的关系史资料。其中有许多为中国史书所不载,如肃宗十四年(康熙二十七年,1688 年)四月甲辰条:"冬至使东平君杭等回还,上引见,问彼

朝鲜《李朝实录·高宗实录》第 1 册

中事,副使任相元曰:'太极挞子(按指厄鲁特蒙古)叛逆,域中不安,故太后(指孝庄文皇后)之死,秘不发丧。而太极挞子虽叛,不至于两军交锋,则似不必以此秘丧,而所闻则如是。'上曰:'太极挞子兵力强盛,故胡皇于其入觐时畏不能出见云。彼势如是,则天下终未定其安静矣。'杭曰:'黄台吉兵势大盛,建国号之说,颇行于彼中矣。'相元曰:'文治五年之说,稍稍传播云矣。'"①这时准噶尔部有其政权形成,纪年,清朝对他颇为谨慎,并有某种畏惧心理。这是清朝官修史书所不愿承认的事情。《李朝实录》的资料,在某些方面真实性较高,因为它不像清朝的官修史书和臣下著作时有顾忌、少曲

---

① 日本学习院东洋文化研究所 1964 年刊本第 39 册,第 631 页。

笔,所以不见于中国载籍的,而却著于该书中,但是它的真实性也不是绝对的,如本书第一章第四节说过的,也应是审慎地分析。当然它的利用价值是主要的,笔者撰写《朝鲜大报坛述论》①一文,叙说作为清朝附属国的朝鲜,其国王建立崇祀明朝皇帝的祭坛规制、指导思想以及国王崇拜明朝蔑视清朝的活动,所利用的资料,基本上选摘于《李朝实录》,换句话说,没有这部著作的丰富史料,笔者是不可能撰写这篇文章的。《李朝实录》有几个版本,最早的影印本,是京城帝国大学(今首尔大学)法学部于 1932 年印就的,1953 年日本学习院东洋文化研究所复行印制,但以上两个本子均缺纯宗、高宗实录,1959 年中国和朝鲜科学院合作影印所缺部分,使之成为完本。1967 年日本学习院重加印行。《李朝实录》卷帙浩繁,全阅不易。吴晗阅览时,把其中"涉及中国、朝鲜和朝鲜与建州、建州与明朝的史料"②,辑录成《朝鲜李朝实录中的中国史料》一书,350 万字,中华书局于 1980 年出版,分装 12 册,可以大大节省读者的翻检之劳。但是也有关于中国史料而未摘出的,所以,若时间允许,还是以读原著为好。

《中韩关系史料辑要》,台湾珪庭出版社汇编,1978 年以来陆续出版。它编辑朝鲜人有关明清两朝事情的载籍。收有《同文汇考》,这是朝鲜礼曹判书郑昌顺等奉国王之命于 1787 年编成的书。朝鲜承文院藏贮外交文书,郑昌顺把那些文书分类编纂,成《原编》79 卷,内分封典、哀礼、进贺、陈慰、问安、节使、陈奏、表笺式、请求、锡赉、蠲币、饬谕、历书、日月蚀食、交易、疆界、犯越、别还、漂民、榷征、军务、赙恤、倭情、

---

① 拙作《朝鲜大报坛述论》,台北韩国研究学会编:《韩国学报》1991 年第 10 期。

② 吴晗:《读史札记》,第 40 页。

杂令等类,收录仁祖至正宗(即清顺治至乾隆五十二年)间的文件。《别编》4 卷。《补编》10 卷,内含《使臣别单》《事大文书式》《诏敕录》《迎敕仪饰》。《附编》36 卷,为与日本关系文书,共 129 卷,分装 32 册。佚名的《阳九记事》、石之衍的《南汉日记》,均叙清太宗对朝鲜战争事。《京畿支敕定例》《海西支敕定例》,均记敕使往来仪注、使费。《覆勘图门谈录》《土门勘界事实》《勘界使问答》,反映 1885—1887 年间,清朝代表秦汉与朝鲜代表李重复疆界谈判的事件。

《燕行录选集》,成均馆大学大东文化研究所选辑,录朝鲜使臣到清朝的见闻。《皇朝遗民传》,7 卷,原为抄本,未署作者。魏建功在汉城讲学,于书肆得之,携回北平,考证出该书当成于乾隆嘉庆之际,1936年北京大学影印出版,孟森为作序文,断定该书出自朝鲜人之手。该书引用图籍 89 种,多为清朝人著作,亦有朝鲜人作品,如《同文汇考》《通文馆志》《国朝宝鉴别编》等。所作传记皆明末清初坚持反清立场的人,有明宗室、学者、和尚、义士。谢国桢指出它著录明末遗民姓氏至数百人,有中土所未详考,可知其价值①。

《大明遗民史》,韩国冯荣燮编于 1989 年,明义会出版。该书说的大明遗民,指明清之际流落朝鲜的华人及其后裔。这部书是反映清朝时期华人在朝鲜的历史,以及他们与中朝关系的关系史。该书系资料汇编性质,多收录前人著述,分两卷,上卷为关于中朝的帝系、抗倭援朝、清朝灭亡朝鲜、南明史、朝鲜对亡明的纪念活动;下卷汇辑有关遗民的各种著述原文,前述《皇朝遗民传》即全文收录。收有《康世爵自述》、南九万撰《康世爵传》、崔昌大撰《康世爵墓志铭》、李东都撰《康世爵传后

---

① 谢国桢:《晚明史籍考》,第 763 页。

叙》,前三篇为中国社会科学院历史研究所何龄修于吉林市康润在家藏的《通州康氏世谱》中发现,并把它披露在《清史资料》第 1 辑中,中韩两国研究者不约而同发现同一史料,可见《大明遗民史》的编著在汇集材料上下了功夫,为研究遗民史史料做出贡献。

《临朐冯氏族谱》,明清之际山东临朐人冯三仕随同在清朝为质子的朝鲜凤林大君到朝鲜,后裔留居不回,但保持中华传统文明,不只一次撰修家谱。1835 年(道光十五年)冯宪祖怕忘本而修谱。1864 年、1936 年、1960 年、1973 年该家族先后多次续修,并与故国原籍临朐联系,希望获得家族历史资料。其谱体例与中国内地族谱略同,有谱序、世系源流图、先墓位置图、行列字表、源编(冯三仕先人世系),流编(冯三仕后裔世系)。

综上所述,朝鲜人的记载,不仅对清朝时期中朝关系史,还对清朝历史本身提供资料。

第二节　日本载籍中的清史资料

19 世纪下半期以后,日本政府屡次侵略中国,形成与中国有关的文书自然很多,又从中国抢去大量图书文献,也购买了一大批,二战后虽归还中国一部分,但关于清史资料,日本人著作的,或保存的中国人作品仍多,这里主要介绍有关清朝前期历史的几种文献。

《鞑靼漂流记》。1644 年(顺治元年)夏天,日本商人国田兵右卫门、宇野与三郎等在海上遇飓风,漂流到中国东北,其中 15 人被送到北京,受到款待,次年冬天离京,经朝鲜回国,他们于 1646 年 8 月记下此行的经过。作者们根据亲身见闻,记录了中国人尤其是满人的生活和风俗习惯,如记食物、吃饭方式、物价、穿着打扮、过节、庙会、主仆关系、对待俘虏的政策。还写了清初诸王与政治的关系,南明汉人剃发对清朝的臣服。提供清朝入关之际的一些情况。该书有刘星昌译本,载于辽宁大学历史系 1979 年出版的《清初史料丛刊》。

间宫林藏著《东鞑纪行》。作者于 1808 年(嘉庆十三年)两次到库页岛,一次还到了黑龙江下游,依据见闻,作成此书。记叙了该地区的鄂伦春、费雅喀、山旦、赫哲等族人的生产、生活和贸易,当地的官衙及其同清朝中央政府的隶属关系,该书证实黑龙江下游及库页岛是清朝的领土。该书有 1974 年商务印书馆的印本,由黑龙江日报及黑龙江社科所翻译。

《华夷变态》。日本德川幕府向到日本的中国和南洋各国的商人、船员收集关于清朝的情报,由幕府的鸿文学士林恕、林凤冈父子编纂,成于 1674 年(康熙十三年),藏于秘府,至 1958 年才由东洋文库印行。日本人以明朝为华夏,清朝为夷虏,该书记明清易代及其后 80 年间事,故名。全书 5 卷,收录中国的敕谕、咨文、檄文、时务策论等,有的文献,如《李贼(自成)覆史军门书》、《吴三桂檄》、《朱成功献日本书》、《郑锦舍檄文》、何倩的《大明论》、林上珍的《清朝有国说》等,极难见到,史料价值较高①。

东京东洋文库藏有大量的满文、蒙古文文献,其中有成著、有档案,档案中有谕旨、奏折、传记和家谱,如被称作"世管佐领执照"的有四件,两件是黑龙江地区世管佐领的,两件为盛京新满洲佐领的,均为雍正与

---

① 参阅谢国桢:《增订晚明史籍考》,上海古籍出版社 1981 年版,第 992—995 页。

乾隆初年所发。家谱和传记是官员袭爵时上报的材料。它们和执照反映满洲八旗及世职的承袭状况。镶红旗满洲都统衙门的档案——"镶红旗档",是 1723 年(雍正元年)至 1925 年间形成的,有 2400 余件,藏在东洋文库,这部分中的雍正初年档案,能够说明都统衙门设立的过程,表明这批满文档案有其史料价值。美国 N. Poppe 为它制作了目录,题曰《东洋文库满蒙文书籍目录》,1964 年印行,因不完善,1981 年松村润为作补充,于《史林》第 27 号公布①。

《丰利船日记备查》,陈吉人撰,记录中国商船丰利号在咸丰初年从浙江起航,到日本长崎贸易及返航的历史,留下了研究中日民间贸易和商船经营管理的资料。该书只有线装抄本,藏于日本东京都立中央图书馆。日本松浦章对之做了研究,著文《中国商船的航海日志》,附录《日记备查》的节文,冯佐哲译成中文,刊登于杜文凯编的《清代西人见闻录》②。

中川忠英著《清俗纪闻》,方克等译,中华书局 2006 年印制。

国家清史编纂委员会《编译丛刊》收入日本学者关于清代中国史的著作多种,有:安冈昭男著《明治前期日中关系史研究》,胡连成译;森田明著《清代水利与区域社会》,雷国山译;岸本美绪著《清代中国的物价与经济波动》,刘迪瑞译;西里喜行著《清末中琉日关系史研究》,胡连成等译;山田贤著《移民的秩序——清代四川地域社会史研究》,曲建文译;井上裕正著《清代鸦片政策史研究》,钱杭译;石桥秀雄编《清代中国的若干

---

① 据神田信夫《东洋文库收藏的满文档案》编写,该文收入中国第一历史档案馆编《明清档案与历史研究》。

② 杜文凯编:《清代西人见闻录》,中国人民大学出版社 1985 年版。

问题》,杨宁一等译;岩井茂树著《中国近代财政史研究》,付勇译;山本近著《清代社会经济史》,李继峰等译。

据《晚明史籍考》著录,日人撰写反映明末清初历史的著作有:川口长孺的《台湾郑氏纪事》3卷;丸山正彦的《台湾开创郑成功》1卷,有张铸六中译本;日人佚名的《明清斗记》10卷。

下面介绍几部日本学者编辑的目录书,以见日本对中国近代史文献的收藏。东洋文库近代中国研究会编《东洋文库所藏近代中国关系图书分类目录》,日文部分于1973年出版,中文部分在1976年印刷,各2册。山根幸夫编《近代日中关系文献目录》,东京燎原书店1979年印行。

第三节　西方人著述中的清史资料

由近代西方国家与清朝的外交活动,特别是殖民主义者的侵华活动而形成的一批文献记录,以及列强从中国强夺的一批档案资料、明末以来天主教传教士文书及来华旅行者的著述,皆为研究清史和中外关系史的重要资料来源。

一、西方关于清代中国的档案

我们先了解西方当代学者在近代史研究中利用史料的情况,就可知西方藏有大量的关于清代中国的文书档案。满杰罗著《神奇的国土——在华耶稣会士的适应与中国学之缘起》一书(斯图加特1985年版),研究17世纪来华传教士对中国宗教、语言、历史、哲学、科技文化的态度,引用大量的西文原始材料,来源于法国雷汉诺威普尼茨档案馆、意大利阿普斯多里卡和梵蒂冈图书馆。卫思韩著《胡椒、大炮与谈判》(剑桥大学 1974 年版)叙述早期中荷关系史,所依据的是荷兰东印度公司的原始档案材料。又撰《使者与幻觉》(哈佛大学 1984 年版),写康熙初年葡、荷各两次遣使来华的历史,应用了葡、荷文原始文献。斯宾塞作《胡的历史》(纽约 1988 年版),写雍正间胡姓中国天主教徒被洪若翰带到法国及其后的种种不幸遭遇,他是发掘西文资料写成的。罗曼主编《东西交流——1582 年至 1773 年耶稣会士在中国》(芝加哥 1988 年版),第三部分是对耶稣会士的中著西译的研究①。佐佐木正哉撰《咸丰三年厦门小刀会叛乱》一文,利用了英国国家档案馆藏的《外交部档案》(F. O.)②。这些研究成果表明,英、法、德、意、荷、葡等国均有涉及清代中国历史的大量西文文书。其收藏简况是:

英国国家档案馆、大英博物馆收藏丰富的有关清代中国的文献资料,其中有属于 1839 年(道光十九年)以前东印度公司的遗物,多为该公司驻广州代理人与中国行商、粤海关监督的公文、信函,大部分为中文稿,写作时间是 1793(乾隆五十八年)至 1839 年。有中国的《邸报》,中有嘉庆朝三册,道光以后的较多。邸报凡有谕旨必录,比《清历朝实录》的载笔丰富,如 1836 年(道光十六年)朱樽等反对鸦片烟的奏折,久被史家认为失传,然在大英博物馆所藏的邸报中就有摘录。英国外交部的档案收藏在国家档案馆——公共档案馆的外交全宗中,第 233 号、第 682 号、第 931 号就是主要由清朝档案构成的。第 17 号是外交部给

① 参阅黄谷:《国外近年来明清中外关系研究》,《中国史研究动态》1991 年第 9 期。
② 中译文收入杜文凯编《清代西人见闻录》。

驻华公使函件及公使报告,第228号是领事与公使间文书。第682号有中文档案2万份,其中1954份,由美国哈佛大学东亚研究中心庞百腾于1975年编辑并出版了《清代广东省档案指南》一书,而且由这部分档案形成第931号。这些档案是第二次鸦片战争中,英国侵略者抢走的广东各衙门档案,它包括的内容有1765年(乾隆三十年)至1857年清朝中央和地方行政管理,1810年(嘉庆十五年)至1857年(咸丰七年)清政府对外关系和对外贸易,1831年(道光十一年)至1857年中国内部战争,两广总督叶名琛公私文书等,还有广东衙门编印的《督抚宪辕报》、福建抚院编的《福建禀报》等文献。在第233号中有一份内容丰富的《京报》。英国海军是侵华战争的工具之一,它的档案也有关于中国史事,其编号Adm. 1, Adm. 116即是。陆军部档案中编号W. O. 32和W. O. 106,殖民地部档案中编号C. O. 129,皆然。还有一些驻华使节的私人文书保留下来了,如璞鼎查文书藏在英国国家档案馆,巴夏礼及威妥玛文书保存在剑桥大学图书馆。上述文书,有的被整理编目,公布于世,如黄宇和编《英国国家档案馆所藏鸦片战争时代中英外交文件提要》,1983年牛津大学刊印①。

德国有关清代中国历史的档案,原东德中央档案馆藏有德国驻华大使馆两个全宗,四千余卷,第一个全宗系1871年(同治十年)以前的文件,第二个全宗是1871年—1945年文书。海德堡分馆藏档对外贸易类,有"关于处于中国胶州湾的德国保护区的文件"两卷六百余条,记

---

① 参阅[澳]黄宇和:《英国所藏有关中国近代史档案简介》,中国第一历史档案馆编:《历史档案与历史研究》;黄光域:《第二次鸦片战争时英军所掠广州各官衙档案的下落》,《历史研究》1980年第3期;徐文:《英国公共档案馆所藏的中文档案》,《历史档案》1981年第2期。

录德国胶澳租界和山东势力范围事务①。

美国国家档案馆、斯坦福大学档案馆等处，藏有 1844 年(道光二十四年)《望厦条约》中文本、19 世纪中国政府文书。1819 年(嘉庆二十四年)成立于广州的旗昌洋行，其档案有 3900 件与中国有关，其中1819—1840 年间在华的商务函件，反映英美航业竞争和鸦片贸易。签订《望厦条约》的驻华公使顾盛(Caleb Cushing)的档案有 35 盒，为有关使华的备忘录、草稿、摘要、公函。1858 年(咸丰八年)签订《天津条约》的美国特使列威廉(William Reed)档案中有 1857—1860 年的函件，还有 1857 年 4 月—1859 年 3 月日记两册，记载他在中国的活动。美驻华公使蒲安臣(Anson Burlingame)，后来代表清朝游说欧美，他的档案，记录游说活动。传教士 Franci D. Gamewell 1900—1906 年在中国的函件、照片、剪报、备忘录，反映传教及义和团活动。Sarch Churchill 于 1900 年 3—11 月游历日本、中国，日记中记有义和团的事情。佩克(Willys Reggles Peck)于 1906—1926 年为驻华领事，其档案有中国内政外交的内容。②

法国档案馆藏有英法联军侵略中国的档案，主要是由法国人形成的文件③。

丹麦国家档案馆存有清代的中文手稿甚多，仅目录就有一百五六

① ［德］汉·克·施蒂西勒：《民主德国档案馆藏德中关系史的部分档案》，《历史档案》1988 年第 2 期。

② 参阅[美]居蜜：《西文手稿档案中有关中国的史料》，中国第一历史档案馆编：《历史档案与历史研究》；直言：《美国一些部门收藏我国历史档案的情况》，《历史档案》1984 年第 3 期。

③ 参阅郁宗成：《法国档案馆有关英法联军侵略中国的史料》，《历史档案》1983 年第1 期。

十页①。

荷兰人的档案文献，涉及明末及清代历史的，据《晚明史籍考》转述几种。《巴城日志》全部 31 卷，逐年记录荷兰东印度公司在亚洲的活动。《决议书》全部 10 卷，按年记录荷兰东印度公司的决议文件。《樊瞿思报告书》，荷人樊瞿思在 17 世纪 50 年代写给荷兰东印度公司的报告。《荷兰东印度公司与中国往来文件集》。这些档案、图书反映明末清初中荷关系、郑成功经营台湾的历史。

至此，笔者绍述一部西方档案馆收藏的中国文献汇辑的图籍。吴旻、韩琦编校《欧洲所藏雍正乾隆朝天主教文献汇编》，上海人民出版社2008 年印行，为《中西交流史料研究丛书》中之一种。该书是编校者从巴黎外方传教会档案馆，罗马耶稣会档案馆、方济各会档案馆、传信部档案馆，以及梵蒂冈教廷图书馆、法国国家图书馆分别保存的中文档案选录辑成，档案内容是清朝雍正、乾隆时期形成的关于天主教传播的文献，有雍正初年禁教文献，闽浙总督的文告，礼部议复禁教、传教士戴进贤请求允许传教士居停广州、两广总督孔毓珣允许留住提请的奏折并得允准的文件，以及两江禁教情形。汇编辑录乾隆朝查拿潜存、潜入各地的传教士、教徒，如山西汾州、四川江津、福建兴化、江苏、山东等地传教士活动。由该书可知西方国家保存许多清朝文书，可供研究清史利用。编校者制作《西洋人名对照》，列出传教士中文西文名字、生卒年，足资读者利用。

---

① 参阅《汪敬虞和戴逸关于搜集整理清史资料的通信》，《清史研究通讯》1983 年第 2 期。

二、传教士关于中国的著述

17、18 世纪有大批传教士来华,他们都是文化人,多具有较丰富的汉学知识,他们用中文、西文著述,向西方介绍中国社会、历史、文化,翻译中国作品,也向中国介绍西方。他们的述作,含有丰富的清史资料,其中有中译本的为:

白晋著《康熙帝传》。白晋(P. Joachim Bouvet,1656—1730 年),法国人,是清代前期来华的耶稣会士,中西文化交流史上的重要人物。康熙二十四年(1685 年)法王路易十四派遣科学传教团来华,名为"国王数学家",白晋以及洪若翰(1643—1710 年)、张诚(1654—1707 年)等人于康熙二十七年(1688 年)晋见康熙帝,被留在宫中服务。白晋到北京即学习满文、汉文,很快能用满、汉文向康熙帝讲解天文学、几何学、生理学等自然科学知识,与张诚共同在宫中建立化学实验室,编写人体解剖学书籍,受到康熙帝重视。康熙帝深知西方自然科学对历法、地图学的价值,出于对白晋的信任,于康熙三十二年(1693 年)派他到西方招聘具有科学和艺术特长的人才,并让他携带赠送法王路易十四的礼物,其中包括四十九册精制图书。白晋于 1697 年 3 月回到法国,同年写成 *Portrait Historique de Lempereur de la China*,记叙康熙帝才能、性格、爱好和他的家庭生活,叙述了康熙帝的政绩,签订《中俄尼布楚条约》,平定三藩之乱,统一台湾,以及对西洋人的态度。他以此书进呈路易十四,希望他能多向中国派出传教士。该书可直译为《中国皇帝画像》,意译为《康熙帝传》《康熙皇帝传》。有马绪祥译本,载《清史资料》第 1 辑(中华书局 1980 年版),另有黑龙江人民出版社 1981 年的译本。该书使得欧洲人认为康熙帝吸收了欧洲文明，是个科学家，领导着中国的科学和宗教事业，对青年康熙皇帝评价非常高。白晋在路易十四支持下，很快召集到巴多明、马若瑟等人，携带法王给康熙帝的礼物，乘坐安菲特里特号商船，于康熙三十七年（1698 年）返回中国。白晋还著有《古今敬天录》《礼仪》《中国现状》《易经总旨》《中国皇帝历史画像》《形象文字之智慧》等书。他着力研究《易经》，认为撰著者伏羲与柏拉图、亚里士多德是并列哲学家，他以为伏羲是亚当长子该隐的儿子埃诺克，试图以此证明上帝也是中国的创世主，成为形象派耶稣会士①。

白晋另撰有《中国近况人物》（《中国现状》，*L'Etat present de la Chine*），也于 1793 年在巴黎出版，白晋将它献给路易十四长孙勃艮第公爵及其夫人。书中以肯定的态度描述清朝政府和君主，谓之为"崇文上礼，其位于亚洲几乎同于我国宫廷于欧洲一般"。与《康熙帝传》相同，以法王为楷模，康熙帝仿佛于他②。

《张诚日记》。张诚（P. Jean-François Gerbillon）是与白晋同时来华的法国传教士，供奉内廷，为音乐教师。1689 年，他作为译员随同清朝代表团赴尼布楚，参加中俄边界谈判，行间作有日记。日记起于 1689 年（康熙二十八年）6 月 13 日，迄于 1690 年 5 月 7 日。当时作为书札，寄往巴黎发表。中译本由陈霞飞据英文版翻译，商务印书馆于 1973 年出版。此书记载《尼布楚条约》的签订，清朝使团来回所经过地

---

① 本处写作，主要参考荣振华著、耿昇译：《在华传教士列传及书目补编》，中华书局 1995 年版，第 78 页；吴伯娅：《康雍乾三帝与西学东渐》，宗教文化出版社 2002 年版，第四章；李天纲译：《清廷十三年：马国贤在华回忆录》，上海古籍出版社 2004 年版。

② 参考台北"故宫博物院"编印：《康熙大帝与太阳王路易十四特展：中法艺术文化的交会》，2011 年版，第 122 页。

《张诚日记》

方的情形,耶稣会士在内廷供职的情况,康熙第一次亲征噶尔丹,为研究这段历史提供了参考资料。上述《张诚日记》是其北行的第二次日记,他还有第一、三、四次旅行日记,第一次系 1688 年 5 月 29 日—1689 年 6 月 12 日之间的日记,第二次与之衔接,第三次为 1691 年 5 月 9 日—9 月 15 日的,接续第二次,第四次是 1692 年 9 月 8 日—10 月 22 日的。内容涉及清朝与俄国谈判及康熙帝参加多伦会盟。第一、三、四次日记分别由刘晓明、张宝剑、王大维

译出,刊登于《清史资料》第 5 辑。

与张诚同为清朝使团译员的葡萄牙传教士徐日升(P. Thomas Pereira,1645—1708 年),也作有尼布楚定约时的日记。1959 年,约瑟夫·塞比斯著《耶稣会士徐日升关于中俄尼布楚谈判的日记》一书,除以《导论》分析与该日记内容有关的问题外,还公布了徐日升的日记,可把它与《张诚日记》结合阅读,并可发现两部日记在记载事实上有所出入,需要分析使用。该书中译本由王立人翻译,1973 年商务印书馆出版。

与白晋第一次来华同行的李明(1655—1728 年),在中国 5 年,于1693 年返回欧洲,在 1696 年发表《中国近事报导(1687—1692)》,系汇

编他写给当时重要人物的 14 封信件①。

聂云龙《一六九八年昂菲特里特号的中国旅程记事》。随同白晋第二次来华的有十几位传教士,聂云龙即在其内,他是画家,他的书记叙这次航行,他为康熙帝及家属画像,教授油画,1705 年返回欧洲。此书于 1700 年出版②。

《巴函选译》。巴多明(Dominique Parrenin,1663—1741 年)是法国传教士,随同白晋于 1698 年来华,服务于清廷,《中俄恰克图条约》签订过程中为译员。他写了许多信札给西欧人士,反映耶稣会士在华传教、中国教徒及朝政的情形,上海《圣心报》选择一部分,于 1911 年 4 月至 1916 年 10 月披载。陈垣利用其资料及其他文献,写出《雍乾间奉天主教之宗室》一文,并谓《巴函选译》"述苏努诸子事甚详,可补汉文史料之阙"③。

马国贤《清廷十三年:马国贤在华回忆录》。意大利人马国贤(Matteo Ripa,1692—1745 年),是由罗马教廷传信部派遣至中国的传教士,其传教观念与耶稣会士白晋、张诚等不同,执行教廷阻止中国信徒祭拜天地、祖先、孔子的命令。他于 1710 年 1 月 2 日到达澳门,次年正月初五到北京,在宫廷服务,1724 年 1 月离开中国西返。此书有李天纲中译本,上海古籍出版社 2004 年出版,附录陈垣整理、李天纲校点的《康熙与罗马使节关系文书》。该书记载康熙帝晚年的政治状况、对

---

① 参考台北"故宫博物院"编印:《康熙大帝与太阳王路易十四特展:中法艺术文化的交会》,第 124 页。

② 参考台北"故宫博物院"编印:《康熙大帝与太阳王路易十四特展:中法艺术文化的交会》,第 125 页。

③ 《陈垣学术论文集》第 1 集,第 149 页。

《清廷十三年:马国贤在华回忆录》

天主教在华传教方式之争的态度、对传教士传教态度,以及康熙帝个性好强、兴趣广泛与健康状况;当然也表现出马国贤对康熙帝和中国文化的见解。兹录该书一些文字,以见其资料价值。马国贤等人初次见康熙帝情景:"皇上按鞑靼人的样子在铺着天鹅绒的长椅上坐着。他面前有一张小案桌,上面放了一些书和书写材料……问了我的名字、国籍和职业,还有我们是否带过来什么新的数学著作。他还要德里格弹奏几段乐曲,和我谈了一些绘画的事。"(第42页)可见康熙帝关注数学和风景画。中国人过年情景与官府封印:"节日开始前几天,衙门都关门了,用官印封条把门封上,一直要到节日以后好几天才重新开门。图画偶像被粘贴在门板上。在中国各地,大家燃放大量鞭炮,实在让人惊吓不已……在旧年的除夕,孩子们跪拜他们的父母,幼拜长,弟拜兄,仆拜主,操演这个国家的风俗所要求的一切礼仪。"(第49页)对比皇家园囿与西方的不同:"畅春园和我在中国见过的其他行宫一样,和欧洲人的趣味完全不同。我们欧洲人寻求用艺术来排除自然,铲平山丘,干涸河水,砍倒树木,把曲径拉成笔直的道路,花大钱建造喷泉,栽种成排的鲜花。中国人则相反,用艺术的方法,努力地模仿自然。所以在这些园林中,有假山里的迷宫,很多条曲径和小路横断交叉,有的直,有的曲;

地势有的平缓,有的如同陵谷。一些其他的路径越小桥,另一些用石块和贝壳铺成的小路则通到山顶。湖里面点缀着小岛,岛上建有小型的怡然亭,要靠渡船和桥梁才能上去。钓鱼累了,皇帝就由妃子们陪同,到怡然亭歇息。树林里有着野兔、鹿和大量的猎物……后宫寝院其门前都有大的空地,每个月举行一次贸易集市让妃子们娱乐消遣。所有的伙计,都是太监扮的,所有他们展示的是最贵重和最精美的货物。"(第 55 页)宫中市场,笔者原来以为乾隆时期才有,其实早就有了,至晚康熙时代就有。马国贤认为康熙帝求知欲强,知识广博,但被臣下过分歌颂:"皇上认为自己是个大音乐家,同时还是一个更好的数学家。但是尽管他在科学和一般认识上的趣味都不错,他对音乐却一窍不通,对数学的第一因也所知甚少。"而"被奉承的狂喜","康熙帝确实是一个知识广博的人,他相信他的国家的所有夸张的赞美,还带有一点孩子气的虚荣心"(第 56 页)。马国贤从马上摔成重伤,由满人骨科大夫治疗,他的感受是:"治疗的方法形容起来,比较粗野,有些治疗看来是无用的,但是我确实是在非常短的时间内痊愈了。"(第 58 页)康熙帝与皇三子允祉关系亲密。秋狝行围中,有时休憩,命令孙子们射箭,有时亲自出马,"和射箭差不多与他一样好的第三子比试"(第 69 页)。庆祝康熙帝六十大寿诗词集被传教士传往欧洲。康熙五十二年,皇帝甲子大寿,臣工将贺辞汇成集子,"几个传教士恭谦地请求陛下允许把诗文集做一个副本,送回欧洲。皇上恩准了,并命令白晋神父翻译它们,在这些诗文中,给了康熙帝神圣的头衔和荣誉,而他也确实在全中国范围内拥有这样程度的崇敬,以至他还经常得到'佛'的称呼。这是一个全国的,人们都普遍崇拜的神祇,我自己就常常听到他被称为活佛"(第 76 页)。马国贤在书中多次记载康熙帝召用西方数学家、画家、钟表匠、外科医生、药剂师；启用杜德美、山遥瞻等人测绘全国地图，鼓励马国贤使用铜板雕刻法印制《皇舆全览图》和《热河三十六景图》；允许马国贤等人传教，在京城建立教堂；给康熙五十九年到达北京的俄国使臣伊斯梅洛夫变通礼遇；康熙帝驾崩与雍正帝继位之际的状况；雍正帝继位，要造喷泉，安吉洛表示可以胜任，开始设计等等，不具述。

马礼逊撰《中国一览》。老马礼逊（Robert Morrison），1807 年来华，1834 年死在中国。1824 年一度回英国，在牛津、剑桥开设中文讲座，著《中国一览》，据说共写出介绍中国文化、历史书籍 14 种，1820 年前后作《华英字典》，1833 年在澳门出版《杂文编》，又创办、倡办《广东纪录报》《中国丛报》，他的夫人在他死后为其写了传记（*Memoirs of the Life and Labours of Robert Morrison*，D. D.，by Mrs. R. Morrison），1839 年伦敦出版。他的儿子小马礼逊（John Robert Morrison），是东印度公司中文秘书，著《中国商务指南》一书，1833 年出版。老马礼逊是中国的伦敦会教会的创始人，传播中西双方文化，小马礼逊是签订《江宁条约》时的译员，他们父子夫妇的著作，对 19 世纪上半叶中西文化交流史和鸦片战争史的研究均有史料价值。

晏玛太撰《太平军纪事》，罗孝全作《小刀会首领刘丽川访问记》《洪秀全革命之真相》。他们以亲身经历，记述太平天国和上海小刀会运动。这些文章由简又文译出，被收进《中国近代史资料丛刊》第二种《太平天国》第 6 册。

樊国梁著《燕京开教略》。作者为北京主教，以法文写《北京考略》一书，"专记北京轶事，而于中国历代之兴亡，民情之变迁等事，亦莫不

旁涉一二"①。以中国尚无教会史,遂从中摘出有关内容,译成汉文,名
《燕京开教略》,由救世堂于 1905 年印刷。全书分上、中、下三卷,中、下
两卷叙清时的传教及清朝对教会的政策,如永历朱由榔母亲、妻子、儿
子信教事,康熙帝反对教皇格勒门德十一世的在华传教方针,雍正帝驱
逐传教士,意大利传教士郎世宁的绘画与乾隆帝的赏识等。该书含有
一些资料,但失实之处颇多。

　　传教士关于中国的作品,尤其值得注意的是《耶稣会传教士关于国
外传教的有教诲性的和有趣的书简集》(《耶稣会士书简集》),收录 17
世纪末到 18 世纪末在世界各地传教的耶稣会士书信,并以法国人为
主,1702—1776 年在巴黎出版了 34 卷,1780—1783 年巴黎又印了 26
卷的新版,其中第 16—24 卷为有关中国的书信集,第 25—26 卷是关于
中国和印度的书简,可见关于中国的内容至为丰富。日本学者石田干
之助和后藤末雄把这一部分译成日文,取名《耶稣会士中国书简集》,其
第 1 卷已于 1970 年由平凡社出版。关于该书资料价值,小林太市郎认
为:"关于中国的报告,直接而生动地描写了当时即清朝初期的宫廷、政
治、社会、文物、民俗、工艺以及一切其他情况,这种大量的叙述和见闻,
是在中国(本国)的书信所不能见到的。耶稣会士们关于中国的报告,
不仅是近代东西文明交涉的最主要、最广泛的记录,而且成了研究近代
中国的主要的取之不尽的宝库。"②正因为有这样大的价值,中外学者都
主张把这些书简重新出版,1977 年法国德尔尼发出"紧急出版《耶稣会士

---

　　① ［法］樊国梁:《燕京开教略》,光绪三十一年北京救世堂印本,"序"。
　　② 《中国思想与法国》,转引自［日］矢泽利彦著、艾廉莹译:《日支本〈耶稣会士中国书简
集〉解说》,《中国史研究动态》1980 年第 6 期。

书简集》中有关中国的书信"的呼吁①。谢国桢在 1981 年说它是值得翻译出版的②。这种呼吁、愿望在中国有所实现了,法国人杜赫德编的《耶稣会士中国书简集——中国回忆录》,由郑德弟、朱静、耿昇、沈坚、吕一民译,6 卷,附有索引,郑州大象出版社 2005 年问世。五位译者《译后记》说明翻译出版这批传教士文献的历史意义:"16—18 世纪期间入华的耶稣会士作为当时中西文化交流的主角,其作用不仅表现于'西学东渐'方面,同时还表现于'中学西渐'这一层面。18 世纪在法国出版的《耶稣会士书简集》便是他们向西方介绍中国文化的一部重要文献。研究这部文献不仅有助于加深对早期中法关系和中国基督教史的认识,也有助于对明清史、中西关系史和西方汉学发展史的深入了解。"译者们"始终谨慎从事,如履薄冰"的工作态度完成译作。笔者在研治清代前期天主教史时,以之为枕边秘籍,衷心感谢译者与出版社。

《明末清初天主教史文献丛编》,周骁方编校,北京图书馆出版社 2001 年。

传教士卫匡国的《鞑靼战记》、南怀仁的《鞑靼旅行记》、张诚的《对大鞑靼的历史考察概述》、德斯得利的《准噶尔贵族侵扰西藏目击记》等文中译本,收在杜文凯编辑的《清代西人见闻录》中。

关于天主教在华的历史资料,有《天主教东传文献》一书可资利用,它由台北学生书局于 1982 年出版,为《中国史学丛书》之一种。

传教士在中国散发的宣传品,也有史料价值,需要注意,如美国传教士于 19 世纪 70 年代散发的《辨孝论》,抨击中国人的祖先崇拜。

①　耿昇译文,见《中国史研究动态》1980 年第 6 期。
②　谢国桢:《耶稣会士利马窦、巴多明等在中国》,《紫禁城》1981 年第 2 期。

朱静编译《洋教士看中国朝廷》，上海人民出版社1995年出版。选择三十多件来华传教士的关于清代中国社会的函件，每件突出中心内容，作出提要。

杜文凯编《清代西人见闻录》，中国人民大学出版社1985年。主要收入西人在华经历和见闻，所收译文，本书多次述及。

韩琦、吴旻校注《熙朝崇正集 熙朝定案（外三种）》，中华书局2006年。外三种是《昭代钦崇天教至华叙略》《钦命传教约述》《正教奉褒》，合为一册，另有附录《汤若望三代诰命》等12种，属于《中外交通史籍丛刊》。校注者《前言》叙述五书版本和史料价值。认为《熙朝崇正集》的编纂和刊刻很可能与传教士艾儒略、福建文人、教徒有关；《熙朝定案》的形成与南怀仁有关；《昭代钦崇天教至华叙略》是中国教徒何文豪等作，教徒张星曜撰《钦命传教约述》，黄伯禄编《正教奉褒》。黄伯禄书是编年体天主教史，但未注明资料来源。校注者指出五部书共同的特征是："为了阐扬朝廷对传教士的恩宠和对传教的支持，这些资料大多为传教士、教徒和宣教者所撰，有的更是他们亲眼所见，不仅可以弥补官方史料之不足，也可以和西方史料相佐证，具有很高的学术价值。"

在这里笔者还要给德国人莱布尼兹的著作一点笔墨。他不是来华传教士，但与多位来华者关系密切，获得他们的书信及信息，写作出此书。哥特弗里德·威廉·莱布尼茨（Gottfriedo Wilhelm Leibniz，1646—1716年）著《中国近事：为了照亮我们这个时代的历史》。该书于1697年以拉丁文本问世，1699年印制增订版，北京外国语大学海外汉学研究中心据此版组织译出中文本，于2005年由大象出版社印行。中文版的德国学者哈特穆特·鲁道夫（Hartmut Rudolph）《祝贺莱布尼茨〈中国近事〉中文本出版》、张西平《莱布尼茨〈中国近事〉中文版序》、译者梅谦立（Thierry Meynard）《莱布尼茨与〈中国近事〉》、附录李文潮《莱布尼茨〈中国近事〉的历史与意义》，肯定莱布尼茨是 17—18 世纪欧洲最伟大的科学家和哲学家之一，在人类思想史上是极为少见的全才，特别赞扬他主张东西方民族之间的文化互补与交流——用一盏灯点明另一盏，以促进人类共同福祉与进步，中文本的出版必能进一步促进中西文化交流史的研究，同时亦有学者指出该书存在将清代中国理想化的问题。笔者曾从史料学角度写作莱布尼茨编著《中国近事》中文版书评①，说明了解它的史源与可靠性，对中国历史特别是清代初期史研究的重要史料价值，获知它是研讨清代前期中国天主教史重要文献，也是研究中西关系史（如中俄、中法关系）、政治史、民族史、科技史和康熙帝传记的第一手史料；且其作者的史学认识论比同时期的中国史官高明——明确清朝是君主专制政体的国家，皇帝具有至高无上的权力；更从该书众位学者的"祝贺""序""译者的话"对莱布尼茨倡言中西方文化交流、关心人类福祉的盛赞中理解他的世界文化视野因素，遂产生研究中国历史应在全球视野关照下进行的思考，认为《中国近事》可视作将清代中国天主教史放在世界历史中研究的切入点，也应将中俄关系放在国际关系中观察。

西方传教士的著述，以及据此而形成的作品，可以弥补中国资料的某些缺略，也可以印证中国资料的真伪，但它们有一个共同性的毛病，就是往往夸大传教士的作用，夸大他们对中国皇帝的影响，这是要在利

---

① 《〈中国近事〉的史源与史料价值——将清代前期中国天主教史放在世界历史中研究的切入点》，《冯尔康文集·史料学研究》，天津人民出版社 2019 年版。

用这类资料时详加辨别的。

三、近世西方学者研究来华传教士的专著

这类著述颇有一些,专述其传主在中国的历史,是研究中国历史、中国基督教史的必读文献。

魏特著《汤若望传》。汤若望(1592—1666 年),德意志人,1622 年来中国传教,参与明朝政府的修订历法,清初为钦天监监正。在西方,他被认为是传教士中的杰出者。魏特亦德国人,得到长期在中国的传教士学者路易·望·海的帮助,阅读了大量的中国史料,又利用来华传教士的函牍、著作、手稿二千余件。于 1933 年写成《汤若望传》。全书 14 章,从传主的家世、童年写起,中经求学,入耶稣会,到澳门,到西安传教,参与《崇祯历书》修制和西洋大炮的铸造,向顺治帝讲道,为清朝制历法,与杨光先论争,直至死亡,并记叙了后世对他的毁誉。由于作者的史料来源比较丰富,因而容纳了较多的原始资料。陈垣作《汤若望与木陈忞》一文,比较此二人,即常就魏特之书的资料和观点发出议论,如龚鼎孳作《汤(若望)先生七十寿序》,说他“最后直陈万世之大计,更为举朝所难言”。陈垣就此写道:“今读魏特先生书,知龚氏此文,无一语无来历,皆可以魏氏书注出之。所谓最后直陈万世大计者,指康熙之立而言。当议立嗣时,顺治曾使人询若望意见。若望以康熙曾出痘,力主之,遂一言而定。”陈垣就此评论说:“吾尝谓汤若望之于清世祖,犹魏徵之于唐太宗,观魏特先生书而益信。”[1]对魏特著作所提供的资料很重视。事实上,这部著作最吸引清史研究者的,就是它叙述顺治帝与汤

---

[1]　《陈垣学术论文集》第 1 集,第 502 页。

若望关系的那一部分资料，以及康熙帝被选择嗣位的原因。该书中译本由杨丙辰于 20 世纪 30 年代译出，1949 年商务印书馆梓行。

白晋著《康熙帝传》，前文介绍过他的事迹，三百多年后德国学者柯兰霓(Claudia von Collani)于 1985 年为他作传记《耶稣会士白晋的生平与著作》，中译本出自李岩，大象出版社 2009 年出版。柯兰霓《自序》讲索隐派思想体系，指出白晋"创立了一种崭新的、独特的体系——索隐派，即将一些图片、形象和思维方式举行融合而产生一种跨越文化和宗教信仰的，今天被称为'跨文化的体系'。"并认为索隐派思想体系是"向欧洲人和中国人指明了他们各自的和共同的源起"①。显然，作者的主要目标是揭示白晋的"天学"研究的内涵和价值。全书六部分，分量最多的是第二部分《索隐派思想在耶稣会神父白晋的一生中》、第三部分《白晋的索隐派思想体系》。

美国学者魏若望著《耶稣会士傅圣泽神甫传：索隐派思想在中国及欧洲》，英文本 1982 年出版，吴莉苇译，大象出版社 2006 年出版。傅圣泽(Jean Francoise Foucquet，1665—1741 年)，是白晋赴法国征募来华的传教士之一，1699—1722 年在中国。主要在江西南昌、抚州传教。白晋研究《易经》，傅圣泽被康熙帝招至京城，与白晋共同研讨，并住在康熙帝离宫畅春园。全书六章，第二、三章写传主在江西传教，第四章在康熙皇帝的宫廷，分量最重，第五章写返回欧洲。魏若望著作的副标题显示他关注傅圣泽与索隐派的关系。作者认为索隐派的白晋、傅圣泽、郭中传、马若瑟四人在耶稣会士是少数却重要的角色，他们的观点

---

①　[德]柯兰霓著、李岩译：《耶稣会士白晋的生平与著作·自序》，大象出版社 2009 年版，第 1 页。

"成为在中国和在欧洲西方人致力于以比较的眼光来理解中西两种文化的传媒"。"索隐主义可以被描述为这四名法国耶稣会士想从中国经典中发现《旧约》人物的一种尝试。如果不同时注意耶稣会士在中国传教区所面临的问题背景，这种描述会显得奇怪，甚至古怪。"魏若望还认为康熙帝命诚亲王允祉负责编纂的《律历渊源》中的《历象考成》《数理精蕴》吸收了西方科学知识，因为《数理精蕴》可能吸收了傅圣泽使用1628年荷兰出版的范·弗拉克的对数表，并表中的六处错误也照搬过来①。

丹麦人龙伯格著《清代来华传教士马若瑟研究》，李真、骆洁译，大象出版社2009年。作为索隐派学者型传教士马若瑟（Joseph de Premare，1666—1736年），想来读者已有印象。他在1698年随白晋来华，1733年移居澳门。这部著作要点在第一章《导论》中亮明了：马若瑟是中国语言的早期研究者，17世纪神学研究中的古代神学和索隐派中的一员。第三章专论马若瑟撰著《汉语札记》，第十章《马若瑟的身后事》说明《汉语札记》的出版及书评，评论者认为该书"能引领学生们进入到中国作家的作品天地中"。张西平在《中译本序》中特别指出马若瑟潜心研究中国语言和文学，著有《汉语札记》《六书实义》《书经时代以前时代与中国神话之寻究》《耶稣会士适用之拉丁语汉语对照字汇》《中国古籍中之基督教主要教条之遗迹》，翻译《赵氏孤儿》、《诗经》（八章）、《诗经选》二十余种，涉及基督教在华传播史、中国语言文学史。《汉语札记》是西方第一部系统的汉语语法著作，在广州写于1728年，将汉语分

---

① ［美］魏若望著、吴莉苇译：《耶稣会士傅圣泽神甫传：索隐派思想在中国及欧洲》，大象出版社2006年版，第181、134—135、137页。

为白话、文言两部分研究,后世中国基督教堂马建忠 1898 年著《马氏文通》,对之多所接受。

比利时学者高华士著《清初耶稣会士鲁日满常熟账本及灵修笔记研究》,赵殿红译,大象出版社 2007 年出版。鲁日满(1624—1676 年),顺治十六年(1659 年)到广州,十八年(1661 年)开始在江南地区传教,翻译《论语》(部分),撰写《鞑靼中国新史》,特别是用拉丁文书写私人收支——"私人账本",记录康熙十三年(1674 年)10 月至次年 5 月收支情况。高华士在书中叙述鲁日满简史、在中国传教活动及生活状况,介绍由其发现的鲁日满私人账本,译成英文,过录于书中,并用七章的篇幅(也是此书的主要篇幅)作出说明和评论,深入、具体地反映传教士传教活动,对了解清代前期社会经济史具有较高价值。鉴于该书公布鲁日满私人账本,系传教士文献,故将该书介绍著录于此。

崔维孝《明清之际西班牙方济会在华传教研究(1579—1732)》,中华书局 2006 年出版。

四、西方人的历史记录和史学专著

揆一等撰《被遗误的台湾》(《被忽视的台湾》),1675 年出版于阿姆斯特丹。揆一为荷兰东印度公司在台最后一任长官,被郑成功战败,回国后遭谴责,写此书推卸他失败的责任,但是书中反映了郑成功收复台湾的过程。该除荷兰文本外,还有英、日文译本[①]。

牛霍夫撰《奉使中国日记》。牛霍夫于 1655 年为荷兰使节到中国,

---

① 参阅谢国桢:《晚明史籍考》。

日记录其事,并涉及江南地区的社会经济和民情。①

福斯特著《在华五十年》,记叙美国传教士克劳福德在中国传教的活动和见闻,该书第 11 章叙述其到太平天国辖区苏州及路过南京的情况,有张广学译文,发表在《清代西人见闻录》里。

《清末教案》第 5 册《美国对外关系文件》,陈增辉主编、郭舜平译,中华书局 2000 年出版。

《瓦德西拳乱笔记》,王光祈译,收入《近代史料笔记丛刊》,中华书局 2009 年出版。

英国使节乔治·马戛尔尼(George Macartney, 1737—1806 年)勋爵的《乾隆英使觐见记》,刘半农译,收入《清外史丛刊》,中华书局 1917 年椠刻,天津人民出版社于 2006 年以《1793 乾隆英使觐见记》为名重新推出,附有林延清解读的《龙与狮的对话》。马戛尔尼以庆祝乾隆帝八十圣寿为名出使中国,于 1793 年(乾隆五十八年)7 月 25 日抵达天津大沽口外,9 月 13 日到热河,14 日在避暑山庄万树园向乾隆帝递交国书,17 日参加乾隆生日祝寿礼,21 日回到北京,12 月 9 日到广州,1794 年 1 月 10 日(十二月初九日)离开广州回国。该书记叙他在中国的经历和对中国政体、民情的观察。如乾隆帝以高龄自诩:八月初十日(9 月 14 日),乾隆帝在热河避暑山庄万树园接见马戛尔尼并赐宴,酒馔极其丰盛,"而皇帝复分外殷渥,命执事官取其桌上之盛馔数色,及酒一壶,送至吾桌……(酒)饮之颇甘美适口……约过半点钟,皇帝召余及史但顿(即斯当东)勋爵至其前,各亲赐温酒一杯,吾二人就其面前立饮

---

① 参阅谢国桢:《晚明史籍考》。

之"。回座位后,"皇帝与吾闲谈。问:'你们英吉利国王今年几岁了?'余据实告之。皇帝曰:'朕今年八十三岁了,望你们国王与我一样长寿。'言时,意颇自得,气概尊严若有神圣不可侵犯之状,然眉宇间仍流露其蔼然可亲之本色。余静观其人,实一老成长者,形状与吾英老年绅士相若,精神亦颇壮健,八十老翁望之犹如六十许人也"。乾隆帝的寿辰连续庆祝三天,第二天马戛尔尼等人又应邀去观看戏曲演出和各种娱乐活动,早晚两场。早场八点开始,正午结束。开演不久乾隆帝召见正副二使,和颜悦色地说:"朕以八十老翁,尚到园子里来听戏,你们见了可不要骇异,便是朕自己,平时也以为国家疆域广大,政事纷繁,除非有什么重大庆典,像今天一般,也总觉没有空儿常到此间来玩。"观赏戏剧中,"皇帝使人送茶点至,虽为极精之品,而余以时去晚膳未几,腹中尚饱颇不愿食,然因其为皇帝所赐,按诸中国礼节不可不食,遂略进少许"①。

《马戛尔尼使团使华观感》,包含乔治·马戛尔尼《马戛尔尼勋爵私人日志》、约翰·巴罗《巴罗中国行记》两部分,何高济、何毓宁译,商务印书馆2013年出版。马戛尔尼《日志》讲到中国等级明显"中国的等级差异多半比别的国家更明显"(第7页)。家庭关系:"中国家庭和朝廷一样也维持等级隶属关系。父权虽无限,但始终表现出仁爱和宽大。在中国,有时父母出卖孩子,抛弃婴儿,但只有在极端绝望的贫穷条件下,孩子留在家里必然会饿死才这样做,而在亲情的纽带没有被父亲折磨的地方,它就日愈加强,终生不变。中国各阶层特点中,没有比这种

---

① [英]马戛尔尼著、刘半农原译、林延清解读:《一七九三乾隆英使觐见记》,天津人民出版社2006年版,第118—130页。

极其值得尊重的融洽关系更令人注目了"（第7—8页）。中国人疑惧外国人及原因："他们天生猜忌多疑"，害怕和外国人接触，以为外国人奸诈凶残，这种看法"受到政府支持，其政策看来是要百姓相信，他们本身已经完美，因此不可能从洋人那里学到什么"。奉命侍候副使斯当东儿子小斯当东的中国童子以为洋人会吃人。官民不协调："百姓极端憎恶曼达林和当官的人，他们害怕官吏任意处罚，迫害和凌辱他们，痛感官吏之不公，他们必须满足官吏的贪婪。"对皇帝表示的公平对待满人汉人，均不相信："皇帝作为其子民之父，虽然公开表示，希望大家明白他对鞑靼人和中国人一视同仁，但鞑靼人也好，中国人也好，都不被这番话欺骗。"（以上见第11页）皇帝利益第一："在中国，皇帝的利益始终是头等重要的事。"（第31页）从上到下对科学无好奇心："无论乾隆本人，还是他身边的人，对这些东西（使团带来的科学仪器礼品）都没有好奇心。此外，现政府的政策不鼓励新事物，尽量防止百姓抬高外国人，贬低自己。"（第63—64页）

巴罗（John Barrow 1764—1848年），马嘎尔尼使团主计员，著述《中国行记》，1804年在伦敦出版，中译本据1806年第2版翻译。译者在《中译本说明》中指出巴罗著述，"用意在于补充有关对中华帝国和中国人的看法"，重点在叙述"旅华期间的见闻，向欧洲人介绍这个大帝国，乃至探索它的起源和历史"。巴罗自云写作目的"向公众传达对中华帝国和中国人的看法"（第112—113页）。下面摘录他的观察见解：

个人控制的大一统国家及各方面的格调一致："稳定的中国政府，政体长期保持不变，庞大帝国和众多人口，构成由同一法律指导，由个人意志统治的国家。""中国城市差不多是一个模样，按照相同的设计，用石、砖或土构筑方形城墙……百姓的风貌、服装和娱乐也几乎一个样。"(第113—114页)"强有力的统治者已经完全控制,而且按照他的思维塑造百姓的形象,百姓的伦理和品行则受政府法律的支配,几乎完全受其统治。""一方专制、独裁和压迫,另一方畏惧、虚伪和反抗。"(第333页)

丧葬费用大:"中国人的巨大丧葬费用超出欧洲人的想象。"(第214页)

概括中国人特性:"这个民族总的特点是自大和自卑,假正经和真浅薄,彬彬有礼和粗鄙下流的奇异结合。""在任何场合他们都表现出所谓民族优越的虚荣心、自视甚高的狂傲。他们不是没有感觉到他人的优点,但假装看不见……与他们自己相较,世上所有民族都是蛮夷。"(第220页)

深刻了解中古民情的事例,得知"见面话":"南方几省的老百姓,打招呼的话是:ya fan,吃过饭了吗? 中国老百姓希望享受的最大乐趣就是吃饱饭。"(第222页)

认识到孔子箴言影响不同时代和民族:"孔夫子的道德箴言表现作者崇高的思想,对任何时代和民族都有影响。"(第279页)摘录孔子语录"己所不欲勿施于人""天下之达道五,所以行之者三,曰君臣也,父子也,夫妇也,昆弟也,朋友之交也,五者天下之达道也"(第350页)。

看到农民地位不寻常:"农民在社会上是勤劳和体面的人,仅位于读书人或官员之后。"(第352页)

外贸商人受歧视:"在中国从事外贸的人被当成流浪者。"(第353页)

北京民间日出而作日落而息的一天生活情状:"北京的大街上,傍晚五六点钟,难得看见有人行走,到处都是猪狗。居民干完了白天的活,此时都各自回家,吃饭,同时按他们大皇帝的习惯,日落就睡觉……一大清早百姓就像蜂群嗡嗡喧闹……晚上八时,哪怕在夏季,北京城门也是关闭的,门钥匙交给城守,不得以任何理由开启。"(第365页)

大体上说,18世纪英国使华的马戛尔尼、巴罗在中国时间不长,但以局外人的敏锐性,认识中国国情、民情主要是:(甲)皇权规范了民众性格。什么是当时中国人的性格? 崇拜皇权、畏惧官员,奴仆心理,等级观念严重,自大而不自信;(乙)18世纪中国人的生活水准,住宅、饮食、卫生、大家庭、自杀、吸毒、赌博恶习;(丙)中国人的自我中心论;(丁)尊重孔子的普世价值言论;(戊)以祝寿为名,是投其所好,深知中国皇帝的自大和虚荣心。此外,以外交官的身份批评传教士关于中国的不实报道及其原因。

亨利·埃利斯著《阿美士德使团出使中国日志》,刘天路、刘甜甜译,商务印书馆2013年出版,系国家清史编纂委员会《编译丛刊》之一。阿美士德勋爵1816年来中国,商讨中英贸易问题,8月9日乘船到塘沽,29日到北京,因觐见嘉庆皇帝的礼仪商谈破裂,嘉庆帝拒绝接见大使,使团遂于30日离开北京,取道大运河、长江、赣江、广州回国。副使亨利·埃利斯(Henry Ellis,1788—1855年)在行程中写有日记,1817年出版。所书行程较为详细,第一章驶往中国,第二章从广州经天津到通州,第三章觐见前被遣返,第四章至第七章分别是直隶境内、经山东到江南、从扬子江到赣江、广东,第九章观察与评论。与他的前行者马戛尔尼、巴罗的著作颇有类似处,细致观察清朝政府的政情和民间状况。如 8 月 22 日和公爷等与阿美士德谈判觐见皇帝礼仪,被要求行跪拜礼,理由是:"就像只有一个太阳一样,只有一个大皇帝;他是全世界的主宰,所有的人都必须向他表示敬意。"(第 102 页)述说天津城市面貌和空气污浊:"天津的街道很窄,居民住宅靠街一面的墙壁全都是封闭的,让街道显得毫无生气。下雨天的时候,街上就会十分泥泞。我们的嗅觉神经将会被臭气浸透……"(第 142 页)在天津、扬州观看磨坊:"粮食商和磨坊主的职业在这里似乎合二为一了,因为我们就在卖粮食的商店里,看到一头驴子,把各种各样的粮食磨碎。"(第 142 页)在扬州,"在一次穿过稻田散步,我被一家磨坊的机器声所吸引,走进了磨坊主的房子,里面有一个脱壳用的磨……"(第 194 页)清朝官员作风:"他们的举止行为与其说富有教养,不如说是出于礼节。从他们处理公务的方式中能够引起注意的,是极度的谨慎、无休止的说谎以及严格执行他们上司的命令。"对社会下层的认知:"下等阶层的乐观天性,根据我观察的结果,我对他们的习惯和一般行为怀有较好的看法。"(第 300 页)

法国学者蓝莉著《请中国作证:杜赫德的〈中华帝国全志〉》,许明龙译,商务印书馆 2015 年出版。这部著作是研究杜赫德(Jean Baptiste Du Halde,1674—1743 年)的《中华帝国全志》(1735 年始祖版)专著。对于杜赫德,读者已不陌生,他是法国耶稣会士,没有到过中国,但同来华耶稣会士交往频繁,编辑前述《耶稣会士书简集》及《中华帝国全志》。蓝莉认为《全志》对于西方人认识传教士介绍中国的书信及翻译的中国典籍对西方社会的影响,应有准确认知,为此,据以写作博士学位论文,加工后成为此书。蓝莉认为《全志》"是一部多学科交汇的著作:宗教思

想史、心态史、法国绝对王权主义史、早期清代史"(第 370 页)。揭示
17、18 世纪法国人从传教士文献得到那种启示:"康雍年间的中国是一
个中央集权家,治理良好,繁荣富庶,人口众多,与邻国和睦相处;杜赫
德在《全志》中闭口不提中国的机体不良,其实《全志》的某些供稿人大
概并非不知道中国的这些消极面。纵然如此,对于不断领土战争和宗
教战争撕裂的欧洲大陆而言,这样的一个中国似乎可以被视为平滑的
榜样。在社会方面,法国税收不平等,官职可以买卖,与此相比,中国以
才取士的科举制度和法国废除奴役制,似乎正是医治困扰着法国旧制
度诸多病症的一剂良药。一个不强制百姓独尊一种宗教而废黜其他宗
教的政权,与欧洲所有国家中盛行的'臣民的宗教信仰随君主为定'观
念形成强烈对比,由此似乎可以触摸到欧洲政教分离思想的发展……"
(第 371 页)

英国学者怀特(G. H. Wright)、托马斯·阿鲁姆(Thomas Al-
lom)的《清帝国图记——古代中国的风景、建筑与社会生活》,刘佳、马
静译,天津教育出版社 2011 年出版。该书初版于 1843 年的英国。怀
特,传教士,写作本书的文字;阿鲁姆,英国皇家建筑师协会创建人,依
据在中国的游历和荷兰、英国、法国画家的有关画作,创作本书的图画。
图文配合,如书题所示,反映 19 世纪上半叶中国人社会生活和建筑。
作者赞叹中国的长城、大运河伟大工程,对清朝政体、民间社会投入注
意力:"这个伟大的帝国由一人统治,无数人们习惯及机械地服从统治
者。""等级制度或说父权制度似乎一直是中国制度的基础。""该国人民
十分软弱,他们仅仅是专制制度的机器,不存在个人尊严……所有的荣
誉都是皇帝或朝廷赐予的。"特别注意到男女性别比失调:"我认为男女

之间的比例严重失调。"(均见《序》)城市生活的常态宵禁:衙役"还负责夜间执勤,不允许人们晚上出去,除非手持灯笼,并有诸如请医生等紧急情况"(第 67 页)。被处罚的犯人要感恩:"通常情况下,挨完板子后,犯人还得跪在监刑员面前,连磕三个头表示对他所赐惩罚的感激。"(第75 页)民间生活的"迎春的仪式""元宵节""赛龙舟""丰收节的祭献""婚礼的筹备""迎亲队伍""祭奠已故亲人""求签算命";民间生产劳作的"种茶记""棉花""春蚕作茧""染丝""水稻种植""插秧""拖网捕鱼""街头剃头匠""天津的游医""纤夫""瓜州水车""东昌府卖饭人";文艺娱乐生活的"天津戏院""临清的街头表演""踢毽子";宗教信仰的"太湖碧螺寺""定海云谷寺佛像""宏伟的普陀寺""澳门妈祖庙""河南寺";均是图文配合,给读者生动形象的印象。

德国人费迪南德·冯·李希霍芬著《李希霍芬中国旅行日记》,李岩等中译本据 1907 年版译出,商务印书馆 2016 年版出版,系国家清史编纂委员会《编译丛刊》之一。李希霍芬(Ferdinand von Richthofen,1835—1905 年),地质地理学家,在 1868—1872 年间数度到中国旅行考察,足迹遍布中国十三省的市镇村落,首创后世使用频繁的"丝绸之路"名词,他的学生蒂森(E. Tiessen)为其整理出版这部著作。日记记录了的中国山脉、气候、人口、经济、交通、矿产状况。李希霍芬在 1870年夏天记录当年天津教案——"火烧望海楼"(上册第 428 页)。李希霍芬评论在上海的宁波人与广州人不同的商业意识,前者满足于获取薄利,后者目标在赚大钱。绍兴则出师爷。因而认为"在中国这样一个整齐划一的国度里,人们的进取精神和兴致凸显出地域性的特点和方向差异,真是一件引人注目的事"(第 445—446 页)。1870 年,在宁国县水东的徐村,有传教士德国人比斯(Royer),这是老教区,茶馆老板是老教徒,村子破落,是太平天国战争造成的,神父的房子最大,三间,一间卧室,一间客房,一间食堂,挂着许多讲述圣经故事的彩色画,有塑造魔鬼和地域内容的,但不适于在精神上超越佛教教义。比斯一贫如洗,只有一头骡子。"教徒家庭都是那些在200年前就已经皈依的家庭。他们完全委身于他们的宗教,5点钟早起去做弥撒,晚上能听到他们在自己家里长时间地念叨经文。"比斯尽职,但不善于教导教徒,不能改变他们不讲卫生,身上肮脏,缺少礼貌修养。教徒穷,但比斯靠他们捐献,这是教会安排不当,只知在广州、上海、南京、北京建大教堂,不顾下面神父(第493—496页)。南京重建教堂:太平天国战争破坏了天主堂,战后佛教寺庙争天主教堂原来基地,并在争斗中建庙,天主教只好在另外地方建筑教堂,到19世纪70年代成为"城里最漂亮的房子"(第55页)。"教会分配不同修会传教点,其中江苏和安徽两个行省被分给了耶稣会,早些时候他们可以不受任何限制地在整个中国传教,但是现在只能在分配的地盘上活动,影响力也大不如前。每年在耶稣会的总传教站上海的聚会是他们最重要的活动",他们注重在大城市传教,如在南京,有两位神父"打算建一所自然历史博物馆和一座观象台"(第103页)。中国农业发达:"中国的经济发达让人有些意外,但说到底不过是发达的农业体系,而所谓的发达完全取决于肥料和灌溉。"(第50页)江阴的一个小山间,传教士对李希霍芬说17世纪初有一间天主教堂,山脚下还有更大教堂,都破败了,"几百名中国信徒的后代至今还生活在这里"。值得注意的事情,也是不可思议的事情,是传教士的驱魔活动:"神父们十分虔诚和严肃地告诉我,中国人其实是被魔鬼迷住了,他们要尽可能地救赎。他们描述的救赎场景相当诡异,如同病情发展一般,通过祷告就能让在场的几百名中国听众们摆脱魔抓,接受主的洗礼。但是神甫们严肃的神情和口气又令我难以反驳。或许是对宗教的狂热和坚信,使这些神父们具有了类似招魂师的能力吧。他们当中一个负责画一些宗教图画,加上文字印好后会发到中国人的手里。他的画十分精美,题材都是基督教中的神和天使。"(第 104—105 页)1872 年 4 月记录在重庆获得的天主教传教事情:有信徒 6 万,3000 人在重庆,有 10 位法国神父,40 位中国神父,有富裕教徒(第 705—706 页)。1871 年 2 月 10 日,是咸丰十年除夕,在南京"热闹非凡,人们正在为明天即将到来的除夕做准备。岸边,街道上甚至船上都挂上了彩色的灯笼,焰火和炮竹的声音此起彼伏,震耳欲聋"。初一"人们尽情地欢闹,燃放各种各样的焰火和爆竹。穿上过节的好衣服,四万万人同时休息"(第 98 页)。

西班牙人门多萨著《中华大帝国史》,何高济译,中华书局 1998 年出版,列入《中外关系史名著译丛》。胡安·冈萨雷斯·德·门多萨(Juan Gonsales de Mendoza,1545—1618 年),没有到过中国,汇编葡萄牙人克路士、西班牙人拉达的著作及与拉达共同赴福建的修士马任书写的资料。此书在《绪论》之外包涵两大部分,第一部分《中华大帝国史》,内分三卷四十三章;第二部分由三卷组成,第一卷《福建行纪》,第二卷《奥法罗中国行纪》,第三卷《环行世界纪》。1583 年首次出版,是西方世界第一部详细介绍中国历史文化的专著。

法国荣振华著《在华耶稣会士列传及书目补编》,耿昇译,中华书局 1995 年,《中外关系史名著译丛》。荣振华(Joseph Dehergne,1903—

1990年），耶稣会士，1934年晋神父，1936—1951年在中国，在复旦大学讲授历史、法文，著有《中国的犹太人》《传教士们对中国地理的研究》《1901—1980年有关耶稣会历史的书目》。耿昇在《译者的话》（1991年10月）中认为荣振华："终身孜孜不倦地从事中国文化研究……他的学术观点一般来说都比较公正客观。"《在华耶稣会士列传及书目补编》说明史料来源、主要资料及用法，主要内容是：《1552—1800年在华耶稣会士列传》中的列传、有关资料的综合统计表、入华耶稣会士人名分类统计表。

郭德焱《清代广州的巴斯商人》，收入《中外交流历史文丛》，中华书局2005年出版。

下面，介绍西方人关于中国记载的几部中译本丛书：

《清外史丛刊》，中华书局1917年椠刻。收有刘半农译的马戛尔尼《乾隆英使觐见记》；濮兰德·白克好司的《慈禧外纪》《清室外纪》，朴笛南·姆威尔的《庚子使馆被围记》，皆由陈冷汰、陈诒先翻译；卡尔的《慈禧写照记》，陈震译。所叙清史，或缺少第一手资料，叙事或与事实不合，然亦可作参考。

上海古籍出版社《海外汉学丛书》，王元化主编，1989年出版4种，到2019年已经出版三十余种，内含何炳棣《1368—1953中国人口研究》（葛剑雄译），谢和耐《中国与基督教——中国和欧洲文化之比较》[①]（耿昇译）、《中国人的智慧》（何高济译），前述《清廷十三年：马国贤在华回忆录》等。丛书出版之前，该社出版《海外红学论集》、李约瑟《中国科学技术史》等书。

---

① 该书2003年出版增订本，题为《中国与基督教——中西文化的首次撞击》。

大象出版社印行的《海外汉学研究丛书》，收集国内外学者不同时期的有关海外汉学的著作，"海外"范围，不限于西方，也有东方国家汉学研究著作。笔者所知该丛书出版物 9 种：胡志宏《西方中国古代史研究导论》(2002 年)、王健《"神体儒用"的辨析：儒学在日本历史上的文化命运》(2002 年)、阎宗临《传教士与法国早期汉学》(2003 年)、姜其煌《欧美红学》(2005 年)、张西平《传教士汉学研究》(2005 年)、张西平《欧美汉学研究的历史与现状》(2006 年)、莫东寅《汉学发达史》(2006 年)、李明滨《俄罗斯汉学史》(2008 年)、张西平《莱布尼兹思想中的中国元素》(2010 年)。

本世纪以来，国家清史编纂委员会下属的编译组组织编译与清史研究密切相关的传教士文献、西方学者关于清史的著作，纳入《清史译丛》《编译丛刊》出版，列入《清史译丛》的由中国人民大学出版社印制，《编译丛刊》内各种多系大象出版社、商务印书馆出版。到 2013 年业已出版 60 种，内有：2004 年出版葡萄牙安文思著，何高济、李申译《中国新史》；法国李明著、郭强等译《中国近事报导(1687—1692)》；倪瑞英等译《八国联军占领实录：天津临时政府会议纪要》；美国梅尔清著、朱修春译《清初扬州文化》。2005 年出版美国曾小萍著、董建中译《州县官的银两——18 世纪中国的合理化财政改革》；德国余凯思著、孙立新译《在"模范殖民地"胶州湾的统治与抵抗——1897—1914 年中国与德国的相互作用》；英国李提摩太著，李宪堂、侯林莉译《亲历晚清四十五年——李提摩太在华回忆录》；美国罗威廉著，江溶、鲁西奇译《汉口——一个中国城市的商业与社会(1796—1889)》。2006 年出版美国魏若望著、吴莉苇译《耶稣会士傅圣泽传——索隐派思想在中国及欧洲》。2007年出版英国杜格尔德·克里斯蒂著、张士尊等译《奉天三十年(1883—1913)——杜格尔德·克里斯蒂的经历与回忆》;比利时高华士著、赵殿红译《清初耶稣会士鲁日满常熟账本及灵修笔记研究》;瑞典托米·本特森,美国康文林、李中清等著,李霞等译《压力下的生活:1700—1900年欧洲与亚洲死亡率和生活水平》。2008年出版罗威廉著,鲁西奇、罗杜芳译《汉口:一个中国城市的冲突和社区(1796—1895)》;美国威廉·埃德加·盖洛著、晏奎等译《扬子江上的美国人——从上海经华中到缅甸的旅行记录(1903)》;威廉·埃德加·盖洛著、沈弘等译《中国十八省府》;美国步德茂著、张世明等译《过失杀人、市场与道德经济——18世纪中国财产权的暴力纠纷》;美国王业键著、高风等译《清代田赋刍论(1750—1911)》。2009年出版美国罗有枝著、李岩译《清代宫廷社会史》;德国柯兰霓著、李岩译《耶稣会士白晋的生平与著作》;美国孟德卫著、潘琳译《灵与肉:山东的天主教(1650—1785)》;丹麦龙伯格著、李真等译《清代来华传教士马若瑟研究》;法国伊夫斯·德·托马斯·德·博西耶尔夫人著、辛岩译《张诚——路易十四派往中国的五位数学家之一》;美国孟泽思著、赵珍译《清代森林与土地管理》;美国穆素洁著、叶篱译《中国:糖与社会——农民、技术和世界市场》;美国司徒琳主编、赵世玲译《世界时间与东亚时间中的明清变迁》。2010年出版国际会议编辑委员会编辑、张士尊译《奉天国际鼠疫会议报告(1911)》;美国李榭熙著、雷春芳译《圣经与枪炮——基督教与潮州社会(1860—1900)》;美国路康乐著、王琴等译《满与汉:清末民初的族群关系与政治权力(1861—1928)》;英国庄士敦著、潘崇等译《儒学与近代中国》。2011年出版瑞典斯文·赫定著、赵清译《帝王之都——

热河》；美国范发迪著、袁剑译《清代在华的英国博物学家——科学、帝国与文化遭遇》。2012年出版美国欧大年著、马睿译《宝卷——十六至十七世纪中国宗教经卷导论》；德国郎宓榭等著、赵兴胜等译《新词语新概念：西学译介与晚清汉语词汇之变迁》；美国邓尔麟著、宋华丽译《嘉定忠臣——十七世纪中国士大夫之统治与社会变迁》；英国克拉克·阿裨尔著、刘海岩译《中国旅行记(1816—1817)——阿美士德使团医官笔下的清代中国》。2013年出版美国斯蒂芬·R.麦金农著、牛秋实等译《中华帝国的晚期的权力与政治——袁世凯在北京与天津(1901—1908)》；英国伟烈亚力著、赵康英等译《基督教新教传教士在华名录》；英国亨利·埃利斯著、刘天禄等译《阿美士德使团出使中国日志》；罗威廉著、陈乃宣等译《救世——陈宏谋与十八世纪中国的精英意识》；英国乔治·马戛尔尼、约翰·巴罗著，何高济、何毓宁译《马戛尔尼使团使华观感》；等等，不具载。

王鹤鸣等主编《西方人笔下的中国风情画》，上海画报社1997年出版。该书所选图画，皆西方人所绘，是从上海图书馆藏西方人编辑出版的44种图书中选出430多幅，汇辑而成。这些绘画，表达出西方人在华的感受及对中国文化的认知，并能反映清朝人的生活、清代社会历史的某种状况，如帝王画像、阅兵仪式，清朝的酷刑，农民的耕作，养育子女，学校教育，小贩祭祖扫墓。

最后，谈谈清代西方人对中国访察文献的印象及阅览注意事项。来华者有多种身份，有长期居停的基督教传教士、外交使团官员、旅行者，他们有专著、日记、函件、随笔，但是有一种情形需要留意，就是本人没有到过中国，而依据与赴华者通信及他人著作，写出有价值的图书，如莱布尼兹的《中国近事》、门多萨的《中华大帝国史》。各种身份的写作者，关注中国的事项有所不同。外交官特别留意于中国政体、政治运作、行政效率、官员品质，对中国中央集权君主专制、没有贵族、等级制很敏感，同时认识到中国老百姓的顺从与生活艰难。传教士关心中国皇帝对基督教的态度，更多的是报导传教情形及业绩，进而说明中国人性格、社会状况与信仰。旅行者对接触过的、目睹的中国人有其认知，多注意民族属性方面。各种访华者的文书有共同点，就是记载中国历史、现状、民众生活和心态，反感中国人的自我中心论，对外国人的蔑视而又有提防的心理。他们也有一点差异，就是外交官指责传教士文书叙事的不够准确，如马戛尔尼、巴罗的《马戛尔尼使团使华观感》认为传教士的撰述"往往会是不够详细和不公正的。因为这些作者尽管他们可能无意编造故事，仍然在他们谈事实时并不总是谈全部真相"（第5—6页）。其实外交官、旅行者的文献同样有因不够了解中国的制度和民情以及文化观念差异而造成的误失。鉴于西人著述的诸种特点和缺失，笔者特别指出：其一，西方人和所有外国人的载笔是研究清史的重要史源之一，有的中国官修史书忌讳的、隐瞒的史实，就出现在外人记叙里；其二，外国人，由于其文化观念、事业而关注某些社会现象，如清代中国人的天主教信仰史的记录，就成为研究清史不可缺少的资料；其三，西方人的政治思想理念和历史观，诸如对中国政体、文化中心论的敏锐认知，当时的中国人对那些糟粕不以为非，反而沾沾自喜，流传、影响深远；其四，外国人的文献对中国历史、民情有错误记载，不可尽信，必须有分析地运用。

第四节　俄文著作中的清史资料

沙俄政府与清朝政府的交往比其他西方国家早,先后订立《尼布楚条约》《恰克图条约》,早在雍正年间东正教就在北京设立了常设机构,商人不断地进入北京贸易,所以俄国官员、教士、商人都有关于中国的文书,俄国官方也有一大批。如俄罗斯对外政策档案馆亚洲图书馆全宗,包含了大量关于清代中国的史料。又如俄国报纸《公报》(1703—1727 年出版)、《圣彼得堡公报》(1728—1740 年出版)载有关于康熙雍正间中国消息、事件、欧洲与中国的关系,俄国与中国的关系,如记叙对准噶尔部的战争,平定藏人阿尔布巴之乱,雍正间赴俄使团的活动,中俄贸易以及清朝对西方传教士的态度①。下面仅就中国社会科学院近代史研究所著作的《沙俄侵华史》第 1 卷(人民出版社 1976 年出版)、第 2 卷(1978 年版)所附《俄文参考书名译汉表》,选择一部分俄人所著有关清史资料的书目于下:

巴德玛耶夫:《俄国与中国》,1905 年彼得堡出版。

班蒂什—卡缅斯基:《1619—1792 年俄中外交资料汇编》,1882 年喀山出版。

瓦·巴·瓦西里耶夫:《中国的发现》,1900 年彼得堡出版。

维谢洛夫斯基:《北京俄国传教士团史料》,1905 年彼得堡出版。

格·尔:《十九世纪三十至五十年代北京传教士团和俄国贸易》,苏

---

① 参阅[俄]斯拉斯特尼娃:《俄国第一份报纸中有关中国情况的记载》,《世界史研究动态》1991 年第 11 期。

联《红档》杂志,1932 年第 53 卷。

戈鲁勃佐夫:《阿尔巴津古城史》,1902 年布拉戈维申斯克(海兰泡)出版。

冈索维奇:《阿穆尔边区史》,1914 年布拉戈维申斯克(海兰泡)出版。

格鲁兹捷夫:《阿穆尔》,1900 年彼得堡出版。

达维多夫:《满洲和蒙古东北部的殖民》,1911 年符拉迪沃斯托克(海参崴)出版。

卡札宁:《义杰斯与勃兰德使华记(1692—1695)》,1967 年莫斯科出版。

廓索维慈:《中国人及其文化》,1898 年彼得堡出版。

柯尔萨克:《俄中通商历史统计概览》,1857 年喀山出版。

马克:《黑龙江旅行记》,1859 年彼得堡出版。

马尔坚斯:《俄国与中国》,1881 年彼得堡出版。

俄国外交部编:《俄中条约集(1689—1881)》,1889 年彼得堡出版。

波兹德聂耶夫:《蒙古与蒙古人》,第 1、2 卷,1892—1893 年彼得堡出版。

萨多夫尼科夫:《我们的新土地发现者(西伯利亚殖民史话,1581—1712)》,1905 年莫斯科出版。

帝俄地方自治会编:《黑龙江地区》,1909 年莫斯科出版。

齐赫文斯基主编:《十七世纪俄中关系文件集》,第 1 卷,1969 年;第 2 卷,1972 年,莫斯科出版。

特鲁塞维奇:《俄中通使与通商关系》,1882 年莫斯科出版。

阿尔谢尼耶夫:《乌苏里地区的中国人》,1914 年巴哈罗夫斯克(伯力)出版。

近年对俄文的有关清史资料,学界亦有所关注,整理、出版一些书籍,如国家清史编纂委员会编译组与中国人民大学清史研究所合编《故宫俄文史料》;再次编辑《清史译文》,其新编第一辑包含"俄国来函",文件形成时间是康熙至道光年间。国家清史编纂委员会《编译丛刊》中有俄国著作有尼古拉·阿多拉茨基著、阎国栋等译《东正教在华两百年史》(2007年);米·约·斯拉德科夫斯基著、宿丰林译《俄国各民族与中国贸易经济关系史(1917年以前)》(2008年);阿·科尔萨克著、米镇波译《俄中商贸关系史述》;俄国娜·费·杰米多娃等著、黄玫译《在华俄国外交使者(1618—1658)》(2010年);E. 斯卡奇科夫著、B. C. 米亚斯尼科夫编,柳若梅译《俄罗斯汉学史》(2011年);B. C 米亚斯尼科夫主编、徐昌翰等译《19世纪俄中关系:科学与文献第一卷(1803—1807)》(2012年)。

附录一 清史专题史料基本书目

说明：

正文中对各种体裁的清史资料进行了介绍，简单交待了它们的史料价值，读者如果研究某一具体的清史问题，自可从各类体裁载籍中去选择，但其散在各章节，检索费时，因而不揣谫陋作专题分类书目，以便读者参考。这个书目的制作，考虑了以下因素：

(1)清朝一代历史，事情太繁，一一立题，势所不能；有的事情很重要，如摊丁入亩制度的实行，但又缺乏专著，不可能立题；如果只从社会历史大的方面(如经济、文化)考虑，具体的然而又很重大的制度、事件又会表现不出来。这种种因素决定，要以社会历史大的方面和重大事件、重要制度为立题原则，是以拟定了19个专题。

(2)每一个专题之下，包括两方面内容：一是开列基本书目；一是介绍有关的某一类型的书,一般不罗列书名。

(3)所著录的书,相当部分是正文各章介绍过的,也有新出现的。为避免重复,除书写目录学所要求的书名、卷数、作者、版本之外,不再作其他说明。

(4)有的重要史籍,内容广泛,涉及多方面历史问题,因此不惮其烦,在相关的专题中,均视需要而重复著录。这是为每一个专题资料完整性考虑的。

(5)外国人的有关著述,无论是资料性的,抑或论述性的,凡有中译本的,亦在收列范围之内,其无中译本者,酌量著录。

(6)各书所注版本,为便于读者寻找,一般注最新版和通行本。

(7)本书目包含三大部分,即通论、各种制度和重大历史事件,并依此次序编排,惟道光以降重大事件未作书目,请读者见谅。

又,在为此次阅改中,思考二事:一为作此专题书目,实为力所难及,作得大胆,因为无能驾驭清史全局,拟题很难恰当,尤其是新史料、新观点、新视角不断发现,不断更新,笨拙的笔者明知需要修订,然因力不从心,不作框架的变动,只是增加几部书;二是有的图籍有了新版本,笔者采取了一部分,有的因客观原因未能提供新信息,十分抱歉。

一、清代通史

《清历朝实录》(《清实录》),正文4433卷,清朝官修。1986—1987年中华书局影印本,1964年台北华文书局影印本。《宣统政纪》70卷,有与《清实录》合印本。

《东华录》32卷,蒋良骐,1980年中华书局点校本。

《东华录》624 卷,王先谦,光绪十年(1884 年)上海广百宋斋校印本。

《清历朝起居注》,清历朝官修,原书藏中国第一历史档案馆和台北"故宫博物院",1984 年 2009 年中华书局先后梓刻中国第一历史档案馆编《康熙起居注》《清代起居注册·康熙朝》,1993 年刊《雍正朝起居注册》,2002 年广西师范大学出版社印刷《乾隆帝起居注》。1983—1988 年台北联合报文化基金会国学文献馆刊《清代起居注册》咸丰朝及同治朝、光绪朝三朝部分。

《清史稿》529 卷,赵尔巽等,1977 年中华书局标点本。

《清史》550 卷,张其昀等改编《清史稿》成此书,台北"国防研究院"1961 年刊。

《清国史》,1993 年中华书局。

《圣武记》14 卷,魏源,1984 年中华书局标点本。

《清朝文献通考》300 卷,清官修,20 世纪 30 年代商务印书馆"十通"本,1988 年浙江古籍出版社"十通"本。

《清朝通典》100 卷,清官修,20 世纪 30 年代商务印书馆"十通"本,1988 年浙江古籍出版社"十通"本。

《清朝通志》126 卷,清官修,20 世纪 30 年代商务印书馆"十通"本,1988 年浙江古籍出版社"十通"本。

《清朝续文献通考》400 卷,刘锦藻,20 世纪 30 年代商务印书馆"十通"本,1988 年浙江古籍出版社"十通"本。

《清会典》《会典则例》《会典事例》《会典图》,清朝历次所修,详见第三章有关部分,1991 年中华书局。

《切问斋文钞》30 卷,陆燿编,道光五年(1825 年)刻本。

《清代经世文全编》,来新夏主编,学苑出版社 2011 年本,包含 17 种清代经世文编,如贺长龄、魏源编《皇朝(清)经世文编》、《皇朝经世文续编》《皇朝经世文三编》等。

《皇清奏议》68 卷,《续编》4 卷,清朝官修,罗振玉 1936 年刊印。

《清稗类钞》48 册,徐珂,1984—1986 年中华书局。

《清史纪事本末》80 卷,黄鸿寿,1915 年上海文明书局。

《清史纪事本末》,南炳文、白新良主编,2006 年上海大学出版社。

《朝鲜李朝实录中的中国史料》12 册,吴晗辑,1980 年中华书局。

《明清史料》10 编 100 册,台北"中研院"历史语言研究所编,1930—1975 年商务印书馆(戊编起由台北商务印书馆印刷),20 世纪 80 年代中华书局翻印。

《中国通史参考资料》,古代部分第 8 册,郑天挺主编,1966 年中华书局。近代部分,龚书铎主编,中华书局出版。

《明清史资料》2 册,郑天挺主编,1980—1981 年天津人民出版社。

《清代档案史料丛编》1—14 辑,中国第一历史档案馆编,1978 年起由中华书局陆续出版,不定期。

《清史资料》1—7 辑,中国社会科学院历史研究清史研究室编,1980 年起中华书局陆续出版,不定期。

二、职官、兵、刑、礼乐等制度

《清朝文献通考》《清朝通典》《清朝通志》《清朝续文献通考》,其中礼、谥法、器服、乐、职官、选举、刑法、兵制等有关部分,详见第三章。

《清会典》《会典则例》《会典事例》《会典图》，清朝历次所修，详见第三章。

《清史稿》中的《礼志》《乐志》《舆服志》《选举志》《职官志》《兵志》《刑法志》等，有中华书局本。

《大清一统志》，清朝历次所修，详见第五章。

《皇朝掌故汇编》，张寿镛等，光绪二十八年（1902 年）求实书社刊本。

《皇朝政典类纂》500 卷，席裕福等，光绪二十九年（1903 年）上海图书集成印书局刊本。

《清稗类钞》，详见前。

《十朝圣训》，清朝历代官修，详见第十一章。

《吾学录初编》24 卷，吴荣光，同治九年（1870 年）江苏书局刊本。

《吏部则例》，清朝历次官修，详见第三章。

《枢垣纪略》28 卷，梁章钜，光绪元年（1875 年）刊本。

《内阁小志》1 卷，附内阁故事，叶凤毛，《玉简斋丛书》本。

《中枢政考》，清朝历次官修，详见第三章。

《八旗通志初集》250 卷，鄂尔泰等，1985 年东北师范大学出版社。

《大清律集解附例》30 卷，图 1 卷，总集 6 卷，朱轼等，雍正五年（1727 年）殿本。

《大清律例》47 卷，乾隆官修，嘉庆间殿本。

《大清律例》，道光官刻本，张荣铮等点校，1993 年天津古籍出版社。

《大清律例按语》104 卷，清官修，《海山仙馆丛书》本。

《大清律例新增统纂集成》40 卷，沈之奇等，同治十二年（1873 年）刊本。

《驳案汇编》，朱梅臣等，光绪九年（1883 年）刊本。

《大清刑律》（《现行刑律》），沈家本等，宣统三年（1911）年刊本。

《读例存疑》54 卷，薛允升，光绪三十一年（1905 年）北京刊本。

《大清通礼》50 卷，《续纂大清通礼》54 卷，清官修，光绪九年（1883 年）江苏书局刊本。

《皇朝礼器图式》28 卷，乾隆二十四年（1759 年）敕撰，官刻本。

《礼部则例》，清朝历次官修，详见第三章。

《国朝宫史》（《清宫史》）36 卷，于敏中等，1987 年北京古籍出版社。

《国朝宫史续编》（《清宫史续编》）100 卷，清官修，1932 年故宫博物院图书馆刊。

《佐治药言》《续佐治药言》，汪辉祖，《知不足斋丛书》本。

《清代六部成语词典》，李鹏年等编著，1990 年天津人民出版社。

《湖南省例成案》，清刻本。

《福建省例》，收入周文宪等编：《台湾文献史料丛刊》第 7 辑第 141 册，1987 年台北大通书局。

《鹿洲公案》，蓝鼎元，收入《鹿洲全集》，雍正十年（1732 年）刊本。

《雍正朝汉文朱批奏折汇编》，中国第一历史档案馆编，江苏古籍出版社 1989—1991 年影印本。

《永宪录》4 卷，《续编》，萧奭，1959 年中华书局。

笔记类图书涉及甚多，如：

《檐曝杂记》6 卷，赵翼，1982 年中华书局。

《竹叶亭杂记》8 卷，姚元之，1982 年中华书局。

《槐厅载笔》20 卷，法式善，乾隆五十三年(1788 年)刊本。

《茶余客话》22 卷，阮葵生，1959 年中华书局。

《听雨丛谈》12 卷，福格，1959 年中华书局。

《啸亭杂录》10 卷，《续录》5 卷，昭梿，1980 年中华书局。

《养吉斋丛录》26 卷，《余录》10 卷，吴振棫，1983 年北京古籍出版社。

《旧典备征》，朱彭寿，1982 年中华书局。

诸家奏议，诸家文集，亦有涉及者，兹不列举。

三、经济制度与政策

《清朝文献通考》《清朝通典》《清朝通志》《清朝续文献通考》，其中田赋、钱币、户口、职役、征榷、市籴、土贡、国用等部分。

《清史稿》中《食货》《河渠》《交通》等志。

《皇朝政典类纂》，详见前。

《皇朝经世文编》(《清经世文编》)，详见前。

《切问斋文钞》，详见前。

《清实录经济资料辑要》，南开大学历史系编，1959 年中华书局。

《安吴四种》36 卷，包世臣，道光二十四年(1844 年)南京仙游阁刊本；台北文海出版社《近代中国史料丛刊》本。

《赋役全书》，清朝历次官修，详见第三章。

《户部则例》，清朝历次官修，详见第三章。

《户部漕运全书》，清朝历次官修，详见第三章。

《两淮盐法志》60 卷,佶山等,同治九年(1870 年)淮南书局刊本。

《粤海关志》30 卷,道光间刊本。

《续纂淮关统志》14 卷,李如枚,嘉庆十一年(1806 年)淮安关衙刻本。

《石渠余纪》(《熙朝纪政》)6 卷,王庆云,光绪二十七年(1901 年)上海天章书局石印本。

《中国近代手工业史资料(1840—1949)》,彭泽益编,1962 年中华书局。

《中国近代农业史资料》,李文治编,1957 年生活·读书·新知三联书店。

《清实录经济史资料(顺治—嘉庆朝)·农业编》,陈振汉等编,北京大学出版社 1989 年。

《大清历朝实录四川史料》,王纲编,1991 年电子科技大学出版社。

《明清苏州农村经济资料》,洪焕椿编,1988 年江苏古籍出版社。

《嘉兴府城镇经济史料类纂》,浙江省社会科学院历史研究所、经济研究所,1985 年嘉兴市图书馆编印。

《湖州府城镇经济史料类纂》,陈学文等,1989 年编印。

《清代乾嘉道巴县档案选编》,四川大学历史系、四川省档案馆主编,1989—1996 年四川大学出版社。

《徽州千年契约文书》,王钰欣、周绍泉主编,1994 年花山文艺出版社。

《徽州文书》,刘伯山主编、安徽大学徽学研究中心编,2004—2009 年广西师范大学出版社。

《自贡盐业契约档案选辑(1732—1949)》,自贡市档案馆等编,1985年中国社会科学出版社。

《闽东家族文书》第一辑、第二辑,周正庆、郑勇主编,广西师范大学出版社 2018 年、2021 年。

《闽南契约文书》,厦门大学历史研究所编,1990 年《中国社会经济史研究》增刊。

《明清徽商资料选编》,张海鹏等主编,1985 年黄山书社。

《明清佛山碑刻文献经济资料》,广东省社会科学院历史研究所编,1987 年广东人民出版社。

奏章类图籍,如《靳文襄公奏疏》卷 8,靳辅,清刻本。

方志类图书,多有食货一门,富有史料价值。种类繁多,从略。

笔记类载籍涉及者亦多,仅列 2 种:

《广东新语》28 卷,屈大均,1985 年中华书局。

《阅世编》10 卷,叶梦珠,1981 年上海古籍出版社。

档案中的经济资料至为丰富,有公布的资料汇编,利用较便,如:

《清代地租剥削形态》(《乾隆刑科题本租佃关系史料》之一),中国第一历史档案馆、中国社会科学院历史所合编,1982 年中华书局

《清代土地占有关系与佃农抗租斗争》,中国第一历史档案馆、中国社会科学院历史研究所合编,1988 年中华书局。

《孔府档案选编》2 册,中国社会科学院近代史研究所民国史研究室、山东省曲阜文物管理委员会合编,1982 年中华书局。

《清代的矿业》2 册,中国人民大学清史研究所、档案系中国政治制度史教研室编,1983 年中华书局。

碑刻资料汇编,有数种,史料价值皆高:

《江苏省明清以来碑刻资料选集》,江苏省博物馆编,1959年生活·读书·新知三联书店。

《明清苏州工商业碑刻集》,苏州博物馆编,1981年江苏人民出版社。

《明清以来北京工商会馆碑刻选编》,李华编,1980年文物出版社。

《上海碑刻资料选辑》,上海博物馆图书资料室编,1980年上海人民出版社。

土地、房屋买卖和典当契约文书,债券和租佃契约等文书,散藏民间和各机构,详见第十一章,兹列举5种:

《徽州千年契约文书》,详见前。

《徽州文书》,详见前。

《闽东家族文书》,详见前。

《闽南契约文书》,详见前。

《台湾公私藏古文书影本》6辑72册。

四、生产与生产力

这部分书目,和前列经济制度与政策,以及后面的科学文化两部分书目,会有重复,鉴于这个问题的重要性,特立专题。

《清朝文献通考》《清朝通典》《清朝通志》《清朝续文献通考》,有关食货部分,详见前。

《清史稿·食货志》,详见前。

《皇朝政典类纂》,详见前。

《清实录经济资料辑要》，详见前。

《皇朝经世文编》，详见前。

《安吴四种》，详见前。

方志图书多有农业生产的资料，有的兼有手工业生产的资料。

笔记中有一些书籍记叙了农业和手工业生产情况。

文集、谱牒之中，亦有少量关于农业、手工业生产的资料。

《沈氏农书》，张履祥辑补，1956 年中华书局。

《授时通考》，鄂尔泰等，1956 年中华书局。

《农学合编》15 卷，杨巩，1956 年中华书局。

《营田辑要》4 卷，首 1 卷，黄辅辰，同治三年（1864 年）刊本。

《木棉谱》1 卷，褚华，《上海掌故丛书》本。

《棉业图说》8 卷，农工商部编，宣统三年（1911 年）铅印本。

《柞蚕三书》，韩梦周等，1983 年农业出版社。

《烟草谱》8 卷，陈琮，嘉庆间刊本。

《景德镇陶录》10 卷，兰浦撰、郑廷桂补辑，嘉庆十五年（1810 年）翼经堂刊本。

《陶说》6 卷，朱琰，乾隆四十七年（1782 年）刊本。

《浙江砖录》4 卷，图 1 卷，冯登府，道光十六年（1836 年）刊本。

《清代地震档案史料》，国家档案局明清档案馆编，1959 年中华书局。

《清代江河洪涝档案史料丛书》，水利电力部水管司科技司、水利水电科学研究院编，1988—1999 年中华书局。

《有关玉米、番薯在我国传播的资料》，郭松义等编，《清史资料》

1989 年第 7 辑。

五、科举教育制度

《学政全书》80 卷,官修,乾隆朝。

《科场条例》60 卷,敕修,光绪朝。

《奏定学堂章程》,敕修,光绪朝。

《钦颁磨勘简明条例》2 卷,官修。

《登科记考》30 卷,徐松。

《国朝贡举考略》3 卷,黄崇兰。

《鹤征录》8 卷,李集等;《鹤征后录》12 卷,李富孙,两书合刻嘉庆十六年(1811 年)漾葭老屋本。

《词科掌录》17 卷,《余话》8 卷,杭世骏,原刻本。

《康熙己未词科录》12 卷,秦瀛,嘉庆十二年(1807 年)世恩堂本。

《族谱家训选粹》,台北联合报文化基金会国学文献馆选印。

《恒产琐言》《聪训斋语》,张英,收入《笃素堂集》。

《治家格言》,朱柏庐,收入《朱柏庐先生全集》。

六、科学、文化、思想

这里包括自然科学及技术、社会科学,由于一些学科同有杰出贡献的学者相联系,故而又涉及一些人物的传记。

《清朝文献通考》《清朝通典》《清朝通志》《清朝续文献通考》,有关部分,详见前。

《清史稿》之《天文志》《时宪志》《艺术传》《畴人传》《儒林传》《文苑

传》,详见前。

《清国史》相关的志,详见前。

《皇朝经世文编》,详见前。

《畴人传》46 卷,阮元;《续畴人传》6 卷,罗士琳;《畴人传三编》7卷,诸可宝。1935 年商务印书馆出版合编本,题《畴人传》。

《律历渊源》100 卷,康熙敕撰,包含《历象考成》《律吕正义》《数理精蕴》,系天文、数学、乐理集成之作,殿本。

《晓庵新法》6 卷,《晓庵杂著》1 卷,《历法表》3 卷,王锡阐,清刻本。

《历学疑问》3 卷,《疑问补》2 卷,《历学骈枝》4 卷,《历学问答》1 卷,梅文鼎,清刻本。

《割圆密率捷法》4 卷,明安图,道光十九年(1839 年)石梁岑氏刻。

《医林改错》2 卷,王清任,光绪五年(1879 年)扫叶山房重刻。

《医宗金鉴》90 卷,吴谦等纂,乾隆七年(1742 年)殿本。

《勉学堂针灸集成》4 卷,廖润鸿,光绪五年(1879 年)刊本。

《大清一统志》,清朝历次官修,详见第五章。

《皇朝一统舆地全图》8 册,董佑诚,道光十二年(1832 年)阳湖李氏辨志书塾刊本。

《关中金石记》8 卷,毕沅,乾隆四十六年(1781 年)经训堂刊本。

《士礼居藏书题跋记》6 卷,黄丕烈,光绪十年(1884 年)潘氏滂喜斋刊本。

《四库全书总目》200 卷,永瑢等,1965 年中华书局。

《书目答问》4 卷,张之洞,光绪二年(1876 年)四川刊本。

《郑堂读书记》,周中孚,1959 年商务印书馆。

《越缦堂读书记》,李慈铭,由云龙辑,1963 年中华书局。

《黄梨洲文集》,黄宗羲,1959 年中华书局。

《明夷待访录》,黄宗羲,1981 年中华书局。

《顾亭林诗文集》,顾炎武,1959 年中华书局。

《王船山诗文集》,王夫之,1962 年中华书局。

《潜书》,唐甄,1963 年中华书局。

《颜李师承记》9 卷,附《习斋语要》2 卷,《恕谷语要》2 卷,徐世昌编,约民国初年刻。

《方望溪先生集》,方苞,《万有文库》本。

《潜研堂文集》,钱大昕,1935 年商务印书馆。

《戴震集》,戴震,2009 年上海古籍出版社。

《戴震全书》,戴震,杨应芹等主编,2010 年黄山书社。

《聊斋志异》,蒲松龄,1962 年上海古籍出版社。

《儒林外史》,吴敬梓,1962 年人民文学出版社。

《红楼梦》,曹雪芹,1957 年人民文学出版社,中国艺术研究院红楼梦研究所校注,1982 年人民文学出版社。

《桃花扇》,孔尚任,1959 年人民文学出版社。

《清诗铎》(《国朝诗铎》),张应昌,1959 年中华书局。

《扬州八家史料》,顾麟文编。1960 年上海人民美术出版社。

《国朝学案小识》(《清学案小识》)14 卷,末 1 卷,唐鉴,中华书局《四部备要》本。

《国朝汉学师承记》8 卷,江藩,中华书局《四部备要》本。

《古谱纂例》,黄任恒,光绪二十九年(1903 年)广州刊本。

《清儒学案》80 卷，徐世昌，1959 年中华书局木版线装。

《清儒学案新编》8 卷，杨向奎，叙自孙奇逢、汤斌至孟森、梁启超学术思想，齐鲁书社 1985—1994 年。

《清代燕都梨园史料》12 册，张江裁，1934 年北平遂雅斋刊。

《京剧历史文献汇编·清代卷》，傅谨主编，凤凰出版社 2010 年。

各种释氏语录，详见第十章。

《清代毁禁书目（补遗）》，姚觐元，1957 年商务印书馆。

《清代禁书知见录》，孙殿起，1957 年商务印书馆。

《霜红龛集》，傅山，宣统三年丁宝铨刊本。

《儒林外史》，吴敬梓，1962 年人民文学出版社。

七、社会生活

《清朝文献通考》《清朝通典》《清朝通志》《清朝续文献通考》有关部分，详见前。

《清会典》《会典则例》《会典事例》《会典图》，清朝历次所修，详见第三章。

《清史稿·礼志》《乐志》，详见前。

《大清通礼》，详见前。

《皇朝礼器图式》，详见前。

《礼部则例》，详见第三章。

《清稗类钞》，详见前。

《清宫史》《清宫史续编》，详见第三章。

《皇朝政典类纂》，详见前。

《古今笔记精华》,1915年上海古今图书局。

《吾学录初编》,详见前。

《皇朝谥法考》5卷,鲍康,光绪十七年(1891年)刊本。

《皇朝琐屑录》44卷,钟琦,光绪二十三年(1897年)刊本。

《钦定满洲祭神祭天典礼》6卷,满文,乾隆中译成汉文4卷,满文本藏清华大学图书馆。

《五种遗规》,陈宏谋,同治七年(1863年)楚北崇文书局印本。

《中国族谱研究》,罗香林,1971年香港中国学社。

《宗谱的研究》(《中国宗谱研究》),日本多贺秋五郎,20世纪60年代、80年代。

《救荒举要》3卷,戴曼卿,光绪二十年(1894年)重刊本。

《闽台关系族谱资料选编》,庄为玑等编,1985年福建人民出版社。

笔记游记类中此种书较多,如:

《乡言解颐》,李光庭,1982年中华书局。

《竹叶亭杂记》,详见前。

《履园丛话》,详见前。

《问俗录》6卷,陈盛韶,1983年书目文献出版社。

《郎潜纪闻》初、二、三、四笔,陈康祺,1984年中华书局。

《养吉斋丛录》,详见前。

《扬州画舫录》,李斗,1960年中华书局。

《清嘉录》12卷,顾禄,1986年上海古籍出版社。

《淞南梦影录》4卷,黄协埙,《笔记小说大观》本。

《阅世编》,详见前。

《茶余客话》,详见前。

地方志多有风俗卷,内容甚丰富;风土志资料亦多,兹举数例:

《锡金识小录》12 卷,黄印,1930 年刊。

《深州风土记》22 卷,表 5 卷,吴汝纶,光绪间刊本。

《帝京岁时纪胜》,潘荣陛,1961 年北京出版社。

《燕京岁时记》,富察敦崇,1961 年北京出版社。

《中国地方志民俗资料汇编》,丁世良等编,1989 年书目文献出版社。

《月令辑要》24 卷,《图说》1 卷,李光地等奉敕撰,康熙五十四年(1715 年)殿本。

谱牒中的宗规、家训、祠堂祭祀、坟茔制度的文字,都是这方面的资料,内容生动。费成康主编《中国的家法族规》,1998 年上海社会科学院出版社。

八、边疆民族政策

《圣武记》,详见前。

《皇朝武功纪盛》4 卷,赵翼,乾隆五十七年(1792 年)刊本。

《皇朝藩部要略》(《藩部要略》)18 卷,表 4 卷,祁韵士,光绪十年(1884 年)刊本、台北文海出版社《中国边疆丛书》本、台北成文出版社《中国方略丛书》本。

《朔方备乘》80 卷,何秋涛,光绪七年(1881 年)刊本、《中国边疆丛书》本。

《满文土尔扈特档案译编》,中国社会科学院民族研究所民族史研究室、中国第一历史档案馆满文部译编，1988年民族出版社。

《清代理藩院资料辑录》，中国社会科学院边疆史地研究中心主编，1985年中华全国图书馆文献缩微中心。

《蒙古游牧记》16卷，张穆，同治六年（1867年）刊本、《中国边疆丛书》本。

《皇舆西域图志》52卷，刘统勋等，乾隆四十七年（1782年）殿本、《中国边疆丛书》本。

《卫藏通志》16卷，中国边疆丛书》本、1982年西藏人民出版社。

《达斡尔、鄂温克、鄂伦春、赫哲史料摘抄》，内蒙古少数民族历史调查组等编，1962年内蒙古人民出版社。

《〈清实录〉贵州资料辑要》，中国科学院贵州少数民族社会历史调查组等编，1964年贵州人民出版社。

《清实录·藏族历史资料汇编》，西藏民族学院历史系编，1981年。

《清内府一统舆地秘图》（《皇舆全鉴图》），康熙间官绘，1921年沈阳故宫博物院。

《清乾隆内府舆图》，乾隆间官绘，1932年故宫博物院。

《清朝文献通考》和《清朝续文献通考》中的《四裔门》。

《清史稿》中的《土司传》《藩部传》及有关人物传。

《钦定蒙古王公功绩表传》12卷，乾隆四十四年（1779年）敕撰，官刻。

档案中的有关文献，如中国第一历史档案馆馆藏民族事务类档案。

方志类中边疆地区的方志。

九、满族政策

《上谕八旗》,雍正帝,《四库全书》本。

《八旗则例》(《钦定八旗则例》)12 卷,杨西成等,1742 年武英殿刊。

《八旗通志初集》250 卷,鄂尔泰等,1968 年台北学生书局本及1985 年东北师范大学出版社本。

《八旗满洲氏族通谱》80 卷,弘昼等,1990 年辽沈书社影印本。

满族家谱,如马延喜《马佳氏族谱》。

《杭州八旗驻防营志略》25 卷,张大昌,1894 年浙江书局。

《荆州驻防八旗志》16 卷,希元等,1879 年荆州将军署刊。

《驻粤八旗志》24 卷,长善,1879 年刊。

《清代的旗地》,中国人民大学清史研究所、档案系合编,1989 年中华书局。

《清雍正朝镶红旗档》,刘厚生译,1985 年东北师范大学出版社。

《雍乾两朝镶红旗档》,关嘉禄译,1987 年辽宁人民出版社。

《清史满语辞典》,商鸿逵等编著,1990 年上海古籍出版社。

《辽滨塔满族家祭》,姜相顺等编著,1991 年辽宁民族出版社。

东北地区的方志,如《盛京通志》《吉林外纪》《吉林通志》。

十、对外关系(包括与耶稣会士关系)

《清朝文献通考》《清朝续文献通考》,有关部分,详见前。

《清史稿》中《邦交志》《属国传》,详见前。

档案中的有关文献汇辑成帙公布的,如:

《康熙与罗马使节关系文书》，故宫博物院编，1932年刊。

《清朝外交史料》(嘉庆、道光朝)10册，故宫博物院编，1933年刊。

《清代中俄关系档案史料选编》第一编，中国第一历史档案馆编，1981年中华书局；第三编，故宫博物院明清档案部编，1980年刊。

《清季教务教案档》7辑21册，中研院近代史所编，1974—1981年印。

《筹办夷务始末》道光朝80卷，文庆等修；咸丰朝80卷，贾桢等修；同治朝100卷，宝鋆等修，《近代中国史料丛刊》本。

《清季外交史料》243卷，王彦威、王亮，《近代中国史料丛刊》本。

《清代中琉关系档案四编》，中国第一历史档案馆编，中华书局2001年。

档案之外的专著或有关著作：

《异域录》2卷，图理琛，《丛书集成初编》本。

《朔方备乘》，详见前。

《鸦片事略》2卷，李圭，光绪二十一年(1895年)海宁州刊。

《中国古籍中有关菲律宾资料汇编》，中山大学东南亚历史研究所编，1980年中华书局。

《近代中国对西方及列强认识资料汇编》，胡秋原等编，中研院近代史所1972年刊。

《约章分类辑要》38卷，蔡乃煌等，《近代中国外交史资料汇刊三十种》本。

《通商约章类纂》35卷，徐宗亮等，《近代中国外交史资料汇刊三十种》本。

《华工出国史料汇编》，陈翰笙主编，1980—1985年中华书局。

《清实录朝鲜史料摘编》，李澍田等主编，《长白丛书》第 5 集，1991年吉林文史出版社。

《清代琉球记录集辑》《续辑》，《台湾文献史料丛刊》本。

《护送越南贡使日记》，马先登，同治间关中马氏《敦伦堂丛刊》本。

《近代中国外交史资料汇刊三十种》，文海出版社。

《海录注》，谢清高口述、杨炳南笔录、冯承钧注释，1955 年中华书局。

《中外旧约章汇编》第 1 册，王铁崖编，1957 年三联书店。

《各国立约始末记》30 卷，陆元鼎，国家图书馆出版社 2012 年版。

《安南纪略》32 卷，乾隆五十六年(1791 年)敕撰，官刻。

《廓尔喀纪略》54 卷，乾隆六十年(1795 年)敕撰，官刻。

《国朝柔远记》(《国朝通商始末记》)20 卷，王之春，光绪十七年(1891 年)刊。

《中国近代史资料丛刊》中的齐思和编《鸦片战争》1954 年，邵循正编《中法战争》1955 年、《中日战争》1956 年，聂崇岐编《洋务运动》1959 年。

外国人的资料：

《李朝实录》，朝鲜官修，1967 年日本学习院东洋文化研究所刊。

《同文汇考》，朝鲜郑昌顺等，台湾珪庭出版社《中韩关系史料辑要》本。

《中韩关系史料辑要》，1978 年台湾珪庭出版社。

《皇明遗民传》，朝鲜人作，1936 年北京大学影印。

《大明遗民史》，冯荣燮，1989 年明义会出版。

《鞑靼漂游记》，1644 年（顺治元年）日本国田兵右门等著、刘星昌等译，1979 年辽宁大学历史系印《清初史料丛刊》第 12 种。

《康熙帝传》，白晋，《清史资料》1980 年第 1 辑。

《中国近况人物》，白晋，1793 年巴黎。

《张诚日记》，法国张诚著、陈霞飞译，1973 年商务印书馆。

《中国近事报导（1687—1692）》，法国李明，1696 年。

《汤若望传》，德国魏特著、杨丙辰译，1949 年商务印书馆。

《清廷十三年：马国贤在华回忆录》，意大利马国贤著、李天纲译，上海古籍出版社 2004 年。

《乾隆英使觐见记》，英国马戛尔尼著、刘半农译，天津人民出版社 2006 年。

《俄国驻北京传道团史料》第 1 册，俄国尼·伊·维谢诺夫斯基编、北京第二外国语学院俄语组译，1978 年商务印书馆。

《耶稣会传教士关于国外传教的有教诲性的和有趣的书简集》（《耶稣会士书简集》）34 卷，1702—1776 年巴黎出版，26 卷，1780—1783 年巴黎出版。

《耶稣会士中国书简集——中国回忆录》，法国杜赫德编，郑德弟、朱静、耿昇等译，2005 年大象出版社。

《耶稣会士中国书简集》，日本石田干之助、后藤末雄译《耶稣会士书简集》中有关中国的资料，第 1 卷，1970 年平凡社出版。

《巴函选译》，荷兰巴多明，上海《圣心报》1911 年 4 月至 1916 年 10 月选译。

《燕京开教略》，法国樊国梁，光绪三十一年（1905 年）北京救世堂印。

十一、人物传记

在各种事物中都有人物的活动,在一些问题中就涉及到传记书目,这里作为专题,是以人物活动为主考虑的。人物太多,不能一一列出书目,因此就传记类型作简单著录。

《清代传记丛刊》,下列传记图籍中,颇有收入此中者,详见第十二章。

《清史列传》,详见前。

《国史列传》,详见前。

《清史稿·列传》,详见前。

《清国史·列传》,详见前。

《国朝耆献类征初编》,详见前。

《满汉名臣传》80 卷,清国史馆撰稿,乾嘉之际刻印。

《国史逆臣传》4 卷,乾隆敕纂。

《国史贰臣传》7 卷,乾隆官修,北京琉璃厂半松居士印本。

《碑传集》,详见前。

《续碑传集》86 卷,缪荃孙辑,宣统间江楚编译书局刊。

《碑传集补》60 卷,集外文 1 卷,闵尔昌辑,1931 年燕京大学国学研究所印。

《清代碑传合集》,1988 年上海古籍出版社。

《国朝先正事略》,详见前。

《国朝学案小识》,详见前。

《国朝汉学师承记》，详见前。

《清儒学案》，详见前。

《清儒学案新编》，详见前。

《八旗满洲氏族通谱》，详见前。

《清列朝后妃传稿》2 卷，张尔田，1982 年刊。

《爱新觉罗宗谱》8 册，金松乔等编，1938 年奉天爱新觉罗修谱处刊。

《钦定宗室王公功绩表传》12 卷，乾隆四十六年（1781 年）敕撰，官刻。

《钦定蒙古王公功绩表传》，详见前。

《军机大臣题名录》，吴孝铭，道光三十年（1850 年）刊。

《初月楼闻见录》10 卷，《续录》10 卷，吴德旋，道光四年（1824 年）刊本、上海文明书局印本。

《鹤征录》《后录》，详见前。

《清代学者象传》第一集，叶衍兰，第二集，叶恭绰，1987 年上海古籍出版社合刊，题名《清代学者象传合集》。

《国朝诗人征略》初编 60 卷，二编 64 卷，张维屏，道光二十二年（1842 年）刻本。

《清代闺阁诗人征略》10 卷，《补遗》1 卷，施淑仪编，1922 年崇明女子师范讲习所。

《畴人传》，详见前。

《清人年谱》，不下千种，不具列。

清人文集、宗谱、笔记、方志，多有人物传记，量富，不具列。

《北京图书馆藏中国历代石刻拓本汇编》，北京图书馆金石组编，

1989 年中州古籍出版社。

《皇父摄政王起居注》(《多尔衮摄政日记》),1935 年北平故宫博物院。

《康熙传》,详见前。

《哲布尊丹巴传》,达磨三诺陀罗,《中国边疆史地丛刊》本。

《龚自珍研究资料集》,孙文光等编,1984 年黄山书社。

《邓石如研究资料》,穆孝天等编著,1988 年人民美术出版社。

《我的前半生》,爱新觉罗·溥仪,1977 年中华书局。

十二、地方史

这个题目大,书籍多,不能就某一个地方罗列书目,而只举图书类型。

各种地方志:行省通志、府志、州志、厅志、县志、乡镇志。

各种家谱。

各地方的档案、契据、碑刻。

诸家文集中的地方史资料。

笔记中的地方史资料。

政书中的有关图籍,如各地的赋役全书。

史籍巨著中的有关部分,如《清史稿》的《地理志》《土司传》《藩部传》,《一统志》。

大型史书中关于地方史资料的汇编,如台湾银行经济研究室编,《清史稿台湾资料集辑》,1968 年。

地方史籍中专题资料汇集,如上海市文物保管委员会辑,《上海地方志物产资料汇辑》，1961年中华书局；《澳门问题史料集》，中华全国图书馆文献缩微复制中心1998年。

关于地方历史的专门载籍，如《江苏山阳收租全案》，李程儒辑，《清史资料》1981年第2辑。

地方文物资料汇刻，如《台湾公私藏古文书影本》。

边疆史地的著述。

丛书中舆地方面的，如《小方壶斋舆地丛钞》，王锡祺辑，光绪十七年至二十三年(1891—1897)上海著易堂刊本。

丛书中以地域为编选原则的，如《畿辅丛书》，王灏辑，光绪五年(1879年)定州王氏谦德堂刊本；《畿辅河道水利丛书》，吴邦庆辑，道光四年(1824年)益津吴氏刊本；《台湾文献丛刊》，周宪文主编，1957—1972年台湾银行经济研究室印本。

十三、清朝开国史

《满洲实录》(《太祖实录战图》)8卷，官修，中华书局《清历朝实录》本。

《清太祖高皇帝实录》10卷，官修，《清历朝实录》本。

《清太祖努尔哈赤实录》，崇德间官修，1931年故宫博物院刊。

《清太宗文皇帝实录》65卷，官修，《清历朝实录》本。

《清太宗实录稿本》2卷，顺治九年(1652年)官修，原书藏北京图书馆，1978年辽宁大学历史系将之作为《清初史料丛刊》第3种印刷。

《满文老档》太祖朝81册，太宗朝99册，原书藏台北"故宫博物院"。汉译本，金梁等译，题名《满洲老档秘录》10卷2册，1929年刊，只

为全文一小部分;《故宫周刊》于第 245—259 期(1933—1935 年)登载
一部分,题名《汉译满洲老档拾零》;1978 年辽大历史系印刷《重译〈满
文老档〉·太祖朝》,作为《清初史料丛刊》第 1 种。日本神田信夫等译
《满文老档》,1955—1963 年出版。中国第一历史档案馆、中国社会科
学院历史研究所译注《满文老档》,1990 年中华书局。

《旧满洲档》(《满文旧档》),原件藏台北。日译本题名《旧满洲档》,
《东洋文库丛刊》第 18 种;辽宁大学历史系据日译本重译为汉文,题作
《汉译〈满文旧档〉》,1979 年印刷。关嘉禄等译《天聪九年档》,1987 年
天津古籍出版社。辽宁大学历史系译印的《满文旧档》,实即《天聪九年
档》。1969 年台北"故宫博物院"印《旧满洲档》,广禄等译注《旧满洲档
译注》。

《皇清开国方略》32 卷,卷首 1 卷,阿桂等奉敕撰,光绪十三年
(1887 年)上海广百宋斋刻本。

《满洲源流考》20 卷,乾隆四十二年(1777 年)阿桂等奉敕撰,官
刻本。

《崇德三年满文档案译编》,季永海等译编,1988 年辽沈书社。

《圣武记》,详见前。

《明实录》中的有关部分,南京国学图书馆影印本。

《明经世文编》,陈子龙等,影印本。

《建州考》1 卷,陈继儒,《宝颜堂秘笈》本。

《山中闻见录》11 卷,彭孙贻,《玉简斋丛书》本。

《按辽疏稿》6 卷,熊廷弼,明广陵汪氏刻本。

《袁督师遗集》3 卷,附录 1 卷,袁崇焕,《沧海丛书》本。

《九边图说》，明兵部编，《玄览堂丛书》本。

《明清史料》，详见前。

《朝鲜李朝实录中的中国史料》，详见前。

《栅中目录》《建州闻见录》，朝鲜李民寏，辽宁省图书馆藏抄本。

《燃藜室记述》33卷，《续编》7卷，《别集》19卷，朝鲜李肯翊编，辽宁图书馆藏抄本。

《阳九记事》，朝鲜佚名，1980年台北珪庭出版社《中韩关系史料辑要》本。

十四、清朝统一与抗清斗争

《清世祖章皇帝实录》，《清历朝实录》本。

《清圣祖仁皇帝实录》，《清历朝实录》本。

《圣武记》，详见前。

《清史列传》，详见前。

《满汉名臣传》，详见前。

《清史稿》有关部分，详见前。

《清国史》有关部分，详见前。

《阳九述略》1卷，朱之瑜，《舜水遗书》本。

《国朝耆献类征初编》，详见前。

《碑传集》，详见前。

《皇清奏议》，详见前。

《国史贰臣传》，详见前。

《多尔衮摄政日记》，详见前。

《顺治元年内外官署奏疏》，北京大学研究所国学门编，1932 年北京大学印。

《清初农民起义资料辑录》，谢国祯辑，1956 年新知识出版社。

《明季南略》18 卷，计六奇，《万有文库》本。

《圣安本纪》(《圣安纪事》)，顾炎武，《明季稗史汇编》本。

《行朝录》6 卷，黄宗羲，《黄梨洲遗书十种》本。

《南疆逸史》56 卷，温睿临，1959 年中华书局。

《小腆纪年附考》20 卷，徐鼒，1957 年中华书局。

《国寿录》4 卷，查继佐，1959 年中华书局。

《续明史纪事本末》18 卷，倪在田，光绪二十九年(1903 年)刊本。

《鲁纪年》2 卷，《海外恸哭记》1 卷，黄宗羲，《黄梨洲遗书十种》本。

《弘光实录钞》，左藏室史臣，《痛史》本。

《三藩纪事本末》4 卷，杨陆荣，《借月山房丛书》本。

《嘉定县乙酉纪事》1 卷，朱子素，《痛史》本。

《大明遗民史》，详见前。

《清诗纪事初编》，邓之诚，1984 年上海古籍出版社。

《明清史料》，详见前。

《独漉堂集》，陈恭尹，清刻本。

十五、台湾郑氏与清朝统一台湾

《延平二王遗集》1 卷，郑成功、郑经，《玄览堂丛书续集》本。

《先王实录校注》，杨英著、陈碧笙校注，1981 年福建人民出版社。

《赐姓始末》1 卷，黄宗羲，《明季稗史汇编》本。

《闽颂汇编》40 卷,《奏疏》6 卷,《文告》4 卷,《附录》不分卷,姚启圣,康熙间刊本。

《平闽纪》13 卷,杨捷,康熙十八年(1679 年)刊本。

《清初莆变小乘》《熙朝莆靖小纪》,陈鸿,《清史资料》1980 年第 1 辑。

《圣武记》,详见前。

《台湾通史》36 卷,连横,商务印书馆。

《靖海记》(《靖海纪事》)2 卷,施琅,康熙间刻本。

《粤闽巡视纪略》6 卷,杜臻,康熙间刊本。

《郑成功收复台湾史料选编》,厦门大学历史系编,1962 年福建人民出版社。

《皇朝武功纪盛》,详见前。

《清世祖章皇帝实录》,详见前。

《清圣祖仁皇帝实录》,详见前。

《台湾外纪》,详见前。

《郑成功满文档案史料选译》,厦门大学台湾研究所、中国第一历史档案馆编辑部主编,中国第一历史档案馆满文部选译,1987 年福建人民出版社。

《郑成功档案史料选辑》,中国第一历史档案馆满文部、厦门大学台湾研究所合编,1985 年福建人民出版社。

《明清史料》,详见前。

《台湾文献丛刊》,周宪文主编,1957—1972 年台湾银行经济研究室编印。

《被遗误的台湾》(《被忽视的台湾》),揆一等,1675 年荷兰阿姆斯特丹。

十六、三藩之乱

《平定三逆方略》60 卷,琳德洪等,康熙间刊。

《国史逆臣传》,详见前。

《四王合传》1 卷,不著撰人,荆驼逸史本。

《清三藩史料》6 册,故宫博物院文献馆编,1931 年。

《吴三桂纪略》1 卷,不著撰人,《辛巳丛编》本。

《吴逆取亡录》1 卷,苍弁山樵,《说库》本。

《平定耿逆记》1 卷,李之芳,《荆驼逸史》本。

《平南敬亲王尚可喜事实册》1 卷,《史料丛刊初编》本。

《清世祖章皇帝实录》,《清历朝实录》本。

《清圣祖仁皇帝实录》,《清历朝实录》本。

《清史列传》,详见前。

《满汉名臣传》,详见前。

《清史稿列传》,详见前。

《圣武记》,详见前。

十七、康雍乾时期文字狱

《清代文字狱档》8 册,故宫博物院文献馆编,1931 年刊本。

《庄氏史案本末》,节庵,1983 年上海古籍书店影印。

《庄氏史案考》1 卷,周延年,民国间刊本。

《大狱记》,黄人,《说库》本。

《秋思草堂遗集老父云游始末》1卷,陆莘行,《古学汇刊》本。

《记桐城方戴两家书案》1卷,《古学汇刊》本。

《南山集》14卷,《补遗》2卷,《年谱》1卷,戴名世,光绪二十八年(1902年)重刊本。

《吕晚村先生文集》8卷,《行略》1卷,吕留良,约同治八年(1869年)刊本。

《大义觉迷录》,清世宗,《清史资料》1983年第4辑。

《读书堂西征随笔》,汪景祺著、故宫博物院文献馆整理,1936年京城印刷局。

《翁山文外》16卷,屈大均,宣统二年(1910年)国学扶轮社印本。

《沈归愚诗文全集》,沈德潜,乾隆十八年至二十二年(1753—1757年)教忠堂刊本。

《谢梅庄先生遗集》8卷,谢济世,光绪三十四年(1908年)刊本。

《宁古塔纪略》,吴振臣,《丛书集成初编》本、《龙江三纪》本。

《绝域纪略》(《宁古塔志》),方拱乾,《小方壶斋舆地丛钞》本,附刻于1985年黑龙江人民出版社《黑龙江述略》。

《柳边纪略》,杨宾,《昭代丛书》本、《龙江三纪》本。

《清代毁禁书目(补遗)》,详见前。

《清代禁书知见录》,详见前。

《四库禁毁书丛刊》,四库禁毁书丛刊编纂委员会编纂,1997年北京出版社。

十八、统一蒙藏地区和少数民族事件

《圣武记》,详见前。

《皇朝武功纪盛》,详见前。

《亲征平定朔漠方略》(《亲征朔漠方略》)48 卷,温达等,康熙四十七年(1708 年)官刻本、《中国方略丛书》本。

《平定准噶尔方略前编》54 卷,《正编》85 卷,《续编》33 卷,傅恒等,《中国方略丛书》本。

《平定两金川方略》152 卷,阿桂等,《中国方略丛书》本。

《兰州纪略》20 卷,乾隆敕修,乾隆四十六年(1781 年)刊本。

《石峰堡纪略》20 卷,乾隆敕修,乾隆四十九年(1784 年)刊本。

《平定回疆剿擒逆裔方略》80 卷,曹振镛等,道光九年(1829 年)刊本。

《平定陕甘新疆回匪方略》320 卷,奕訢等,光绪 22 年(1896 年)刊本。

《平定云南回匪方略》50 卷,光绪敕修,光绪 22 年(1896 年)刊本。

《平定贵州苗匪纪略》40 卷,奕訢等,光绪 22 年(1896 年)刊本。

《平定苗匪纪略》52 卷,首 4 卷,鄂辉等,嘉庆殿本。

《苗防备览》22 卷,严如煜,道光二十三年(1843 年)重刊本。

《皇朝藩部要略》,详见前。

《朔方备乘》,详见前。

《皇舆西域图志》,详见前。

《卫藏通志》,详见前。

《中国边疆史地资料丛刊》，所收著述，见第五章第六节。

《中国边疆丛书》，所收著述，见第十二章第二节。

《新疆乡土志稿》44 种，马大正等整理，2010 年新疆人民出版社。

十九、秘密结社和清中叶民众运动

《圣武记》，详见前。

《清初农民起义资料辑录》，详见前。

《康雍乾时期城乡人民反抗斗争资料》，中国人民大学清史研究所、档案系中国政治制度史研究室合编，1979 年中华书局。

《台湾纪略》70 卷，乾隆五十三年敕修，官刻本。

《钦定剿捕临清逆匪纪略》(《临清纪略》)16 卷，于敏中等，乾隆四十二年(1777 年)刻本。

《剿平三省邪匪方略前编》361 卷，《续编》36 卷，《附编》12 卷，庆桂等，嘉庆间刊本。

《戡靖教匪述编》12 卷，石香村居士，道光六年(1826 年)刊本。

《清中期五省白莲教起义资料》，中国社会科学院历史研究所资料室、清史室编，1981—1982 年江苏人民出版社。

《川湖陕白莲教起义资料辑录》，蒋维明编，1980 年四川人民出版社。

《靖逆记》6 卷，盛大士(兰簃外史)，嘉庆间刊本。

《金乡纪事》4 卷，首 1 卷，吴堦，嘉庆间刊本。

《天地会》，中国人民大学清史研究所、中国第一历史档案馆合编，1981 年中国人民大学出版社。

《破邪详辨》3 卷,《续刻》1 卷,《又续》1 卷,《三续》1 卷,黄育楩,《清史资料》1983 年第 4 辑。

《清代台湾农民起义史料选编》,中国社会科学院历史研究所明史研究室编,1983 年福建人民出版社。

《近代秘密社会史料》,萧一山编,《近代中国史料丛刊》本、1986 年岳麓书社。

《三省边防备览》14 卷严如煜,道光二年(1822 年)刊本,18 卷,张鹏翮增补,道光十九年(1839 年)刊本,1989 年中华书局。

《钦定平定教匪纪略》43 卷,托津等,嘉庆间刊本。

《平定教匪纪事》1 卷,勒保,嘉庆间刊本。

《清代土地占有关系与佃农抗租斗争》,详见前。

《清代农民战争史资料选编》,中国人民大学历史系、中国第一历史档案馆合编,1984 年中国人民大学出版社。

有关人物的列传、年谱,如:

《府君杨遇春家祭行述》,抄本。

《德壮果公(楞额)年谱》,《近代中国史料丛刊》本。

《罗壮勇公年谱》,罗思举自撰。

《张集馨自订年谱》,附刻于《道咸宦海见闻录》,1981 年中华书局。

《镜湖自撰年谱》,段光清,1960 年中华书局。

附录二 清代档案史料书刊目录

清代档案资料对清史研究的重大意义已如前述，为读者利用它的方便，特作此目录。

本目录收录清朝灭亡后到 1991 年 6 月出版的有清一代历史档案的书籍和刊物。有的书刊杂载清代档案和其他体裁的历史文献，则视其汇集档案资料的多寡决定取舍。本处只以公布档案资料的书刊为限，关于整理清代档案方法、过程的著作概未收入。

本目录系据上述原则，请南开大学历史系常建华教授制作，由笔者阅定。限于条件，罗列不全，请未著录者见谅。兹值紫禁城版阅改之时，略微增添几条。

书刊名称	册、卷	编辑者	出版者	出版年代
史料丛刊初编	10	罗振玉	旅顺库籍整理处	1924
清九朝京省报销册目录		北京大学明清资料整理会	北京大学	1925
掌故丛编	10	故宫博物院掌故部	和记印刷局	1928—1929
清代帝后像	4	故宫博物院	京华印书局	1929
交泰殿宝谱	1	故宫博物院	故宫博物院	1929
筹办夷务始末（道光·咸丰·同治三朝）	130	故宫博物院	故宫博物院抄本影印	1930
雍正朱批谕旨不录奏折总目	1	故宫博物院文献馆	故宫博物院	1930
嘉庆三年太上皇起居注	4	北京大学		1930
清代军机处档案及附录		故宫博物院文献馆	故宫博物院	1930
史料旬刊	40	故宫博物院文献馆	京华印书局	1930—1931
文献丛编	46	故宫博物院文献馆	故宫博物院	1930—1942
明清史料（甲—癸编）	100	"中研院"史语所	商务印书馆	1930—1975
明清史料（戊—癸编）	12	"中研院"史语所	中华书局	1987
顺治元年内外官署奏疏		北京大学、"中研院"史语所		1931
清三藩史料	6	故宫博物院	故宫博物院	1931
清军机处档案目录	1	故宫博物院文献馆	故宫博物院	1931
清代文字狱档	8	故宫博物院文献馆	北平研究院	1931
清代文字狱档	2	故宫博物院文献馆	上海书店	1986
清太祖努尔哈赤实录	1	故宫博物院文献馆	京华印书局	1931

续表

书刊名称	册、卷	编辑者	出版者	出版年代
朝鲜迎接都监都厅仪轨	1	故宫博物院文献馆	故宫博物院抄本影印	1932
清光绪朝中日交涉史料	44	故宫博物院文献馆	故宫博物院	1932
康熙与罗马使节关系文书	1	故宫博物院文献馆	故宫博物院	1932
清太祖武皇帝弩儿哈奇实录	1	故宫博物院文献馆	故宫博物院	1932
朝鲜国王来书	1	故宫博物院文献馆	故宫博物院	1933
清代外交史料（嘉庆、道光朝）	10	故宫博物院文献馆	故宫博物院	1933
清宣统朝中日交涉史料	6	故宫博物院文献馆	故宫博物院	1933
太平天国文书	1	故宫博物院文献馆	故宫博物院	1933
清光绪朝中法交涉史料	11	故宫博物院文献馆	故宫博物院	1933
重整内阁大库残本书影	1	故宫博物院文献馆	故宫博物院	1933
满文老档秘录	1	金梁	自刊	1933
内阁大库书档旧目		方甦生	"中研院"史语所	1933
清升平署存档事例漫抄	1	周明泰		1933
广西沿边各营驻防中越交界对汛法屯距界远近图	1 轴	故宫博物院文献馆	故宫博物院	1934

续表

书刊名称	册、卷	编辑者	出版者	出版年代
文献馆现存清代实录总目	1	故宫博物院文献馆	故宫博物院	1934
大库史料目录	6编	罗福颐	长春库籍整理处	1934
明季史料拾零		罗福颐	自刊	1934
国朝史料拾零	2	罗福颐	旅顺库籍整理处	1934
清季外交史料（光绪、宣统朝）	243卷	王彦威、王亮	北平该书整理处	1934
清季外交史料（光绪、宣统朝）	5册	王彦威、王亮	书目文献出版社	1987
太祖高皇帝实录稿本三种		罗振玉	上虞罗氏史料整理处	1935
多尔衮摄政日记附司道职名册	1	故宫博物院文献馆	故宫印刷所	1935
史料丛编	26	罗福颐	旅顺库籍整理处献馆	1935
名教罪人	1	故宫博物院文献馆	故宫博物院	1935
清内阁库贮旧档辑刊	6	故宫博物院文献馆	故宫博物院	1935
碎金	1	故宫博物院文献馆	故宫印刷所	1935
升平署岔曲	1	故宫博物院文献馆	故宫博物院	1935
清乾隆内府舆图（铜版地图）	1匣108页	故宫博物院文献馆	故宫影印	1935
历代功臣像	21幅	故宫博物院文献馆	故宫博物院	1935
清内阁库贮旧档辑刊	6	方甦生	故宫文献馆	1935

续表

书刊名称	册、卷	编辑者	出版者	出版年代
史料丛编二集	8	罗福颐	旅顺库籍整理处	1935
大库旧档整理处史料汇目	21	罗福颐	旅顺库籍整理处	1936
内阁大库现存清代汉文黄册目录	1	故宫博物院文献馆	故宫博物院	1936
清内务府造办处舆图房图目初编	1	故宫博物院文献馆	故宫印刷所	1936
清季各国照会目录	4	故宫博物院文献馆	故宫印刷所	1936
阿济格略明事件之满文木牌	1	故宫博物院文献馆	故宫印刷所	1936
内阁大库书档旧目补		方甦生	商务印书馆	1936
读书堂西征随笔	1	故宫博物院文献馆	京城印书局	1936
故宫俄文史料(清康熙间俄国来文原稿)	1	故宫博物院文献馆、北大文科研究所、"中研院"史语所	故宫印刷所	1936
乾隆朝京城全图坊巷宫殿考	1	故宫博物院文献馆、北大文科研究所、"中研院"史语所	故宫博物院	
清季教案史料(一、二)	2	故宫博物院文献馆、北大文科研究所、"中研院"史语所	故宫博物院	1937、1948
洪承畴章奏文册汇辑	1	北大文科研究所文史部	商务印书馆	1937
苏州织造李煦奏折	1	故宫博物院文献馆、北大文科研究所、"中研院"史语所	故宫博物院文献馆	1937
升平署月令承应戏	1	故宫博物院文献馆	故宫博物院	1937

续表

书刊名称	册、卷	编辑者	出版者	出版年代
盛京崇谟阁满文老档译本		文□详述、金毓黻录		1942
顺治年间档		伪满"中央"图书馆筹备处		1943
清代汉文黄册联合目录	1	故宫博物院文献馆、北大文科研究所、"中研院"史语所	北大印刷所、撷华永记印书局	1947
明清内阁大库史料第一辑	1	金毓黻	沈阳东北图书馆	1949
帝国主义与中国海关	15	中国近代经济史资料丛刊编辑委员会	科学出版社、中华书局	1952—1965
明末农民起义史料	1	郑天挺等	开明书店	1952
中法战争	7	邵循正等	新知识出版社	1955
辛亥革命	8	柴德赓等	上海人民出版社	1957
海防档	精9、平17	台北"中研院"近代史研究所	台北"中研院"近代史研究所	1957
吴煦档案中的太平天国史料选辑	1	静吾、仲丁	生活·读书·新知三联书店	1958
明清档案存真选辑	3	李光涛等	台北"中研院"历史语言研究所	1959—1975
义和团档案史料	2	故宫博物院明清档部馆	中华书局	1959
清代地震档案史料	1	故宫博物院明清档部	中华书局	1959
戊戌变法档案史料	1	故宫博物院明清档部	中华书局	1959

续表

书刊名称	册、卷	编辑者	出版者	出版年代
宋景诗档案史料	1	故宫博物院 明清档部	中华书局	1959
十九世纪美国侵华 档案史料选编	2	朱士嘉	中华书局	1959
矿务档	8	台北"中研院" 近代史研究所	台北"中研院" 近代史研究所	1960
中法越南交涉档	7	台北"中研院" 近代史研究所	台北"中研院" 近代史研究所	1962
洋务运动	8	中央档案馆明清 档案部编辑组、 中国科学院近代史 研究所史料编辑室	上海人民 出版社	1962
筹办夷务始末 （道光朝）	6	齐思和等	中华书局	1964
四国新档 （俄、英、法、美）	4	台北"中研院" 近代史研究所	台北"中研院" 近代史研究所	1966
道光咸丰两朝筹办 夷务始末补遗	1	台北"中研院" 近代史研究所	台北"中研院" 近代史研究所	1966
筹办夷务始末 选辑补编	1	台湾银行	台湾银行	1967
中美关系史料	3	台北"中研院" 近代史研究所	台北"中研院" 近代史研究所	1968
满洲秘档选辑		台湾银行	台湾银行	1968
故宫文献		台北"故宫博物院"	台北"故宫 博物院"	1969
旧满洲档	10	台北"故宫博物院"	台北"故宫 博物院"	1969

续表

书刊名称	册、卷	编辑者	出版者	出版年代
刘铭传抚台前后档案	2	台湾银行经济研究室	台湾银行	1969
清太祖朝老满文原档	2	广禄、李学智	"中研院"历史语言研究所	1970—1972
袁世凯奏折专辑	8	台北"故宫博物院"	台北"故宫博物院"	1970
年羹尧奏折专辑	3	台北"故宫博物院"	台北"故宫博物院"	1971
清季中日韩关系史料	11	台北"中研院"近代史研究所	台北"中研院"近代史研究所	1972
宫中档光绪朝奏折	26	台北"故宫博物院"	台北"故宫博物院"	1973—1975
关于江宁织造曹家档案史料	1	故宫博物院明清档案部	中华书局	1975
李煦奏折	1	故宫博物院明清档案部	中华书局	1976
宫中档康熙朝奏折	9	台北"故宫博物院"	台北"故宫博物院"	1976
宫中档雍正朝奏折	32	台北"故宫博物院"	台北"故宫博物院"	1977—1980
孙文成奏折	1	庄吉发译注	台北文史哲出版社	1978
清代档案史料丛编	14	前4册为故宫博物院明清档案部编，后为中国第一历史档案馆编	中华书局	1978—1990
第二次鸦片战争	6	齐思和等	上海人民出版社	1978—1979

续表

书刊名称	册、卷	编辑者	出版者	出版年代
重译《满文老档》·太祖朝	3	辽宁大学历史系	辽宁大学历史系	1978
汉译《满文旧档》	1	辽宁大学历史系	辽宁大学历史系	1979
明代辽东残档选编	1	辽宁大学历史系	辽宁大学历史系	1979
康雍乾时期城乡人民反抗斗争资料	2	中国人民大学清史研究所、档案系中国政治制度史研究室	中华书局	1979
筹办夷务始末（咸丰朝）	8		中华书局	1979
清末筹备立宪档案史料	2	故宫博物院明清档案部	中华书局	1979
清代中俄关系档案史料选编(一、三)	3、2	第一编为中国第一历史档案馆编，第三编为故宫博物院明清档案部编	中华书局	1979,1981
辛亥革命前后（《盛宣怀档案资料选辑》之一）	1	陈旭麓等	上海人民出版社	1979
清季教务教案档	21	台北"中研院"近代史研究所	台北"中研院"近代史研究所	1981
曲阜孔府档案史料选编	24	中国社会科学院近代史研究所民国史研究室、山东省曲阜文物管理委员会等	齐鲁书社	1980—1985

续表

书刊名称	册、卷	编辑者	出版者	出版年代
山东义和团案卷	2	中国社会科学院近代研究所近代史资料编辑室	齐鲁书社	1980
天地会	7	中国人民大学清史研究所、中国第一历史档案馆	中国人民大学出版社	1980—1988
四川保路运动档案选编	1	四川省档案馆	四川人民出版社	1981
华工出国史料汇编	10辑	陈翰笙主编	中华书局	1980—1985
清代海河滦河洪涝档案史料	1	水利水电科学研究院	中华书局	1981
东北义和团档案史料	1	辽宁省档案馆、辽宁省社会科学院历史研究所	辽宁人民出版社	1981
清代吉林档案史料选编	4	吉林省档案馆、吉林省社会科学院历史研究所		1981—1982
历史档案	44	中国第一历史档案馆、中国第二历史档案	《历史档案》杂志社	1981—1991
清中期五省白莲教起义资料	5	中国社会科学院历史研究所资料室、清史室编	江苏人民出版社	1981—1982
湖北开采煤铁总局·荆门矿务总局（《盛宣怀档案资料选辑》之二）		陈旭麓等	上海人民出版社	1981
甲午中日战争（《盛宣怀档案资料选辑》之三）	2	陈旭麓等	上海人民出版社	1982

续表

书刊名称	册、卷	编辑者	出版者	出版年代
孔府档案选编	2	中国社会科学院近代史研究所民国史研究室、山东省曲阜文物管理委员会	中华书局	1982
慈禧光绪医方选议	1	陈可冀等	中华书局	1982
太平天国文献史料集	1	中国社会科学院近代史研究所近代史资料编辑室	中国社会科学出版杜	1982
清代地租剥削形态	2	中国第一历史档案馆、中国社会科学院历史所	中华书局	1982
宫中档乾隆朝奏折	52	台北"故宫博物院"	台北"故宫博物院"	1982—1987
廷寄	1	台湾文献委员会		
清代的矿业	2	中国人民大学清史研究所、档案系中国政治制度史教研室	中华书局	1983
康熙统一台湾档案史料选辑	1	厦门大学台湾研究所、中国第一历史档案馆编辑部	福建人民出版社	1983
吴煦档案选编	7	太平天国历史博物馆	江苏人民出版社	1983—1984
筹笔偶存	1	中国社会科学院近代史研究所、中国第一历史档案馆	中国社会科学出版社	1983
清代起居注册·咸丰朝	57	沈兆霖等奉敕撰	联合报文化基金会国学文献馆	1983

续表

书刊名称	册、卷	编辑者	出版者	出版年代
清代起居注册·同治朝	43	桂清杨等奉敕撰	联合报文化基金会国学文献馆	1983
清代准噶尔史料初编	1	庄吉发译注	台北文史哲出版社	1983
康熙朝汉文朱批奏折汇编	8	中国第一历史档案馆	档案出版社	1984—1985
清代农民战争史资料选编(一、六)	3、1	中国人民大学历史系、中国第一历史档案馆	中国人民大学出版社	1984、1990
雍正朝满汉合璧奏折校注		庄吉发	台北文史哲出版社	1984
康熙起居注	3	中国第一历史档案馆	中华书局	1984
三姓副都统衙门满文档案译编	1	辽宁省档案馆等	辽沈书社	1984
台湾林爽文起义资料选编	1	刘如仲、苗学孟	福建人民出版社	1984
赵尔丰川边奏牍	1	吴丰培	四川民族出版社	1984
秘笈录存	1	中国社会科学院近代史研究所近代史资料编辑室	中国社会科学出版社	1984
太平军北伐资料选编	1	张守常	齐鲁书社	1984
忠义军抗俄战争档案史料	1	辽宁省档案馆、辽宁省社会科学院历史研究所	辽沈书社	1984

续表

书刊名称	册、卷	编辑者	出版者	出版年代
盛京刑部原档（清太宗崇德三年至崇德四年）	1	中国人民大学清史研究所、中国第一历史档案馆	群众出版社	1985
自贡盐业契约档案选辑(1732—1949)	1	自贡市档案馆等	中国社会科学出版社	1985
郑成功档案史料选辑	1	厦门大学台湾研究所、中国第一历史档案馆辑编部	福建人民出版社	1985
四川教案与义和拳档案	1	四川省档案馆	四川人民出版社	1985
辛亥革命前十年间民变档案史料	2	中国第一历史档案馆、北京师范大学历史系	中华书局	1985
清雍正朝镶红旗档	1	刘厚生译	东北师范大学出版社	1985
孙中山藏档选编	1	黄彦、李伯新	中华书局	1986
清代黑龙江历史档案选编（光绪元年至二十一年）	2	中国第一历史档案馆满文部、黑龙江省社会科学院院历史所	黑龙江人民出版社	1986—1987
雍乾两朝镶红旗档	1	关嘉录译	辽宁人民出版社	1987
天聪九年档	1	关嘉录等译	天津古籍出版社	1987
郑成功满文档案史料选译（《清代台湾档案史料丛刊》之一）	1	厦门大学台湾研究所、中国第一历史档案馆编辑部主编,中国第一历史档案馆满文部选译	福建人民出版社	1987

续表

书刊名称	册、卷	编辑者	出版者	出版年代
袁世凯奏议	3	天津图书馆、天津社会科学院历史所	天津古籍出版社	1987
鸦片战争档案史料	1	中国第一历史档案馆	上海人民出版社	1987
左宗棠未刊奏折	1	中国第一历史档案馆湖南《左宗棠全集》整理组	岳麓书社	1987
满文土尔扈特档案译编	1	中国社会科学院民族研究所民族史研究室、中国第一历史档案馆满文部	民族出版社	1988
清代珠江韩江洪涝档案史料	1	水利水电部水管司等	中华书局	1988
清代土地占有关系与佃农抗租斗争	2	中国第一历史档案馆、中国社会科学院历史研究所	中华书局	1988
崇德三年满文档案译编	1	季永海等	辽沈书社	1988
清末川滇边务档案史料	3	四川省民族研究所《清末川滇边务档案史料》编辑组	中华书局	1989
清代的旗地	3	中国人民大学清史研究所、档案系	中华书局	1989
雍正朝汉文朱批奏折汇编	40	中国第一历史档案馆	江苏古籍出版社	1989—1991
清代乾嘉道巴县档案选编(上、下)	2	四川大学历史系、四川省档案馆主编	四川大学出版社	1989—1996

续表

书刊名称	册、卷	编辑者	出版者	出版年代
中国第一历史档案馆馆藏清代朱批奏折财政类目录	1	中国第一历史档案馆	中国财政经济出版社	1990—1992
义和团档案史料续编	1	中国第一历史档案馆编辑部	中华书局	1990
近代康区档案资料选编	1	四川省档案馆、四川民族研究所	四川大学出版社	1990
中国海关密档:赫德、金登干函电汇编(1874—1907年)	2	陈霞飞主编	中华书局	1990—1996
清政府镇压太平天国档案史料	2	俞炳坤主编	光明日报出版社	1990
满文老档	2	中国第一历史档案馆、中国社会科学院历史研究所	中华书局	1990
圆明园	2	中国第一历史档案馆	上海古籍出版社	1991
乾隆朝上谕档	18	中国第一历史档案馆	档案出版社	1991
清末教案	5	中国第一历史档案馆、福建师范大学历史系	中华书局	1996—2000
康熙朝满文朱批奏折全译	2	中国第一历史档案馆	中国社会科学出版社	1996
清代官员履历档案全编	30	秦国经主编	华东师范大学出版社	1997
雍正朝满文朱批奏折全译	2	中国第一历史档案馆译编	黄山书社	1998

续表

书刊名称	册、卷	编辑者	出版者	出版年代
清代上海房地契档案汇编	1	上海市档案馆	上海古籍出版社	1999
清代中琉关系档案四编	1	中国第一历史档案馆	中华书局	2001
国家图书馆藏琉球资料汇编	3	黄润华、薛英	北京图书馆出版社	2001
香山明清档案辑录	1	中山市档案局（馆）、中国第一历史档案馆	上海古籍出版社	2006
清代南部县衙档案目录	3	西华师范大学、南充市档案局（馆）	中华书局	2010
大连图书馆藏清代内务府档案	22	大连图书馆	国家图书馆出版社	2010
乾隆朝满文寄信档译编	24	中国第一历史档案馆王小红	岳麓书社	2011
清代军机处满文熬茶档	2	中国第一历史档案馆	上海古籍出版社	2011

另外《清代江河洪涝档案史料丛书》包含:《清代长江流域西南国际河流洪涝档案史料》《清代黄河流域洪涝档案史料》《清代淮河流域洪涝档案史料》《清代珠江韩江洪涝档案史料》《清代海河滦河洪涝档案史料》《清代辽河、松花江、黑龙江流域洪涝档案史料　清代浙闽台地区诸流域洪涝档案史料》,皆由中华书局 1988—1998 年印行。

附录三　书目及作者索引

说明:

(1)为检索本书介绍的有关清史史料的著述、工具书及其编著者制作此索引。

(2)大型图书的主持人,虽不一定是编著者,亦作索引。

(3)清史史籍整理者,亦在编著者的著录范围。

(4)书名索引中包括俗称,如《清实录》、《清三通》、起居注之类。

(5)本书提到的著述、作者而与清史史料学无关涉者,不作索引。

(6)有的与清史史料有关的述作,本书虽然提及,但是未作卷数、版本等方面的说明,也不列入本索引,如清代历朝修纂的各种则例,不再一朝朝地分别作出索引。

(7)本索引所列作者纯系个人著述家,若为研究单位、出版单位,则不作索引。

（8）外文书籍及其作者，未被译成汉文的不在索引范围。

（9）凡在本书一个自然段中屡次出现的书名、人名，只注明始见页码，而在其他段落有新内容介绍的则另行加注页码。

（10）本索引将书名、作者按音序混合编排，首字相同者按第二字音序编排，依此类推。

附录四 本书图版索引

附录五 信息时代史学研究法浅谈

本书所绍述的图集，都是纸质本的，而时代已经从工业社会进入电子信息时代，并在向智能时代发展，电子版图籍早已进入读者的眼帘，利用电子版文献从事学术研究也开始形成趋势了，是以笔者介绍的清代史料文献只是顾及纸质本，已经远不能满足读者的需要，而惭愧的是对于改变这种状况，笔者却已无能为力。想起7年前在南开大学历史学院做过《信息时代史学研究法浅谈》演讲，文章也在报纸上发表了。文章涉及电子版文献运用方法问题，现在把它过录过来，聊为塞责。下面是原文：

由几乎是信息时代"文盲"的我来述说数字化史学图书的利用和研究，是不是有点滑稽，兴许是。不过我认为对信息时代史学研究的基本态度，搜集史料容易后如何提升研究质量，信息时代怎样开拓、深化史学研究领域等问题，都是需要探讨的课题。

一、对数字化信息应有的态度与提升研究成果品质

　　数字化文献检索令搜集史料极其快捷与相对完备，因为利用数字化图书及在网上查阅，免去往图书馆借还书耗费的时间和精力；阅读数字化图籍，能快速检索到大量资料；随着利用信息资料手段的提高，珍本图籍的数字化，对学者穷尽资料尤其便捷；研究手段，从抄写卡片变为下载资料，省时、省事、省力。但是对数字化资料信息应有怎样的态度，才能更好收效和提高研究质量，我在思索：

　　（1）关注信息资料的准确性。对扫描形成的 WORD 文件，需要认真辨别讹误。在引用时核对原书文字是必不可少的，这种功夫不可省。对资料原作者、图书版本亦需有必要的了解。

　　（2）严肃认真的研究态度。搜集史料方便了，以为可以轻易写出论文、专著，这是误解，会滥制成品，没有成为传世著作的可能。"玩"史学，不是严肃的治史态度，值得儆戒。

　　（3）致力于田野调查。史书作者本应进行此种调查，即使研讨古代历史也同样需要，比如北方、东北少数民族屡次入主中原，不去蒙古草原、大小兴安岭，不实地考察那里的生态环境、人文环境，光凭文献资料，怎么能准确理解那些王朝、部落的兴起。

　　（4）增强理解史料的能力、提升研究成果品质。史料获得容易了，但是往往不如阅读纸质本来得细致，不如抄卡片时那样动脑筋。而对

信息未加细致思索，就难于理解资料所反映的史事并把握其实质，往往显得肤浅，更谈不上厚积薄发。看来传统史学学风、研究法应予保持，我想：需要细读历史文献全书，精读重要史书、经典之作；边读边思考，边摘录（下载）史料；多做学术札记，这是思考、加工学术论文的步骤、过程；即使作的是微观题目，也需要进行微观与宏观相结合的考察。

二、信息时代，需要有新的问题意识、思维方式、研究方向

信息时代、全球化时代的人类社会走向何处？人类的追求与生活是怎样的？人类未来将是怎样的？这类宏观问题需要时刻萦绕脑际，就我目前认识到的研究方向是：

特别关注以人为本的历史。尊重社会个体"人"的历史：研究人的生命史和日常生活史；生存环境史与生态环境史，即政治环境、人文环境、自然环境、经济生产、社会风俗；医疗卫生史，或曰身体史，包涵卫生史、医疗史、生育史、死亡史，老年社会与生命尊严的安乐死、老年自杀、快节奏生活、高消费与精神抑郁症，福利社会与老年痴呆症。

社会细胞家庭演变史研究。已有学者指出西方社会现行核心家庭，受到"去家庭化"的挑战，出现大量单亲家庭、非婚同居、同性婚姻合法化现象；而中国情况不同，已有学者指出是从"去家庭化"到"家庭化"。在"家庭化"趋势下，家族会、宗亲会、修谱活动频频出现，修谱在纸质本之外还创造网上修谱。在现代化过程中宗亲活动没有消失或沉寂，这就向宗族史、家庭史研究者提出研讨课题。

关注第三产业大发展形势下人的活动史。社会富裕后,人类体能消耗减少,某些机能衰退,同时生活有保障与快节奏,使人们一方面需要寻求刺激,另一方面要用各种方式调节生活。于是体能锻炼、刺激性娱乐和探险应运而生:如汽车成为代步工具,体能活动大量减少,为活动身体,家庭购置跑步机,社会出现健身行业;迪斯尼的过山车、激流勇进游戏;攀岩、悬崖跳水、跳伞活动增多;体育明星、演艺明星被追捧;迪斯科盛行,着力追求刺激;通俗的文学艺术大行其道,高雅的文学艺术退避三舍。于是产生种种类型的旅游(观光游、购物游,以及休闲游、背包客情趣游,乃至以旅行赚钱维生,等等),导致旅游产业及其相关产业大发展,成为第三产业中的大行业,成为某些国家、某个地区、某个城市的支柱产业,带动有关行业的发展,增加了人们的就业机会。

科技高度发展与人类现实社会及未来的关系。有学者探讨科技发展加速人类的灭亡问题,比如机器人的智能超过人脑(如围棋赛结局所表现出的)、战争疯子使用核武的可能性、地球资源耗竭的可能性,等等。个人隐私的若干丧失,与个人权利不可侵犯相违背。更有甚者,是出现新的就业问题。信息时代、智能时代,生产进一步自动化,机器人代替人工,基础性工作岗位大量减少,新生代就业成了大问题。在有的西方国家,据说 1986 年学校毕业的年轻人找到第一份全职工作需要花费一年时间,如今则要 4.7 年;按照习惯,成年人就应买房、租房离开父母,如今不能及时就业,就如同雏燕不能离巢了——仍同父母居住在一起。当然,中国有大家庭传统,即使子女分开另过,也多是由父母甚至祖父母帮助买房子,这大概是房价节节攀升的一种因素吧。经济学家指出房价高升的若干原因,但若从社会史方面思考,传统的家庭结构、家族观念的作用就显现出来了。青年人要有"窝",对房屋市场有刚性需求。诚然,何以中国父母千方百计要给子女买房,而西方不然,这就是中国人传统的家族观念在继续起作用。

上述种种当代社会新现象,并不是突然冒出来的,与古代、近代社会有着内在的历史渊源,也是未来社会发展演变的依据。从当下回望历史,是纵通地观察历史,可能认识得更准确一些。

2016 年 10 月 10 日在南开大学历史学院的演讲稿

后记一

　　此次增订在两个方面,一是文字内容,另一是图录。文字部分,主要是增写 20 世纪 90 年代以来有关清史研究的图籍出版信息,笔者关于制作清人传记索引的设计、方法与书目,以及调整、增加节和目。多属于信息性介绍,研究性缺乏。其实笔者想写这样的论文:近 20 年来有关清史研究典籍整理出版特点,因需要较多时间未能如愿。图录是原来没有的,今次添设,是较大工程。近十几年来,笔者关注书籍的配图,即以《雍正继位新探》的小册子而言,即配图 60 幅,即将再版的《清代人物传记史料研究》《雍正传》莫不如此。史料学的著述尤其应有大量配图,以利于读者阅览,方便接受。唯因选图,涉及作者史识和有关图书收藏的客观条件,选择恰当的图片并不容易,有的图片选用,笔者亦不认为理想,姑用之,对此尚请读者谅宥。

　　拙作台湾商务印书馆第一版、沈阳出版社第二版，皆有后记，本版未予保留。但是笔者铭记在心的是：拙作有两个关于图籍信息表，分别由杜家骥、常建华教授制作，此系挚友的帮助，就不多言谢了。台湾版的问世，系王寿南教授的引介；沈阳版的责编王凯旋先生颇为尽心。书此特表谢忱。

冯尔康

2012 年 6 月 23 日京中客舍

后记二

　　倏忽之间拙作故宫出版社版业已面世整整十年了,距离上一次写《后记》更是十载过半了,今日补写数言,别有一番滋味在心头,那就是三年多疫情灾难不说前所未有,也是十分罕见的,令人不能正常生活,不能正常工作和创造。近年我旅居国外,然每年都会回国二三次,可是三年多了只能蛰居寄庐,虽然仍在笔耕,但心情压抑难舒。当此之际,吴冰清先生传来中华书局乐于梓行拙作《雍正传》和《清史史料学》的信息,真是喜出望外呀!并承蒙盛情,发来两部拙作的扫描文档,使我能够方便地矫正错讹,增删修订。

　　我原来对吴先生表示不再增加内容,但在审阅电子文档时,出于学人的职业责任感,仍在清史研究图籍信息方面有所增加,即利用手头现有的 21 世纪以来的西方人关于清代中国文献的中文译本作了介绍。

信手敲打键盘,对有的书不免叙述得过量了,而且原先对引文是作页下注,至此为方便,便改作随文注,造成体例的不一,罪过罪过!

后记写到此,表达我对吴冰清先生铭记五内的感激之情。

冯尔康

2023 年 2 月 3 日于澳洲悉尼寄庐